暨南少年家事法研究文库

丛书总主编　张鸿巍

加拿大少年家事法译评

张鸿巍　陈　晖　邓艺璇　马芷柔　姚学宁　等　译

知识产权出版社

全国百佳图书出版单位

——北京——

图书在版编目（CIP）数据

加拿大少年家事法译评/张鸿巍等译． --北京：
知识产权出版社，2020.11
（暨南少年家事法研究文库/张鸿巍总主编）
ISBN 978-7-5130-6812-3

Ⅰ.①加… Ⅱ.①张… Ⅲ.①未成年人保护法—研究—
加拿大 Ⅳ.①D971.127

中国版本图书馆 CIP 数据核字（2020）第 040671 号

责任编辑：庞从容　　　　　　　　责任校对：谷　洋
执行编辑：赵利肖　　　　　　　　责任印制：刘译文
封面设计：李宗燕

加拿大少年家事法译评
张鸿巍　陈　晖　邓艺璇　马芷柔　姚学宁　等译

出版发行：知识产权出版社有限责任公司　　网　　址：http：//www.ipph.cn
社　　址：北京市海淀区气象路 50 号院　　　邮　　编：100081
责编电话：010-82000860 转 8726　　　　　　责编邮箱：pangcongrong@163.com
发行电话：010-82000860 转 8101/8102　　　发行传真：010-82000893/82005070/82000270
印　　刷：三河市国英印务有限公司　　　　经　　销：各大网上书店、新华书店及相关专业书店
开　　本：710mm×1000mm　1/16　　　　　印　　张：18.75
版　　次：2020 年 11 月第 1 版　　　　　　印　　次：2020 年 11 月第 1 次印刷
字　　数：300 千字　　　　　　　　　　　定　　价：58.00 元
ISBN 978-7-5130-6812-3

Contents 目录

联 邦 法

《青少年刑事司法法》译评

出台背景及意义

论及加拿大未成年人刑事司法的立法渊源，可追溯至 1 个多世纪以前。《少年罪犯法》（Juvenile Delinquents Act）于 1908 年在加拿大施行，以使得犯有过错的未成年人所受的待遇与理解并对其行为完全负责的成年人区别对待。之后，加拿大于 1984 年制定了《青少年罪犯法》（Young Offenders Act）。由于出台的时代所限，该法在后期的实施过程中出现了一系列问题，诸如对于轻微案件过度适用监禁等强制惩戒手段，法院在判决上存在差异和不公平，被释放的未成年人缺乏有效的重新融入社会的路径，以及并未充分地考虑到受害者的利益，等等。为了解决法律滞后所带来的以上问题，加拿大进行了重大的司法改革，通过了《青少年刑事司法法》（Youth Criminal Justice Act），并于 2003 年 4 月 1 日生效，该法为构建更公平和更有效的未成年人司法制度提供了立法框架。

虽然加拿大《青少年刑事司法法》立足于为触犯法律的未成年人制定刑事司法之原则、规则和程序，但基于兼顾儿童利益与社会利益原则，其部分内容由《安全街道与社区法》（Safe Streets and Communities Act）予以修正，修正案于 2012 年 10 月 23 日生效。本次修正案将保护社会作为未成年人司法系统的关键目标，旨在加强处理重复犯罪和暴力犯罪等对社会构成威胁的未成年人的力度。较之以前的两部立法，《青少年刑事司法法》更侧重于优先考虑该法的刑事功能。

加拿大《青少年刑事司法法》的适用对象是已满 12 岁未满 18 岁的青少年，其在序言中阐述了关于立法所依据的价值的重要声明，如青少年刑事司法制度应充分考虑被害人的利益，培养青少年的责任感和明确责任意识。随后，其规定了构建整部法律的立法政策框架之原则宣言，第一个原则是加拿大的青少年刑事司法系统旨在通过多种方式维护公众利益：其一，通过与犯罪的严重性和青少年的责任程度相当的措施使其承担责任；其二，促进青少年的康复和重返社会；其三，通过将青少年转介到社区或机构来解决其所处的环境，从而支持预防犯罪。与此同时，本法还特别考量适用于涉及青少年的诉讼，并且还就父母和受害者的参与作出了相应的规定。除了序言和原则宣言之外，《青少年刑事司法法》还规定了指导青少年刑事司法的关键性程序、制度以及相关机构，包括法外措施、司法措施、量刑、监禁和监督等。

《青少年刑事司法法》译文

序　言

社会成员有责任解决青少年成长过程中的所遇到的问题，并指导他们长大成人。

社区、家庭及其他与青少年发展有关之人应通过多学科方法，采取合理步骤，从根本上预防青少年犯罪，满足青少年之需求，为可能犯罪之青少年提供指引和支持。

我们应当公开关于青少年司法、青少年犯罪及其有效应对措施的信息。

作为联合国《儿童权利公约》之缔约国，加拿大承认青少年之权利与自由，并通过加拿大《权利和自由宪章》和《人权法》予以保证。

加拿大社会应建立一套青少年刑事司法制度，尊重并充分考虑被害人利益，通过法律后果和有效的改过自新及重返社会教育，培养青少年之责任感，确保问责机制，保留对严重犯罪的强有力干预，并减少对无暴力倾向青少年之过度监禁。

因此，经咨询加拿大参议院和众议院，女王现颁布如下法令：

第1条　简称

《青少年刑事司法法》简称为本法。

第2条　定义

（1）本法将使用本款中的以下定义：

成年人系指既非青少年，亦非儿童之人。

成年人刑罚系指青少年被判处某罪之情形下，被判相同犯罪之成年人可被判处的任何刑罚。

总检察长系指司法部据《刑法典》第 2 条规定之定义，该定义中的诉讼是"诉讼或法外措施"，包括总检察长授权之诉。

儿童系指未满 12 周岁之人，或者在没有相反证据情形下，目测未满 12 周岁之人。

会议系指据第 19 条召集多人提出意见的活动。

确认送达服务系指已授权的认证信息、挂号邮件或其他提供了投递证明的服务方式。

监禁部分：若青少年据第 42 条第 2 款（n）项、（o）项、（q）项或（r）项，被判处青少年刑罚时，监禁部分系指青少年刑罚之一部分，即据第 42 条第 2 款（n）项按条件在社区监管下，或据第 42 条（2）款（o）项、（q）项或（r）项在附条件监管下，将剩下的刑期执行完毕之前，青少年必须被羁押之期间。

披露系指通过除报道以外的方式传播信息。

法外措施系指依本法进行的除诉讼程序之外的措施。

法外制裁系指第 10 条所载之程序中的制裁。

犯罪系指国会法律或是任何据国会法律所制定之条例、规则、法庭令、细则或法规中认定之犯罪，但育空、西北地区和努纳武特地区立法机关制定之法律除外。

父母系指据法定义务抚养青少年之人，或是在法律上或事实上享有对青少年之监护权或控制权之人，但不包括仅因本法规定之程序而对青少年具有监护权或控制权之人。

刑前报告系指据第 40 条之规定，就青少年个人及家庭历史及目前环境所作之报告书。

省级主管系指由省议会，或据省议会法律，或由省督或其代表任命或指定之，在一般或个别情况下，在该省据本法履行省级主管职责的个人、团体或机构。

报道系指通过印刷、无线电、电视播报、电信网络和其他电子手段传播信息，让公众知悉或可以知悉该信息。

记录系指不论其物理形态和特性如何，任何为本法的目的，或为调查据本法正在或可能被起诉之犯罪而创建或保存的信息载体，包括缩微印刷品、录音、录像带、机器可读取之记录及以上载体的复制品。

审查委员会系指第 82 条第 2 款所载之审查委员会。

严重犯罪系指据国会法律可起诉的最高刑期五年以上有期徒刑的重大犯罪。

严重暴力犯罪系指据下列《刑法典》的条款认定之犯罪：

（a） 第231条或第235条（一级谋杀罪或二级谋杀罪）；

（b） 第239条（蓄意谋杀罪）；

（c） 第232条、第234条或第236条（过失杀人罪）；

（d） 第273条（严重性侵犯罪）。

暴力犯罪系指：

（a） 青少年造成其他人人身伤害之犯罪；

（b） （a）项所载之犯罪未遂或有犯罪威胁的行为；或

（c） 青少年对其他人造成人身伤害的可能性极大，危及他人生命与安全之犯罪。

青少年系指在没有相反证据之情形下，目测已满12周岁，但未满18周岁之人，包括任何犯罪时是青少年，据本法被起诉之人或者据本法被判有罪之人。

青少年监管机构系指据第85条第2款指定之安置青少年之设施，包括对青少年使用安全强制手段的设施、社区居住中心、福利院、儿童保育机构、森林或荒野营地。

青少年司法法庭系指第13条所述之青少年司法法庭。

青少年司法法庭法官系指第13条所述之青少年司法法庭法官。

青少年刑罚系指据第42条、第51条、第59条或第94条到第96条所判决之刑罚，包括了该刑罚之确认和修改。

青少年工作者系指据青少年工作者法令，由缓刑监督官或其他法令，据省议会法律，或由省督或其代表任命或指定之，在一般或个别情况下，在该省据本法履行青少年工作者职责之人。

（2） 除另有规定外，本法中之词汇和用语和《刑法典》中之词汇和用语含义相同。

（3） 本法条款中引用的本法另一条款或其他法律的条款后所跟括号内的词语，旨在描述条款所载内容，仅为便于参考，并非条款组成部分。

第3条　原则声明

（1） 本法遵循下列原则：

（a） 青少年刑事司法制度旨在通过以下方式保护公共利益：

（i） 让青少年依据所犯罪行的严重性承担相应的责任；

（ii） 加强对青少年罪犯的改过自新及重返社会教育，

（iii） 支持犯罪预防，将青少年转介至社区或机构以解决青少年犯罪之背后问题。

（b）青少年刑事司法制度必须与成年人刑事司法制度严格区分开来，而且必须基于降低道德责任原则制定，并强调以下内容：

（i）改过自新及重返社会教育；

（ii）公平且适当的问责制，这符合青少年更强的依赖性及其更低的成熟程度；

（iii）增强程序保护是为了确保青少年能够被平等地对待，从而保护青少年之权利（包括隐私权）；

（iv）及时干预，加强犯罪与其后果之间的联系；以及

（v）考虑到青少年之时间观念，负责实施本法之人必须迅速采取行动。

（c）据公平且适当的问责制，对犯罪之青少年所采取的措施应当：

（i）加强其对社会价值的尊重；

（ii）鼓励其对被害人和社会所造成的损害进行补救；

（iii）考虑到青少年之需求和发展水平，要对青少年有意义，并酌情让父母、大家庭、社区、社会机构或其他机构参与青少年之改过自新及重返社会教育；

（iv）尊重性别、种族、文化和语言的差异，回应土著青少年或有其他特殊需要之青少年之需求。

（d）要特别考虑针对青少年之诉讼程序，特别是以下方面：

（i）青少年享有权利与自由，比如除了起诉决定，青少年有权参与诉讼过程并陈词，青少年之权利和自由有特殊的保障；

（ii）善待被害人，尊重其尊严和隐私，将他们参与青少年刑事司法程序的不便降到最低；

（iii）被害人应知悉诉讼程序的信息，享有参与和发言的机会；以及

（iv）父母应知悉涉及其子女的措施或程序，鼓励父母支持其子女处理自己之犯罪。

（2）为确保据第1款所载原则处理青少年问题，本法可作自由解释。

第一部分　法外措施

第4条　原则声明

除第3条所述之原则外，下列原则也适用于本部分：

（a）法外措施通常是处理青少年犯罪问题的最合适且最有效的方式；

（b）法外措施允许为纠正犯罪而进行有效和及时的干预；

（c）若犯的是非暴力犯罪且过去没有犯罪记录，则推定法外措施足以使该青少年为其犯罪行为承担责任；以及

（d）当法外措施足以使青少年为其犯罪承担责任时，应使用法外措施；同时，若使用法外措施与本条原则相符，且青少年有下列情形之一的，则本法概不妨碍对其实施法外措施：

（i）受过法外措施处分；或

（ii）有犯罪记录。

第5条　目的

法外措施是为了：

（a）对超出司法措施范围之犯罪作出高效及时的反应；

（b）鼓励青少年承认犯罪并对被害人和社会造成的损害进行补救；

（c）鼓励青少年之家庭成员，适当时包括大家庭成员和社会，参与到法外措施的制定与实施中；

（d）让被害人有机会参与决定法外措施的选择和获得相应的赔偿；

（e）尊重青少年之权利和自由，并使其承担与其罪行严重性相当的责任。

第6条　警示、警告与转介

（1）依据本法，警务人员应当在诉讼程序开始之前，或对被控犯罪之青少年采取措施之前，据第四部分原则考虑若不进一步诉讼，而是给予青少年警示、施行警告是否足够。若已经据第7条授权，或经青少年本人同意，可以将青少年转介至社区或机构，这有助于防止青少年犯罪。

（2）警务人员如未能考虑第1款所载的选择，并不会导致其后就该犯罪而对该名青少年提出的任何控诉无效。

第7条　警方警告

总检察长或省督指定之其他官员可以授权警方对青少年施行警告，而不是据本法提起诉讼。

第8条　原告警告

总检察长可以授权原告对青少年施行警告，而不是据本法开始或继续进行诉讼程序。

第 9 条　不可采信之证据

证明青少年已收到第 6 条、第 7 条、第 8 条所载警示、警告或转介之证据，或证明警务人员未对犯罪行为采取进一步行动之证据，在青少年司法法庭就该青少年进行的任何诉讼中，如将其作为证明青少年先前犯罪之证据，则不可采信。

第 10 条　法外制裁

（1）仅当第 6 条、第 7 条、第 8 条所载的警示、警告或转介因犯罪严重，青少年过去所犯罪行的性质、数量，或任何其他加重犯罪的情节，而不足以处理被控犯罪之青少年时，方可采用法外制裁。

（2）法外制裁仅在下列情形下方可以适用：

（a）制裁已获得总检察长的授权或已获得省督指定之个人或某一类人授权；

（b）判断是否使用法外制裁之人确信，考虑到青少年之需要及社会利益，这样做是适当的；

（c）青少年在获悉法外制裁的后果之后，完全并自愿同意接受该制裁；

（d）青少年在同意被实施法外制裁之前，已被告知其有权由律师代理，并有合理机会咨询律师；

（e）青少年对导致其被控犯罪的作为或不作为承担责任；

（g）对该犯罪之起诉不受法律任何的禁止。

（3）当青少年有下列情形时，不应对其适用法外制裁：

（a）否认实施或参与犯罪；或

（b）表示希望由青少年司法法庭处理这项指控。

（4）在民事或刑事诉讼中，青少年为获得法外措施处理，而作出之任何就其作为或不作为承担责任的坦白、供认或陈述，皆不能被采信为对青少年不利之证据。

（5）对被控犯罪之青少年实施法外制裁并不妨碍依本法进行之诉讼程序，但就该犯罪对该青少年提出指控：

（a）如青少年司法法庭经盖然性权衡后认为该青少年已完全遵守法外制裁的条款，则应驳回该项指控。

（b）如青少年司法法庭经盖然性权衡后认为该青少年已部分遵守法外制裁的条款，且认为鉴于有关情况和该青少年在法外制裁下的表现，进行该项控告是不公平的，则可以驳回该项指控。

（6）据第 5 款和第 24 条，本条概不妨碍任何人依法准备资料或起诉书，或就任何犯罪进行控告之程序。

第11条　告知父母

若青少年被法外制裁，那么执行这项制裁的负责人应当将制裁通知其父母。

第12条　被害人的知情权

若青少年被法外制裁，那么对被害人提供帮助的警务人员，总检察长、省级主管或任何由省设立的组织，经被害人请求，应该告知被害人该青少年之身份及其受到何种处罚。

第二部分　青少年刑事司法系统组织

第13条　青少年司法法庭

（1）为实施本法，可据省议会的法律设立或指定，或由总督会同行政局或省督指定青少年司法法庭；被委任或指定之法官，或者在设立的或被指定为青少年司法法庭任职的法官，是青少年司法法庭法官。

（2）当青少年选择在没有陪审团情形下由法官审判时，法官应按照《刑法典》第552条审判，或若是《刑法典》第469条所载之犯罪，则应由其所在省之高等法院的法官审判。在以上两种情形下，法官被视为是青少年司法法庭法官，法院被视为是审理该案件之青少年司法法庭。

（3）当青少年选择或被视为选择了由法官和陪审团组成之法庭审判时，其所在省之高等法院被视为是审理该案件之青少年司法法庭，高等法院法官被视为是青少年司法法庭法官。

（4）青少年司法法庭审理过程须全程记录。

第14条　青少年司法法庭之专属管辖权

（1）尽管有其他国会法律之规定，但据《违规法》和《国防法》，青少年司法法庭排他地对任何人被指控在其青少年时期所犯之罪行具有专属管辖权，并且应按本法规定处置该人。

（2）青少年司法法庭有权据《刑法典》第83.3条、第810条、第810.01条、第810.011条、第810.02条和第810.2条对青少年作出法庭令。若该青少年未能或拒绝作出上述任何一条所述之保证书，法庭可对该青少年处以第42条第2款中的任何一项制裁。此外，据第42条第2款（n）项所作法庭令，不得超过30日。

（3）在其他国会法律或据该法律制定之条例所规定之起诉该犯罪的

时效届满后，非经总检察长和青少年同意，不得就该犯罪采取法外措施或启动诉讼程序。

（4）据本法对青少年实施的法外措施或启动之诉，在该青少年年满18周岁后，据本法继续生效。

（5）本法适用于被控在青少年时期犯罪、已满18周岁之人。

（6）青少年司法法庭法官需为一名兼任省法院法官之人，且该法官拥有《刑法典》赋予的管辖权及定罪法庭之权力。

（7）当高等法院的法官作为青少年司法法庭之法官进行审判时，保留高等法院之管辖权和权力。

第15条 藐视青少年司法法庭

（1）每个青少年司法法庭都拥有同等的权力处理及处罚藐视青少年司法法庭之行为，处罚可由青少年司法法庭所在省之高等法院来行使。

（2）青少年司法法庭就青少年对青少年司法法庭之任何藐视行为有管辖权；就青少年对其他法庭之任何藐视行为也有管辖权，除非该青少年在该法庭上藐视法庭。

（3）青少年司法法庭对青少年在其他法庭上对青少年司法法庭之藐视行为具有管辖权，同时也包括对成年人在青少年司法法庭上对青少年司法法庭之藐视行为具有管辖权，本款概不妨碍任何法院处理或处罚藐视法庭行为的权力。

（4）当判定青少年藐视法庭时，青少年司法法庭或其他法庭可以强制对青少年实施第42条第2款中所载的任何一项制裁，或其中若干彼此不抵触的制裁，但不能施加其他之刑罚。

（5）可根据情况对《刑法典》第708条作出修正，适用于依本条在青少年司法法庭对成年人提起之诉。

第16条 罪犯身份不明

当某人在被指控犯罪之期间年满18周岁，青少年司法法庭对其犯罪行为拥有管辖权，并且如适用，应据第67条，将该人送交其选择的法庭，并判定该人有罪后：

（a）经证明该犯罪是在该人年满18周岁之前犯下的，则据本法进行判决；

（b）经证明该犯罪是在该人年满18岁之后犯下的，则根据《刑法典》或其他国会法律进行判决，此判决与犯有相同罪行的成年人的判决一致；

（c）若没有证据证明该犯罪是在该人年满 18 周岁后犯下的，则据本法进行判决。

第 17 条 青少年司法法庭可制定的规则

（1）青少年司法法庭可以据省督的批准，在执行青少年司法法庭之司法管辖权时，制定与本法、其他国会法律或其他依第 155 条所制定之条例不相一致的规则。

（2）据第 1 款可以制定如下规则：

（a）一般性地规定青少年司法法庭官员的职责以及任何其他被认为有利于实现司法目的并实施本法规定之事项；

（b）据第 155 条（b）项所制定之条例，规范青少年司法法庭之工作和程序；以及

（c）如本法未另行规定，则明确须在青少年司法法庭使用的文书格式。

（3）据本条制定之规则应在适当的省级公报上公布。

第 18 条 青少年司法委员会

（1）加拿大总检察长、省总检察长或省督指定之其他部长可以设立一个或多个市民委员会，也即青少年司法委员会，协助执行本法，或协助进行任何针对青少年之程序或服务。

（2）青少年司法委员会的职能包括以下方面：

（a）若青少年被控犯罪：

（i）就如何对该青少年采取适当的法外措施提出意见；

（ii）帮助被害人，征求被害人的意见，促进被害人与犯罪青少年之和解；

（iii）通过安排青少年从事社区服务，并招募社区中的成员对青少年进行短期的指导和监督，以此来确保青少年能得到社区的支持；

（iv）当儿童保护机构或社区团体也在处理青少年问题时，帮助协调该机构或团体与青少年刑事司法系统之间的交流。

（b）向联邦政府和各省政府提出意见，说明其是否据本法尊重青少年权利或为青少年提供保护。

（c）就青少年刑事司法系统有关的政策和程序向联邦政府和各省政府提出意见；

（d）向公众提供有关本法青少年刑事司法系统的信息。

（e）充当会议。

（f）委员会设立者所赋予的其他职能。

第 19 条　会议

（1）青少年司法法庭法官、省级主管、警务人员、治安法官、原告或青少年工作者可召开或要求召开会议，以作出本法要求作出之决定。

（2）除其他事项外，会议可以对于适当的法外措施、司法临时释放的条件、判决，包括对判决之审查，以及重返社会计划提出意见。

（3）总检察长或其他由省督任命的部长可为召开和举办会议制定规则，但由青少年司法法庭法官或治安法官召集或要求召开的会议除外。

（4）在据第 3 款制定规则的省，适用该规则的会议必须按照该规则召开和举行。

第 20 条　可由法官主持进行之程序

（1）除了辩护、审判或裁决外，就青少年被指控之犯罪，法官可以据《刑法典》主持进行任何诉讼程序，并发布有关程序规则。

（2）大法官有权据《刑法典》第 810 条针对青少年作出法庭令。若该青少年未能或拒绝作出《刑法典》第 810 条所述之保证书，大法官应将该事项提交给青少年司法法庭。

第 21 条　法庭书记官

除了《刑法典》中授予法庭书记官的权力外，青少年司法法庭之书记官可行使法庭书记官的一般性权力，特别是：

（a）就青少年司法法庭工作的一切相关事宜，作出郑重声明；

（b）在青少年司法法庭法官缺席情形下，代青少年司法法庭法官行使与休庭有关的一切权力。

第 22 条　省级主管

省级主管可授权任何人据本法行使省级主管的职权，并视为是由省级主管本人行使的。

第三部分　司法措施

第 23 条　起诉预筛查

（1）总检察长制定起诉预筛查程序，明确须取得总检察长同意方可对青少年提出控告之情形。

（2）任何据省议会法律或省政府之指示，在本条生效之前就已设立之青少年起诉预筛查程序，据第 1 款被视为有效之起诉预筛查程序。

第 24 条　自诉

未经总检察长同意，除检察官外，任何人不得提起诉讼。

第 25 条　聘请律师之权利

（1）在对青少年诉讼的任何阶段，以及在决定是对该青少年进行法外制裁，或是据本法对其提起或继续提起诉讼之前，青少年有权立即亲自聘请和委托律师。

（2）青少年被逮捕或拘留时，逮捕该青少年之警务人员或主管人员（视情况而定）应立即告知其有权聘请及委托律师，给予其获得律师帮助的机会。

（3）当青少年没有律师代理时，在以下程序中，法官或青少年司法法庭应告知青少年有权聘请及委托律师，给予其获得帮助律师的合理机会：

（a）将在听证中决定是释放该青少年或是对其审前拘留；

（b）在据第 71 条举行的听证上；

（c）在审判时；

（d）在任何据第 98 条第 3 款、第 103 条第 1 款、第 104 条第 1 款、第 105 条第 1 款和第 109 条第 1 款进行之程序中；

（e）据本法，在审查青少年司法法庭所作之青少年量刑时；或者

（f）据第 87 条审查监禁级别时。

（4）当第 3 款所述之听证、审判或审查中之青少年希望获得律师帮助但无法获得时，举行听证、审判或审查之青少年司法法庭或审查委员会：

（a）若在举行听证、审判或审查的省有法律援助计划，则应将青少年转介至该计划以委任律师；或

（b）若没有法律援助计划，或者青少年不能够通过该计划获得律师帮助，经青少年请求，则应为该青少年指定律师。

（5）当据第 4 款（b）项为青少年指定律师时，应由总检察长指定律师代理该青少年。

（6）在第 3 款（a）项所述之由非大法官（非青少年司法法庭法官）主持的听证中，如青少年希望获得律师帮助但无法获得，则该法官应：

（a）若在举行听证的省份有法律援助计划：

（i）则将该青少年转介至该计划以委任律师；或者

（ii）据第 4 款（a）项或（b）项将该事项提交给青少年司法法庭处理。

（b）若没有法律援助计划，或青少年不能够通过该计划获得律师，应据第 4 款（b）项立即将该事项提交给青少年司法法庭处理。

（7）当青少年在第 3 款所述之听证、审判或审查中没有律师代理时，审理案件的大法官、青少年司法法庭或审查委员会经青少年请求，可以允许由大法官、青少年司法法庭或审查委员会认为适当之成年人协助该青少年。

（8）若青少年司法法庭法官或大法官发现青少年和父母之间的利益存在冲突，或由青少年之律师代理符合青少年最佳利益，法官或大法官应确保该青少年由独立于父母的律师代理。

（9）青少年由律师代理之权利声明应被包含于：

（a）向青少年发出之任何出庭通知或传票；

（b）任何逮捕青少年之授权令；

（c）任何由青少年所作出之保证；

（d）由青少年向主管人员作出之任何保证书；或者

（e）向青少年发出之通知，即据第 98 条第 3 款、第 103 条第 1 款、第 104 条第 1 款、第 105 条第 1 款或第 109 条第 1 款举行的司法程序的通知；

（f）任何传达给青少年之青少年犯罪审查通知。

（10）本法概不妨碍省督或其代表制定方案，授权向青少年或青少年之父母收取青少年之律师费用。仅在诉讼程序结束和允许提出上诉的时间届满，或者若提出上诉，则有关上诉的所有诉讼程序结束后，方可收取费用。

（11）若该人被指控在青少年时期犯罪，且就该犯罪首次在青少年司法法庭出庭时已经年满 20 周岁，则对其不适用第 4 款至第 9 款，但这并不影响其证据适用于成年人的法律所享有的任何权利。

第 26 条　通知父母

（1）据第 4 款，若青少年被逮捕等待出庭，负责拘留的主管人员应尽快发出或要求发出逮捕通知书，通知其父母拘留地点和逮捕理由。

（2）据第 4 款，若对青少年发出传票或出庭通知，若青少年作出了保证书，则发出传票或出庭通知之人应尽快将传票、出庭通知、出庭保证书或保证书，以书面形式通知或要求以书面形式通知该青少年之父母；或该青少年在保证出庭或作出保证书后获释，主管人员也应尽快将传票、出庭通知、出庭保证书或保证书，以书面形式通知或要求以书面形式通知该青少年之父母。

（3）据第4款，据《违规法》向青少年送达罚单（违章停车罚款单除外）之人应立即发出或要求发出罚单的书面通知至青少年父母。

（4）若青少年父母下落不明或没有父母的，据本条发出之通知可传达给青少年认识且可能帮助该青少年之成年亲属；若没有上述亲属，则可以传达给其他任何青少年认识的，可能帮助该青少年且发出通知之人认为适当的成年人。

（5）如对据本条应向其发出通知之人有异议，青少年司法法庭法官，或视乎情况，没有合适之青少年司法法庭法官，则非青少年司法法庭法官可以就应向谁发出通知书作出指示，按照该指示发出之通知书据本条有效。

（6）除本条规定之其他要求外，据本条发出之通知亦应包括以下内容：

（a）青少年之儿童姓名

（b）对青少年之指控，除据《违规法》所作罚单的通知书已经送达之外，还应包括出庭时间和地点；

（c）青少年有权由律师代理的声明。

（7）据第3款所作通知应包括罚单的复印件。

（8）据第10款和第11款，依本条所作书面通知应亲自送达或由确认送达服务送达。

（9）据第10款和第11款，未依本条规定发出通知的，不影响依本法进行之诉之效力。

（10）凡未依本条第2款之规定发出通知的，则依本法进行的与该案件有关的任何后续程序无效，除非有下列情形：

（a）青少年之父母与青少年一起出庭。

（b）青少年司法法庭法官或大法官：

（i）休庭并作出法庭令，命令按照法官或大法官指示的方式，向指定人员发出通知；

（ii）如法官或大法官视乎情况认为该通知可免予发出。

（11）凡未依本条第1款或第3款发出通知，且无任何获发通知书之人与青少年一起出庭的，青少年司法法庭法官或大法官在进行针对青少年之司法程序之前可以：

（a）休庭并作出法庭令，命令按照法官或大法官指示的方式，向指定人员发出通知，或；

（b）如法官或大法官视乎情况认为该通知可免予发出。

（12）若该人被指控在青少年时期犯罪，且就该犯罪首次在青少年司法法庭出庭时已年满 20 周岁，则不适用本条。

第 27 条　要求父母出庭之法庭令

（1）若父母不出席青少年司法法庭就青少年进行之诉，但法院认为父母必须出庭，或父母出庭符合青少年最佳利益，则法院可以在诉讼的任何阶段作出书面之法庭令要求父母出庭。

（2）第 1 款不适用于据《违规法》提交罚单而提起之诉程序。

（3）法庭令副本应该由治安官或由青少年司法法庭指定之人亲自送达给指定之青少年父母，除非青少年司法法庭授权允许通过确认送达服务送达。

（4）据第 1 款，被法庭令要求出席青少年司法法庭之父母违背法庭令，没有证据证明有正当理由缺席的：

（a）是藐视法庭罪；

（b）可由法庭通过简易程序处理；

（c）受到《刑法典》对简易程序定罪所作规定之惩罚。

（5）依据第 1 款，被法庭令要求出席青少年司法法庭之父母没有出庭的，或没有按法庭令要求出庭的，并且经证明法庭令之副本已经送达给该父母的，青少年司法法庭法官应发出强制该父母出庭的法庭令。

第 28 条　审前拘留

据本法，《刑法典》第十六部分之规定适用于对青少年之拘留或释放，但与本法不一致或被本法排除的除外。

第 29 条　禁止拘留

（1）青少年司法法庭法官或大法官不得在青少年被判处适当的儿童保护、心理健康保护或者其他社会措施之前，以先行羁押代替上述措施。

（2）青少年司法法庭法官或大法官仅在下列情形下才能拘留青少年：

（a）该青少年被指控：

（i）严重之犯罪；或

（ii）非严重之犯罪，但其历史记录显示有未决指控或犯罪前科。

（b）法官或大法官经盖然性权衡确信：

（i）青少年有很大可能性在被依法处理之前都不会按法律要求出庭；

（ii）在考虑所有情况后，包括考虑到若释放该青少年，其有很大可能性将会犯下严重之犯罪，则将其拘留以保护公共安全，包括保护该案件的被害人和目击证人；或

（iii）若青少年被控告犯有严重之犯罪，但据（i）目或（ii）目拘留是不合理的，为维护对司法的公信力，有必要在例外情形下授权拘留，考虑到第三部分设立原则和所有情形，例外情形包括：

（A）检方具有强有力证据；

（B）犯罪的严重程度较高；

（C）犯罪情节严重，其中包括使用枪械；以及

（D）青少年一旦被判有罪，很有可能会被判以长期监禁。

（c）法官或大法官经盖然性权衡后确信出于法官或大法官据（b）项认为正当的理由，没有任何释放条件能：

（i）切实降低青少年不按法律要求出庭的可能性；

（ii）对公众提供足够的保护，避免青少年可能造成的危险；

（iii）维护司法公信力。

（3）总检察长负有向青少年司法法庭法官或大法官举证证明有第2款规定之情形之责任。

第30条　指定临时拘留地点

（1）据第7款，青少年在判刑之前被逮捕，或由于第59条第6款的授权令被拘留的，其应被拘留在省督或其代表指定之临时拘留处或一类地点中的一处。

（2）将据第1款被拘留在临时拘留处之青少年从拘留处移送到法庭，或从法庭移送到拘留处的过程中，应由治安官监管和控制。

（3）第1款所述青少年应该与被拘留之成年人分开监禁，除非青少年司法法庭法官或大法官考虑到青少年最佳利益，确信有下列情形：

（a）考虑到青少年自身与他人安全，不能将该青少年拘留在青少年监管机构；

（b）在合理距离之内没有其他青少年监管机构。

（4）当青少年据第1款被拘留，其年满18周岁后，经省级主管随时提出的申请，在给予青少年发表陈词的机会之后，尽管有第3款之规定，但法院认为这符合青少年最佳利益或公共利益，青少年

司法法庭可以授权省级主管指示将该青少年临时拘留在省级成人改过自新所。

（5）当青少年据第1款开始被临时拘留时已满20周岁，尽管有第3款之规定，也应将青少年临时拘留在省级成人改过自新所。

（6）据第1款被拘留之青少年在拘留期间可以由省级主管从一个临时拘留处移送到另一个临时拘留处。

（7）对被逮捕后受治安官监督和控制之青少年实施的任何临时拘留，不适用第1款及第3款，但据《刑法典》第503条该青少年在青少年司法法庭或最高法庭出庭后，应当被尽快移送至第1款所述临时拘留处之情形除外。

（8）若省督已经指定需一人或多人授权，无论在所有情形下或是在被省督指定之情形下，据本条，未经授权，不得拘留任何被逮捕之青少年。

（9）若省督已经指定一人或多人可以据本条决定被逮捕青少年之拘留地点，不得将其拘留在决定之地点之外的其他地方。

第31条　青少年由负责人照护

（1）若青少年司法法庭法官或大法官认为有下列情形，则被逮捕之青少年可由负责人照护，而不是被拘留：

（a）青少年本应被拘留，但符合《刑法典》第515条司法临时释放的规定；

（b）有人愿意并能够照护、监管青少年；以及

（c）青少年愿意由此人照护。

（2）若青少年在没有负责人情形下将被拘留，青少年司法法庭法官或大法官应询问是否有负责人以及青少年是否愿意由此人照护。

（3）不得据第1款令青少年由他人照护，除非：

（a）该人书面承诺，照护及负责使该青少年按要求出庭，并遵守青少年司法法庭法官或大法官可能提出的任何其他条件；

（b）该青少年书面承诺，遵守该安排，并遵守青少年司法法庭法官或大法官可能提出的任何其他条件。

（4）青少年、负责照护青少年之人或其他人，若出现下列情形，可以向青少年司法法庭法官或大法官提交书面申请，据第5款作出法庭令：

（a）负责照护青少年之人不愿或不能继续照护或监管青少年；

（b）由于其他原因，青少年不再适合继续由目前的负责人照护。

（5）当青少年司法法庭法官或大法官确信青少年不应继续由据第 1 款指定之负责人监管或照护时，法官或大法官应该：

（a）作出法庭令解除第 3 款中负责人和青少年之责任保证书；以及

（b）发出逮捕青少年之授权令。

（6）若据第 5 款（b）项发出之授权令逮捕青少年，据本条和第 28 条到第 30 条，青少年应立即被带到青少年司法法庭法官或大法官面前。

第 32 条　出庭

（1）受到指控之青少年必须首先在青少年司法法庭法官或大法官面前出庭，青少年司法法庭法官或大法官应该：

（a）要求将有关资料或起诉书读给青少年听；

（b）若该青少年没有律师代理，则告知青少年有聘请或委托律师之权利；以及

（c）若据第 64 条第 2 款或第 16 条，则告知该青少年，如其被判有罪，青少年司法法庭可下令实施成年人刑罚。

（d）［已废除］

（2）若青少年由律师代理并且律师向法庭说明已告知青少年第 1 款之规定，青少年可以放弃该规定之要求。

（3）当青少年没有律师代理时，青少年司法法庭在接受有罪或无罪陈述之前应当：

（a）确信青少年理解该控告；

（b）若青少年被判以成年人刑罚，要向其解释被判以成年人刑罚之后果，且该青少年可以申请执行青少年刑罚法庭令之程序；以及

（c）解释青少年可以认罪或不认罪，或者若第 67 条第 1 款或第 3 款适用，解释该青少年可选择没有陪审团、没有进行初步审查之青少年司法法庭审判，或经初步审查，没有陪审团之法庭审判，或经初步审查并由法官和陪审团组成之法庭审判，在后两种情形下，仅经青少年或原告请求才能进行初步审查。

（4）若不确信青少年理解该项指控，除非据第 67 条第 1 款，或在努纳武特地区时，据第 67 条第 3 款，否则青少年司法法庭应当代表该青少年提出无罪陈述，并据第 36 条第 2 款进行审判。

（5）若青少年司法法庭不能确信青少年理解第 3 款规定之事宜，法院应指定律师代理青少年。

第33条 释放或拘留

（1）若由大法官（非青少年司法法庭法官）据《刑法典》第515条对青少年作出法庭令，在法庭令作出后，可随时向青少年司法法庭提出申请释放或拘留该青少年（视情况而定），青少年司法法庭应将该事项作为原始申请进行审理。

（2）不得听证据第1款所作的释放申请，除非该青少年已经至少提前两日将该申请的书面通知发给原告。

（3）不得听证据第1款所作的拘留申请，除非原告已经至少提前两日将该申请的书面通知发给青少年。

（4）原告、青少年或其律师可以对第2款或第3款要求的通知申请予以豁免（视情况而定）。

（5）据《刑法典》第520条或第521条提出的审查申请，由高等法院之青少年司法法庭法官对青少年作出审查之法庭令，应提交给高等法院法官。

（6）尽管有第5款之规定，但对于由努纳武特地区法院之青少年司法法庭法官对青少年所作之法庭令，据《刑法典》第520条或第521条提出之审查申请，须送交该法庭之法官。

（7）据《刑法典》第520条或第521条，不得申请审查由大法官（非青少年司法法庭法官）就青少年所作之法庭令。

（8）据本法被起诉之青少年被控告触犯《刑法典》第522条，仅青少年司法法庭法官可以据该条释放青少年，而其他法院、法官或大法官无权释放。

（9）青少年司法法庭法官据第8款所作之决定应据《刑法典》第680条进行审查，可据情况对该条进行修改，适用于所作出之任何决定。

第34条 医学和心理评估报告

（1）在对青少年进行诉讼的任何阶段，有下列情形的，青少年司法法庭可以作出法庭令，要求由适格人士对青少年进行评估，并须以书面形式向法庭报告评估结果：

（a）经青少年与原告的同意；或者

（b）若认为据第2款（a）项至（g）项有必要对青少年作出医疗、心理或精神病学评估报告，法院自行提出动议，或青少年、原告提出申请，并且有下列情形之一的：

（i）法院有理由相信青少年可能患有身体或精神上的疾病或障碍、心理障碍、情绪障碍、学习障碍或精神残疾；

（ii）青少年据本法或 1985 年《加拿大修订章程》第 Y-1 章《青少年罪犯法》有重复犯罪的前科；或

（iii）该青少年被指控犯了严重的暴力犯罪。

（2）青少年司法法庭可据第 1 款就以下方面对青少年作出法庭令：

（a）考虑据第 33 条提出的申请；

（b）对据第 71 条听证的申请作出决定；

（c）判决或审查青少年刑罚；

（d）考虑据第 104 条第 1 款所作的申请；

（e）据第 105 条第 1 款设置的条件；

（f）第 109 条第 2 款所规定的事项；或者

（g）据第 127 条第 1 款授权进行披露。

（3）除第 4 款及第 6 款另有规定外，为据本条作出评估，青少年司法法庭应将青少年送回拘留所，但拘留不得超过 30 日。

（4）不得据第 1 款所作法庭令将青少年送回拘留所，除非有下列情形：

（a）法官或司法机关确信：

（i）有证据证明为评估青少年有必要拘留，或

（ii）据适格人士之证据，为评估青少年而将其拘留是可取的，并且青少年同意被拘留；或者

（b）该青少年因其他事项或据《刑法典》之规定被拘留。

（5）据第 4 款（a）项，如原告和青少年同意，适格人士之证据可以采用书面形式报告。

（6）据第 1 款所作法庭令之生效期间，青少年司法法庭可随时根据具体情况，以法庭认为在该情况下适当的任何方式，变更该法庭令中规定之条款。

（7）当青少年司法法庭收到据第 1 款就青少年所作报告时：

（a）据第 9 款，法庭须安排送交该报告的副本至下列人员：

（i）该青少年；

（ii）在对青少年之诉讼中出庭之青少年父母；

（iii）青少年之代理律师；以及

（iv）原告。

（b）法庭可以安排送交该报告的副本至下列人员：

（i）未能在对青少年之诉讼中出庭的父母，若法院认为父母希望参与诉讼；或者

（ⅱ）省级主管、省级成人改过自新所的主管或青少年服刑的监狱，尽管有第119条6款之规定，但法院认为将报告保密将危及公众安全，则可以安排送交该报告副本。

（8）据第1款作出报告时，青少年、青少年的代理律师或据第25条第7款协助青少年之成年人以及原告根据第9款向青少年司法法庭提出申请后，应有机会对报告人进行盘问。

（9）若法院认为，对据第1款所作的报告进行全部或部分披露，对于该案件的起诉来说是没有必要的，或可能会损害青少年之利益时，法院应将这份报告对自诉人全部或部分保密。

（10）在青少年、青少年父母、自诉人不在场的情形下提供第1款所述之报告，若法院确信披露全部或部分报告对青少年之治疗或康复极为不利，或可能危及他人的生命安全，或对其他人造成严重的心理伤害的，法院应将这份报告全部或部分保密。

（11）尽管有第10款之规定，但法庭认为为了司法利益有必要对报告进行披露，则青少年司法法庭可向青少年、青少年父母或自诉人披露全部或部分报告。

（12）据第1款所作报告应当作为案件记录的组成部分。

（13）尽管本法另有规定，但适格人士若认为被拘留或被判拘留之青少年很有可能会危及其生命安全，危及他人的生命安全，或对他人造成人身伤害有极大的可能，则无论在据第1款所作的报告内是否载该信息，其可立即通知任何照护或监管该名青少年之人。

（14）在本条中，适格人士系指据省级法律有合格的医学或精神病学从业执照之人，或能够进行心理检查或评估之人；若没有此类法律，系指青少年司法法庭认为适格之人，包括由省督或其代表指定之个人或某一类人。

第35条　转介至儿童福利机构

除了授权作出之任何法庭令外，青少年司法法庭还可以在任何诉讼阶段，将青少年转介给儿童福利机构进行评估，以确定其是否需要儿童福利服务。

第36条　裁决

（1）若青少年承认被指控之罪行，且青少年司法法庭确信事实清楚、指控无误的，法庭将判处青少年有罪。

（2）若青少年不承认被指控之罪行，且青少年司法法庭认为事实不清、证据不足的，则应当继续进行审判，经考虑后，（视情况而定）判定该青少年有罪或无罪，或作出法庭令驳回指控。

第 37 条 上诉

（1）据本法和《刑法典》第二十一部分，对可起诉犯罪或总检察长选择将其作为可起诉犯罪处理之犯罪提出上诉，据情况需要可对《刑法典》第二十一部分进行修改。

（2）可以将据第 15 条作出之藐视法庭罪判决视为定罪，或将该判决所判处之刑罚视为公诉程序中的控告，对其提出上诉。

（3）据第 27 条第 4 款被判藐视法庭罪之情形适用《刑法典》第 10 条。

（4）据第 72 条第 1 款或第 1.1 款、第 75 条第 2 款、第 76 条第 1 款作出之法庭令，作为判决之一部分，可以对其提出上诉，除非上诉的法院另有法庭令。若对两个以上之法庭令提出上诉，则必须合并在同一诉讼程序中。

（5）对可经简易程序定罪之犯罪，或总检察长选择将其作为可经简易程序定罪处理之犯罪，据本法和《刑法典》第二十七部分提出上诉，据情况需要可对《刑法典》第二十七部分进行修改。

（6）对共同审理的一项或多项公诉犯罪、一项或多项简易程序定罪犯罪，或者对上述犯罪共同作出之青少年刑罚，据本法和《刑法典》第二十一部分提出上诉，据情况需要可对《刑法典》第二十一部分进行修改。

（7）若总检察长没有选择将某犯罪作为公诉犯罪或可经简易程序定罪犯罪处理，视为总检察长已经选择将其作为可经简易程序定罪犯罪处理，以据本法提出上诉。

（8）若省青少年司法法庭是高等法院，据第 5 款提出的上诉应当向省上诉法院提出。

（9）尽管有第 8 款之规定，若青少年司法法庭是努纳武特地区法院，则据第 5 款提出的上诉应向努纳武特地区上诉法院的法官提出，对该法官之决定提起的上诉应按照《刑法典》第 839 条向努纳武特地区上诉法院提出。

（10）除非加拿大最高法院准许上诉，否则不得据第 1 款就上诉法院之有罪判决、驳回信息或起诉书之法庭令，向最高法院提出上诉。

（11）据第 59 条或第 94 条至第 96 条中的任何一条，对经过审查之青少年刑罚不得上诉。

第四部分 量 刑

第38条 目的与原则

（1）据第 42 条，判刑的目的是通过实施对青少年有意义的公正制裁，使其对犯罪承担责任，促使青少年改过自新及重返社会，从而有助于对公众的长久保护。

（2）对青少年判处刑罚之青少年司法法庭，应当按照第 3 条规定原则和下列原则确定刑罚：

（a）刑罚之处罚力度不得大于对在类似情况下犯有相同犯罪之成年人适用之刑罚。

（b）刑罚必须类似于在该地区类似情况下犯有相同犯罪的年龄相仿之青少年判处之刑罚。

（c）刑罚必须与该犯罪的严重程度及青少年对该犯罪应负之责任相适应。

（d）对于所有青少年，尤其是土著青少年，应考虑适用合理的除拘留之外的所有可用制裁。

（e）据（c）项，刑罚必须：

（i）能够达到第 1 款所述目的的限制性最低之刑罚；

（ii）最有可能使青少年改过自新，重返社会；

（iii）提高青少年之责任感，使其认识到自己对被害人和社会造成的伤害。

（f）据（c）项，刑罚之目的是：

（i）谴责非法行为；以及

（ii）阻止青少年犯罪。

（3）青少年司法法庭在决定青少年刑罚时，应考虑到：

（a）青少年参与该犯罪的程度；

（b）对被害人造成的损害以及青少年的主观心态；

（c）青少年对被害人或社会作出之补偿；

（d）青少年因犯罪所被拘留的时间；

（e）青少年犯罪的前科；以及

（f）关于青少年之任何加重或减轻情节，或与本条所载的宗旨和原则相关之犯罪。

第39条 收监

（1）据第42条，青少年司法法庭不得将青少年收监，除非：

（a）该青少年犯有暴力罪行；

（b）该青少年不履行非监禁刑罚；

（c）犯有青少年所犯可起诉犯罪之成年人，据本法或1985年《加拿大修订章程》第Y-1章《青少年罪犯法》应被处以两年以上监禁，且该青少年之历史记录显示其有未决指控或犯罪前科，或二者兼而有之；或者

（d）在例外情形下，青少年所犯可起诉犯罪之加重情节非常恶劣，对其判处非监禁刑罚不符合第38条所载的宗旨和原则。

（2）如适用第1款（a）项至（c）项中的任何一项，青少年司法法庭不得据第42条判处监禁刑罚，除非法庭考虑了在量刑听证中提出的所有合理的监禁替代方案，据第38条所载的宗旨和原则，确定没有合理的替代方案或替代方案的组合。

（3）青少年司法法庭法官在决定是否有合理的监禁替代方案时，应考虑关于以下内容的意见书：

（a）可行的监禁替代方案；

（b）据青少年对以前非监禁刑罚之履行情况，青少年将会履行非监禁刑罚之可能性；

（c）已对在类似情形下有类似犯罪之青少年使用过的监禁替代方案。

（4）即便过去对青少年实行过特定的非监禁刑罚，青少年司法法庭依然可以对其另一犯罪施加同样的或任何其他非监禁刑罚。

（5）青少年司法法庭不得在青少年被判处适当的儿童保护、心理健康保护或者其他社会措施之前，以先行羁押代替上述措施。

（6）青少年司法法庭在据第42条实施监禁刑罚之前，应考虑由青少年或其律师提出的刑前报告或其他量刑建议。

（7）若法院确信刑前报告没有必要，青少年司法法庭可以经原告和青少年或其律师的同意，免除刑前报告。

（8）青少年司法法庭法官应在第38条所载宗旨和原则的指导下确定包含监禁部分之青少年刑期，并应考虑刑罚之监管部分在监禁中执行之情形，判决应据第94条交由法官进行审查。

（9）若青少年司法法庭判处了包含监禁部分之青少年刑罚，法院应说明非监禁刑罚不足以实现第38条第1款所载宗旨的理由；若第1款

（d）项也适用，也应说明该案件属于例外情形的理由。

第 40 条　刑前报告

（1）在对有罪青少年判处刑罚之前，青少年司法法庭：

（a）应当据本法要求，在对青少年作出法庭令或判处刑罚之前必须考虑刑前报告；以及

（b）若可取的话，可以要求省级主管安排准备青少年之刑前报告，并将报告递交法庭。

（2）据第 3 款规定，青少年之刑前报告必须以书面形式作出且应包含下列内容，并必须贯彻第 38 条有关判刑的宗旨和原则以及第 39 条规定之监禁限制：

（a）与青少年面谈的结果，在合理可行之情形下，与青少年父母或大家庭成员面谈的结果。

（b）在适当可行之情形下，与被害人面谈的结果。

（c）第 41 条所述的会议提出的建议。

（d）适用于案件的任何资料，包括：

（i）青少年之年龄、成熟度、性格、行为和态度及其作出补偿的意愿。

（ii）青少年提出的改变自身行为、参与活动、采取措施以改过自新之计划。

（iii）据第 119 条第 2 款、1970 年《加拿大修订章程》第 J-3 章《未成年人偏差法》或 1985 年《加拿大修订章程》第 Y-1 章《青少年罪犯法》青少年被判有罪的前科；据本法、其他国会法律或者据该法律制定之任何条例，社区或其他服务机构因上述犯罪向青少年提供服务之记录，以及青少年对于之前之犯罪或处置与其受到的服务的反应。

（iv）据第 119 条第 2 款、1985 年《加拿大修订章程》第 Y-1 章《青少年罪犯法》对青少年采取替代措施或对青少年处以法外制裁之记录，以及青少年对于这些措施或制裁的反应。

（v）青少年社区服务及设施的可用性和适当性，以及青少年接受服务和使用设施的意愿。

（vi）青少年与父母之间的关系，父母对青少年之控制力和影响力；在适当可行之情形下，青少年与大家庭之间的关系，以及大家庭对青少年之控制力和影响力。

（vii）青少年在学校的出勤情况、学业表现或就业记录。

（e）据第 39 条第 2 款，所有对法院决定监禁替代方案有帮助的

资料。

（f）省级主管认为相关的所有资料，包括省级主管认为适当的建议。

（3）若确实无法作出书面的刑前报告，在青少年司法法庭允可之下，可以在法庭上作出口头报告。

（4）刑前报告应当作为案件记录之一部分。

（5）若青少年之刑前报告以书面形式递交青少年司法法庭，那么法庭应：

（a）据第7款，须提交该报告的副本给：

（i）青少年；

（ii）在对青少年之诉讼中出庭之青少年父母；

（iii）青少年之代理律师；

（iv）原告；以及

（b）若法庭认为青少年之父母希望参与对青少年之诉讼但又未能出庭，可以安排将报告的副本送交青少年父母。

（6）青少年之刑前报告提交至青少年司法法庭后，则青少年、其律师或据第25条第7款协助青少年之成年人，以及原告据第7款在向法庭提出申请后，应有机会对报告人进行盘问。

（7）青少年之刑前报告提交至青少年司法法庭后，若原告是自诉人，并且法庭认为向原告披露全部或部分报告可能会损害青少年之利益，而且对于该案件之起诉来说是没有必要的：

（a）当报告以书面形式提交时，该报告对自诉人全部或部分保密；或

（b）当报告在法庭上以口头形式提出时，让原告在报告期间回避。

（8）青少年之刑前报告提交至青少年司法法庭后：

（a）法庭经请求应安排将报告的副本送交给：

（i）所有处理与青少年有关事宜的法庭；以及

（ii）所有被指定处理该青少年案件之青少年工作者。

（b）若法院认为该人是诉讼的利害关系人，且该人依本条没有被另外授予收取报告副本之权利，法院经请求可以将全部或部分报告的副本送交给该人。

（9）向青少年司法法庭提交青少年之刑前报告的省级主管，可向任何照护、监管青少年之人或直接协助照护、治疗青少年之人披露全部或部分报告。

（10）青少年在准备关于该青少年之刑前报告期间作出之陈述，不可采信为控告该青少年之民事或刑事诉讼之证据，但据第 42 条、第 59 条、第 71 条或第 94 条至第 96 条所作陈述除外。

第 41 条 会议的建议

当青少年司法法庭判决青少年有罪时，法庭可以据第 19 条召开或安排召开一次会议，就判处适当之刑罚向法庭提出建议。

第 42 条 判处青少年刑罚之考虑因素

（1）青少年司法法庭应在判处青少年刑罚前，应考虑据第 41 条提出的建议、刑前报告、诉讼各方或其律师及该青少年之父母所作的陈述和向法院提交的所有资料。

（2）当判决青少年有罪并判处青少年刑罚时，青少年司法法庭应据本条，对其处以下列任何一项或若干项彼此不冲突的制裁；另外，若该犯罪是《刑法典》第 231 条所指之一级谋杀或二级谋杀罪，法庭应对其处以下（q）项、（r）项（ii）目或（iii）目所载的制裁，以及本款所载的其他适当的制裁：

（a）谴责青少年。

（b）作出法庭令无条件释放青少年，若法庭认为这符合青少年最佳利益且不损害公众利益。

（c）作出法庭令以法庭认为适当的条件释放青少年，并可以要求青少年向省级主管报告并受省级主管监督。

（d）对青少年处以 1000 美元以下罚款。

（e）作出法庭令，使青少年在法庭规定之期限内向其他人赔偿灭失或损毁的财产、收入、扶养费的损失；在魁北克省，则赔偿审前经济损失；在其他省，若能确定赔偿数额，则赔偿犯罪所造成之人身伤害；但在魁北克省不可作出赔偿其他损害之法庭令，在其他省不可作出赔偿一般损害之法庭令。

（f）如青少年犯罪所得的财产属另一人所有，或在犯罪时由他人合法占有，则作出法庭令，使该青少年在法庭规定之期限内，向该人作出相应赔偿；

（g）若犯罪所得的财产出卖给了善意第三人，且已作出将财产归还其所有人或其他合法占有人之法庭令，这时应赔偿财产所有者或预定财产之人。青少年应在法庭规定之期限内赔偿买受人，赔偿金额不超过买受人购买该财产的价格。

（h）据第 54 条作出法庭令，使青少年在法庭规定之期限内以实物或个人服务的方式，据（e）项或（g）项所作法庭令赔偿该人所遭受的任何损失、损害或伤害。

（i）据第 54 条作出法庭令，使青少年进行社区服务，并令青少年向省级主管或省级主管指定之人进行报告，并受其监管。

（j）据第 51 条作出禁止令，若青少年被判有罪，则据国会法律或据该法律制定之任何条例扣押、没收其财产，但据《刑法典》第 161 条所作法庭令除外。

（k）据第 55 条及第 56 条，判处青少年两年以内的缓刑。

（l）据第 3 款作出法庭令，使青少年参与省级主管批准的加强照护和监管计划。

（m）据第 3 款及第 54 条作出法庭令，使青少年在法庭规定之期限内和条件下参与省级主管批准的非住宅计划，期限不得超过 6 个月，累计时长不得超过 240 个小时。

（n）对青少年作出监禁监管令，据第 97 条和第 98 条，对青少年先执行监禁，再在附条件监管下于社区内执行剩余刑罚，后者之期限是前者的一半，且自该法庭令生效之日起，监禁监管累计不得超过 2 年；若据《刑法典》或其他国会法律，犯该罪之青少年被判处终身监禁，则自该法庭令生效之日起，监禁监管期限累计不得超过 3 年。

（o）若是《刑法典》第 239 条、第 232 条、第 234 条、第 236 条或第 273 条所载之犯罪，则对青少年作出监禁监管令，对青少年执行刑罚第一部分的连续监禁，再据第 104 条第 1 款和第 105 条在附条件监管下于社区内执行剩余刑罚，监禁监管自扣押青少年之日起不得超过 3 年。

（p）据第 5 款，法庭应据第 105 条第 2 款所载条件和第 105 条第 3 款所载的任何法庭认为适当的条件，作出监禁监管缓刑令，缓刑期限不得超过 6 个月。

（q）法庭令所规定之青少年刑期不得超过：

（i）犯一级谋杀罪的，十年，包含：

（A）连续监禁，据第 104 条第 1 款，自扣押青少年之日起不超过 6 年；

（B）据第 105 条在附条件监管下于社区内执行的刑罚。

（ii）犯二级谋杀罪的，七年，包含：

（A）连续监禁，据第 104 条第 1 款，自扣押青少年之日起不超过 4 年；

（B）据第 105 条，在附条件监管下于社区内执行刑罚。

（r）据第（7）款，对青少年作出加强改过自新监禁监管令，

（i）规定之期限

（A）自扣押青少年之日起不得超过两年，

（B）若据《刑法典》或其他国会法律犯该罪之青少年应被判无期徒刑，自扣押青少年之日起不得超过三年。

作出法庭令，对青少年实施刑罚第一部分的连续的加强改过自新监禁，再据第 104 条（1）款（继续监禁）、第 105 条，在附条件监管下于社区内执行剩余刑罚，

（ii）犯一级谋杀罪的，规定之期限自扣押青少年之日起不得超过 10 年，包括：

（A）连续的加强改过自新监禁，自扣押青少年之日起不得超过 6 年；以及

（B）据第 104 条第 1 款和第 105 条，在附条件监管下在社区内执行的刑罚。

（iii）犯二级谋杀罪的，规定之期限自扣押青少年之日起不得超过 7 年，包括：

（A）连续的加强改过自新监禁，自扣押青少年之日起不超过 4 年；以及

（B）除第 104 条第 1 款之外，据第 105 条青少年在附条件监管下于社区内执行的刑罚。

（s）对青少年规定其他法庭认为可取的，符合青少年和公众最佳利益的合理附属条件。

（3）青少年司法法庭仅在省级主管决定可以执行法庭令后方可据第 2 款（l）项或（m）项作出法庭令。

（4）当据第 2 款（n）项对青少年作出监禁监管令时，青少年司法法庭须就下列事项进行说明：

据法庭令，青少年将被监禁（请填服刑天数或月数），随后（请填上述天数或月数的一半）在附条件监管下于社区内服刑。

若青少年在社区内受监管时违反了任何规定的条件，青少年可能会被重新监禁，并按要求以监禁的形式服完第二个期间的剩余刑期。

青少年亦需要知道，据《青少年刑事司法法》的其他规定，法庭也可以要求在第二个期间监禁青少年。

若青少年正在服刑或即将受到另一个刑罚制裁，那么监禁和社区内

附条件监管之刑期可能会改变。

（5）若出现下列情况，法庭可据第 2 款（p）项作出延长监禁监管令：

（a）除因对他人进行或试图进行严重之人身伤害而被判有罪之外，青少年还被判以另一犯罪；以及

（b）符合第 38 条所载的宗旨和原则和第 39 条所载的监禁的限制。

（6）第 106 条至第 109 条适用于违反据第 2 款（p）项中所作的延长监禁监管令，视为违反第 105 条第 1 款中的附条件监管令，据第 106 条至第 109 条，据延长监禁监管令进行的监管视为附条件监管。

（7）青少年司法法庭可据第 2 款（r）项对青少年作出加强改过自新监禁监管令，除非：

（a）发生下列情况之一：

（i）青少年已被判犯有严重暴力犯罪；或

（ii）青少年因对他人进行或试图进行严重人身伤害而被判有罪，犯有同样之罪的成年人将被处以 2 年以上有期徒刑，并且该青少年已经被判此罪至少 2 次。

（b）青少年有精神疾病、精神障碍、心理障碍或情绪障碍。

（c）为青少年制定一套治疗和加强监管计划，有充分理由相信该计划可能会减少青少年重复犯罪或犯下严重暴力犯罪的风险。

（d）省级主管已确定一项适合青少年之加强改过自新的监禁监管计划。

（8）本条概不剥夺或减损青少年同意接受身体、精神健康治疗或护理之权利。

（9）及（10）［已废除］

（11）不得对据第 2 款（c）项判为有条件释放之犯罪作出第 2 款（k）项至（m）项之法庭令。

（12）一项青少年刑罚或其中的任何一部分自实行之日或青少年司法法庭指定之日期后生效。

（13）据第 15 款及第 16 款，若青少年有下列情形，作出青少年刑罚之青少年司法法庭应据第 2 款（n）项、（o）项、（q）项或（r）项判定对青少年累加执行刑罚：

（a）在触犯上述条款服刑期间被判刑；或者

（b）被发现触犯上述条款中一项以上之犯罪。

（14）除据第 2 款（j）项、（n）项、（o）项、（q）项或（r）项所

作法庭令外，任何青少年量刑均不得超过 2 年。若对青少年同一犯罪的判决同时包含了多项制裁，则所有制裁的刑期总和不超过 2 年，除非该判决包含据第 2 款（j）项、（n）项、（o）项、（q）项或（r）项判处 2 年以上的制裁。

（15）据第 16 款，若据本条青少年因不同犯罪被处以多项刑罚，则这些刑罚之刑期总和不得超过 3 年，除非青少年所犯的其中一项犯罪是《刑法典》第 231 条所规定的一级谋杀罪或二级谋杀罪。在这种情况下，犯一级谋杀罪的，这些刑罚之刑期总和不得超过 10 年；犯二级谋杀罪的，这些刑罚之刑期总和不得超过 7 年。

（16）刑罚开始执行但尚未执行完毕时，青少年又因犯罪被判处刑罚的：

（a）新罪所判处的刑期据第 14 款及第 15 款确定；

（b）新罪之刑罚可以和前罪连续执行；

（c）若过去所犯之罪是下列之一的，所有刑罚合并的刑期总计可以超过三年：

（i）《刑法典》第 231 条所规定的一级谋杀罪，青少年之合并刑期总计可以超过十年；或

（ii）《刑法典》第 231 条所规定的二级谋杀，青少年之合并刑期总计可以超过七年。

（17）据本法第 89 条、第 92 条、第 93 条和《刑法典》第 743.5 条，在青少年成年后，对青少年所作判决继续有效。

第 43 条　青少年新增判决

据第 42 条第 15 款，若青少年据第 42 条第 2 款（n）项、（o）项、（q）项或（r）项被判入狱，刑期未满时又被判处新的刑罚，据《附条件释放法》《刑法典》《监狱及感化院法》和本法，视青少年只被判一个刑罚，从第一个判决开始执行，至最后一个判决执行完毕为止。

第 44 条　青少年新增判决的监禁部分

据第 42 条第 15 款和第 46 条，依第 42 条（2）款（n）项、（o）项或（r）项对青少年作出新增判决时，若青少年正据上述规定服刑且刑期未满，而据第 43 条，包含新增刑期之青少年刑罚的届满日期，晚于青少年原判刑罚的届满日期，青少年刑罚的监禁部分自新增判决执行之日起，刑期总计为：

（a）判处新增刑期之前，青少年刑罚中监禁部分剩余的刑期。

（b）（i）目、（ii）目或（iii）目所载的有关期间：

（i）若据第42条第2款（n）项作出新增判决，则刑期为第43条裁定之青少年刑期与作出新增判决之前正在执行之青少年刑期之差的三分之二；

（ii）若新增之青少年刑罚是据第42条（2）款（o）项、（q）项或（r）项同时作出之青少年刑罚，则据该项所作青少年刑罚的监禁部分的刑期，超过了在作出新增判决之前正在执行的监禁部分的刑期；或者

（iii）若新增之青少年量刑据第42条（2）款（o）项、（q）项或（r）项判处连续刑罚，则新增判决的监禁部分应据该项作出。

第45条　青少年新增判决延长监禁时的监管

（1）若青少年已经据第42条第2款（n）项按条件在社区监管下，或据第42条第2款（o）项、（q）项或（r）项在附条件监管下开始服刑时，青少年据上述条款被判新增刑罚，且据44条，青少年量刑的监禁部分届满日期晚于青少年被判新增刑罚之日期，则按条件在社区监管下或在附条件监管下的服刑应当无效，应据第102条第1款（b）项监禁青少年直到刑期延长的部分以监禁形式执行完毕。

（2）若据第42条第2款（o）项、（q）项或（r）项判处之青少年刑罚已经按照第42条第2款（n）项规定之条件在社区监管下执行，或据第42条第2款（o）项、（q）项或（r）项在附条件监管下执行，并且青少年新增判决没有改变其正在执行的原刑期的届满日期，青少年可以被还押至省级主管认为合适之青少年监管机构。省级主管应对案件进行审查，并在青少年还押后48小时内，据第103或第109条将案件提交给青少年司法法庭进行审查，或释放青少年以使其继续受社区监管或附条件监管。

（3）若据第42条第2款（o）项、（q）项或（r）项判处之青少年刑罚已经在第94条第19款（b）项或第96条第5款规定之附条件监管下执行，青少年应被还押至省级主管认为合适之青少年监管机构。省级主管应对案件进行审查，并在青少年还押后48小时内，据第103条或第109条将案件提交给青少年司法法庭进行审查，或释放青少年以使其继续受社区监管或附条件监管。

第46条　就以前之犯罪判处青少年量刑时的例外情形

有下列情形的，青少年刑罚监禁部分的总刑期不得超过六年，自据第43条确定之青少年刑罚起开始计算：

（a）据第 42 条第 2 款（o）项、（q）项或（r）项被判青少年刑罚之青少年已经据其中之一项服过刑；以及

（b）以前判处之青少年刑罚尚未执行，又犯新罪被判处青少年刑罚。

第 47 条 视为连续的监禁

（1）据第 2 款及第 3 款，据第 42 条第 2 款（n）项被判刑之青少年在刑罚之监禁部分视为被连续监禁。

（2）若刑期不超过九十天，青少年司法法庭可以据第 38 条所载的宗旨和原则作出法庭令，间歇性地执行刑罚的监禁部分。

（3）青少年司法法庭在作出间歇监禁法庭令之前，应要求原告向法院提交省级主管关于是否有可以强制执行间歇监禁法庭令之青少年监管机构的报告，供其审议；若报告中说明没有这种青少年监管机构，则法院不得下令。

第 48 条 判决理由

当判处青少年刑罚时，青少年司法法庭应在案件记录中说明判决理由，并经请求将判决与判决理由的副本交给或安排交给：

（a）青少年、青少年之律师、青少年之父母、省级主管和原告；

（b）审查委员会，若青少年据第 42 条第 2 款（n）项、（o）项、（q）项或（r）项被判入狱。

第 49 条 拘留令

（1）当要拘留青少年时，青少年司法法庭应发出或安排发出拘留令。

（2）被监禁之青少年在由监狱移送至法庭或由法庭移送至监狱的过程中，由治安官监管和控制，或由第 30 条第 1 款所述之省级主管可以指定之临时拘留所拘留。

（3）可据情况需要对第 30 条第 3 款作出修改，适用于据第 2 款被关押在临时拘留所之人。

第 50 条 《刑法典》第二十三部分之适用

（1）据本法第 74 条之规定，《刑法典》第二十三部分不适用于依本法进行之诉，但《刑法典》第 718.2 条（e）项、第 722 条、第 722.1 条、第 722.2 条、第 730 条第 2 款、第 748 条、第 748.1 条及第 749 条除外，可根据需要对这些规定作出任何修改。

（2）《刑法典》第 787 条不适用于依本法进行之诉。

第51条　强制禁止令

（1）尽管有第42条之规定，但当青少年因犯《刑法典》第109条第1款（a）项至（d）项所述犯罪而被定罪时，青少年司法法庭除据第42条判处刑罚外，还应在据第2款指定之期限内禁止青少年持有枪械、十字弓、违禁武器、限制武器、违禁装备、弹药、禁用弹药或爆炸物。

（2）据第1款所作法庭令，自法庭令作出之日起生效，在该青少年刑罚监禁部分执行完毕后两年以上才能终止；若没有对该青少年判处监禁，则在青少年被判有罪之后终止。

（3）尽管有第42条之规定，但当青少年因犯《刑法典》第110条第1款（a）项或（b）项所述犯罪而被定罪时，青少年司法法庭除据第42条判处刑罚外，应考虑是否可以为了青少年或其他人的安全而作出禁止青少年持有枪械、十字弓、违禁武器、限制武器、违禁装备、弹药、禁用弹药或爆炸物或上述全部物品之法庭令。若法庭裁定禁止令是可取的，应作出禁止令。

（4）据第3款对青少年所作法庭令，自法庭令作出之日起生效，在该青少年刑罚监禁部分执行完毕后两年以上才能终止；若没有对该青少年判处监禁，则在青少年被判有罪之后终止。

（5）当据本条作出禁止令时，青少年司法法庭须在案件记录中说明作出禁止令的理由，并应将禁止令的副本送交被实施禁止令之青少年、青少年律师、青少年父母和省级主管；经请求，应将作出禁止令理由的副本一并送交。

（6）若青少年司法法庭据第3款作出法庭令，或者青少年司法法庭作出该法庭令，但没有禁止持有该款所载的所有物品，则应在记录中载明理由。

（7）《刑法典》第113条至第117条适用于据本条作出之所有法庭令。

（8）青少年司法法庭在对青少年作出《刑法典》第113条所述之法庭令之前，可要求或安排要求省级主管做好准备，并向青少年司法法庭提交关于青少年之报告。

第52条　据第51条所作法庭令之审查

（1）在第119条第2款规定之期限届满后，青少年司法法庭经申请可随时对据第51条所作法庭令进行审查，该款适用于该法庭令判定之犯罪记录。

（2）据本条进行审查时，青少年司法法庭应对下列情况予以考虑：

（a）该法庭令所针对之犯罪的性质及情节；以及

（b）青少年和其他人的安全。

（3）当据本条规定进行审查时，在给予青少年、青少年之父母、总检察长、省级主管陈词的机会后，青少年司法法庭可以：

（a）确认法庭令；

（b）废除该法庭令；或

（c）依情况需要对法庭令作出适当之变更。

（4）据第 3 款（c）项作出之法庭令不得加重法律责任。

（5）第 59 条第 3 款至第 5 款适用于据本条所作之审查时，可据情况需要作出修改。

第 53 条　为被害人提供资金

（1）省督可以作出法庭令，对于据第 42 条第 2 款（d）项在省内实施的任何罚款，由省督确定一定的比例用于对被害人提供援助，同时省督可不定时地作出指示。

（2）若省督没有据第 1 款作出法庭令，据第 42 条第 2 款（d）项对青少年处以罚款之青少年司法法庭，除了对青少年判处其他处罚之外，亦可对青少年作出法庭令，使青少年缴纳不超过罚款金额百分之十五之援助被害人的额外索款。额外索款应当用于向该被害人提供援助，同时征收额外索款的省督可不定期地作出指示。

第 54 条　当作出罚款或其他付款之法庭令时

（1）青少年司法法庭在据第 42 条第 2 款（d）项作出罚款处罚或据第 42 条第 2 款（e）项或（g）项作出法庭令时，须考虑到青少年现在和将来的支付方式。

（2）据第 42 条第 2 款（d）项被处以罚款之青少年，包括据第 53 条第 1 款被处以一定比例罚款之青少年，据第 53 条第 2 款被处以援助被害人额外索款之青少年，可通过在为罚款而设立之计划中工作来抵扣全部或部分的罚款或额外索款。

（a）由征收罚款的省之省督免除；

（b）若青少年居住的省之省政府与征收罚款的省政府之间有适当的协议，可由青少年居住的省之省督免除。

（3）第 2 款所述之计划应对取得抵扣的比例以及赚取数额针对罚款或额外索款的抵扣方式作出规定，以及对执行本计划所必须或附带的任何其他事项作出规定。

（4）在考虑是否要据第 42 条第 2 款（e）项至（h）项作出法庭令时，青少年司法法庭应考虑将获补偿、赔偿或支付款项之人所作的任何陈述。

（5）若青少年司法法庭据第 42 条第 2 款（e）项至（h）项作出法庭令，应将该法庭令之通知送达给将获补偿、赔偿或支付款项之人。

（6）仅在青少年司法法庭征得将获补偿之人的同意之后，方可据第 42 条第 2 款（h）项作出法庭令。

（7）不得据第 42 条第 2 款（h）项、（i）项或（m）项作出法庭令，除非青少年司法法庭确信：

（a）该法庭令所约束之青少年是该法庭令之合适人选；

（b）该法庭令不影响青少年正常的工作和学习时间。

（8）仅在当服务能在 240 小时之内完成，或能在法庭令作出之日起 12 个月内完成时，方可据第 42 条第 2 款（h）项、（i）项或（m）项作出服务个人或社区之法庭令。

（9）仅在下列情况下方可据第 42 条第 2 款（i）项作出法庭令：

（a）社区服务属于省级主管批准之计划；或者

（b）青少年司法法庭确信作为社区服务对象的个人或组织已经同意其执行社区服务。

（10）经过据第 42 条第 2 款（d）项至（i）项受到刑罚处罚之青少年的申请，青少年司法法庭可以据依第 155 条（b）项所制定之条例或青少年司法法庭据第 17 条第 1 款所制定之规则，批准延长判决的执行。

第 55 条　法庭令中必须说明之情形

（1）青少年司法法庭必须在据第 42 条第 2 款（k）项或（l）项所作法庭令中具明青少年：

（a）情绪稳定且举止正常；以及

（b）当青少年司法法庭要求时出庭。

（2）青少年司法法庭可以规定青少年作出下列事项中法院认为合适的一项或多项，作为据第 42 条第 2 款（k）项或（l）项所作法庭令之条件：

（a）向省级主管或青少年司法法庭指定之人进行报告，受其监管；

（b）将通信地址的变化或青少年工作、学习和培训地址的变化通知青少年司法法庭书记官、省级主管或指定之青少年工作者；

（c）保持在该法庭令指定之一个或多个法院之管辖范围内活动；

（d）合理争取和维持就业；

（e）若青少年参与之计划允许，青少年可以上学或去其他适当的学习、培训和娱乐场所活动；

（f）与父母或其他青少年司法法庭认为合适之成年人一起居住，并且该成年人愿意照护和抚养该青少年；

（g）居住在省级主管可指定之地点；

（h）遵守法庭令中青少年司法法庭认为适当的其他要求，包括确保青少年行为端正的要求，以及防止青少年重复犯罪或犯下其他罪行的要求；以及

（i）不得拥有或控制任何武器、弹药、违禁弹药、违禁装置或爆炸性物质，但经法庭令授权的除外。

第56条　法庭令之送达

（1）据第42条第2款（k）项或（l）项作出法庭令之青少年司法法庭应：

（a）让该法庭令所约束之青少年阅读或听他人读出该法庭令；

（b）向青少年解释或安排他人向青少年解释该法庭令之目的和效力，并确认该青少年理解；以及

（c）将该法庭令副本交送该青少年和出席量刑听证之青少年的父母。

（2）若法庭认为父母希望参与对青少年之诉讼但又未能出庭，那么据第42条第2款（k）项或（l）项作出法庭令之青少年司法法庭可以安排将报告的副本送交给青少年父母。

（3）在对青少年读出并解释据第1款所作法庭令后，青少年须在法庭令上签注确认自己已收到法庭令副本，并理解该法庭令之目的和效力。

（4）青少年没有认可该法庭令或父母没有收到法庭令副本，不影响法庭令之有效性。

（5）据第42条第2款（k）项或（l）项所作之法庭令的效力始于：

（a）自法庭令作出之日起；或

（b）监管结束之后，若青少年被判处连续监禁监管。

（6）若对青少年之判决包括连续监禁监管以及据第42条第2款（k）项或（l）项所作法庭令，法庭据第42条第12款作出延迟开始监禁期间之法庭令，法庭可以将据第42条第2款（k）项或（l）项所作法庭令生效之期间分开，第一个生效期间是从法庭令作出之日至开始实施监禁时，剩余的生效期间在监管结束之日起算。

（7）据第 55 条第 1 款（b）项，青少年司法法庭可以口头或书面方式的通知青少年出庭。

（8）若经证明书面形式通知书已送达青少年，但青少年未按照通知出庭，青少年司法法庭可发出缺席逮捕令，强制青少年出庭。

第 57 条　青少年刑罚的移送

（1）当据第 42 条第 2 款（d）项至（i）项、（k）项、（l）项或（s）项中任何一项判处青少年刑罚，且青少年或与青少年一起居住的父母是或者成为居住在青少年司法法庭管辖范围以外地区的居民时，作出青少年刑罚之青少年司法法庭法官经总检察长的申请，或者经青少年或青少年父母的申请和总检察长同意，可以将青少年刑罚和案件记录部分移送至另一管辖地区之青少年司法法庭，无论该法庭是在同一个省或另一个省。随后与该案件有关的一切程序应由该法庭操作和执行。

（2）据本条，不得将青少年刑罚从一个省移送至另一个省，直至对青少年刑罚提出上诉的时间或青少年刑罚所据的判决已届满，或有关任何这类上诉的所有程序已完成为止。

（3）如据第 1 款提出申请，将青少年刑罚移送到该青少年是成年人的省，青少年司法法庭法官可在总检察长的同意下，将青少年刑罚和案件记录移送至请求移送的省青少年司法法庭，接受移送之青少年司法法庭和原判法庭一样对于青少年刑罚有完全之管辖权。当事人应依照本法被进一步处理。

第 58 条　省际安排

（1）当据第 42 条第 2 款（k）项至（r）项中任何一项判处青少年刑罚时，若省与省之间达成了协议，则一省之青少年刑罚可按照协议由另一省处理。

（2）据第 3 款，当据本条对青少年在他省执行青少年刑罚时，据本法，作出青少年刑罚之青少年司法法庭保留对该青少年之专属管辖，和在该省内处理青少年刑罚之情形一样，并且对青少年发出之任何令状或诉讼，和在该省执行之情形一样，可以在该省之外、加拿大境内执行或送达。

（3）当一省据本条对青少年执行在他省判决之青少年刑罚时，作出青少年刑罚之青少年司法法庭可在该省总检察长和青少年之书面同意下放弃管辖权，据本法，将其管辖权交给青少年刑罚执行地所在省之青少年司法法庭，且该法院和原判法庭一样对青少年刑罚享有完全之管辖权。

第 59 条　审查不涉及监禁之青少年刑罚

（1）当青少年司法法庭对青少年判处青少年刑罚＼［据第 42 条第 2 款（n）项、（o）项、（q）项或（r）项判处刑罚之除外＼］时，如法庭据第 2 款确信有理由进行审查，经青少年、青少年父母、总检察长或省级主管的申请，青少年司法法庭应当于判决之日起的六个月后，或经青少年司法法庭法官之允可而提前对青少年刑罚进行审查。

（2）可据本条对青少年刑罚进行审查的理由有：

（a）青少年刑罚所依据之情形发生重大变化；

（b）将被审查之青少年不能遵守其刑罚之要求或遵守其刑罚之条款有严重困难；

（c）将被审查之青少年无正当理由而违反了据第 42 条第 2 款（k）项或（l）项所作法庭令之要求；

（d）青少年刑罚之条款对青少年获得服务、受教育或就业有不利影响；

（e）青少年司法法庭认为审查是适当的。

（3）青少年司法法庭在据本条对青少年进行青少年刑罚审查之前，可以要求省级主管进行相应准备，并向其提交自青少年刑罚生效以来青少年表现的进度报告。

（4）第 94 条第 10 款至第 12 款适用于据第 3 款作出之进度报告，据情况需要可进行任何修改。

（5）第 94 条第 7 款、第 14 款至第 18 款适用于据本条进行之审查，据情况需要可进行任何修改。第 94 条第 14 款要求的通知应交给省级主管。

（6）青少年司法法庭可通过传票或令状，强制据本条将被审查之青少年到青少年司法法庭出庭。

（7）当青少年司法法庭据本条对青少年进行青少年刑罚审查时，可在给予青少年、青少年父母、总检察长和省级主管陈词的机会之后：

（a）确认青少年量刑；

（b）终止青少年量刑，并免除青少年刑罚中的任何其他义务；或

（c）若法院依据案情认为适当，则随时变更青少年之刑期或据第 42 条对青少年处以除监禁外的新刑罚，但不超过之前刑罚所剩余的刑期。

（8）除第 9 款另有规定外，当据本条对青少年判处青少年刑罚时，据第 7 款判处之青少年刑罚，未经青少年同意，不得处以比青少年剩余

之刑罚更重的刑罚。

（9）依据本条，若法庭确信青少年需要更多时间来履行其青少年刑罚，青少年司法法庭可延长据第 42 条第 2 款（d）项至（i）项判处之青少年刑罚的刑期，但延长的期限不得超过青少年刑罚届满后的十二个月。

第 60 条　青少年量刑审查规定之适用

可据情况需要对本部分和第五部分作出修改，适用于据第 59 条、第 94 条至第 96 条所作审查青少年刑罚之法庭令。

第 61—63 条［已废除］

第 64 条　总检察长的申请

（1）若青少年年满 14 周岁后犯罪，被判有罪或已经被判有罪，而犯有同样犯罪之成年人将被处以两年以上有期徒刑，总检察长可在所涉刑罚提出证据之前，或若没有证据，在就刑罚提出意见之前，向青少年司法法庭提出申请，对该青少年判处成年人刑罚。

（1.1）若青少年年满 14 周岁后犯下严重的暴力犯罪，总检察长必须谨慎考虑据第 1 款提出的申请是否合适；若在这种情形下，总检察长决定不提出申请，那么总检察长应在青少年向法庭提出抗辩之前通知法庭或在审判开始前获得法庭之允可。

（1.2）省督可通过法庭令规定第 1.1 款中的青少年须已满 14 周岁但不超过 16 周岁。

（2）若总检察长据第 1 款提出对青少年犯罪判处成年人刑罚的申请，总检察长应在青少年人向法庭提出抗辩之前通知法庭或在审判开始之前获得法庭之允可，通知青少年和青少年司法法庭其打算申请对该青少年判处成年人刑罚。

（3）打算申请对青少年犯罪判处成年人刑罚的通知，其所涉及之青少年犯罪，可使犯有该罪之成年人被判处两年以上有期徒刑。

（4）和（5）［已废除］

第 65—66 条［已废除］

第 67 条　选择——成年人刑罚

（1）有下列情形的，青少年司法法庭应在青少年进行抗辩前，令青少年以第 2 款所载措辞作出选择：

（a）［已废除］

（b） 总检察长已据第 64 条第 2 款发出打算申请对青少年年满 14 周岁后所犯之罪判处成年人刑罚的通知；

（c） 青少年被控在年满 14 周岁之前犯有《刑法典》第 231 条所指之一级或二级谋杀罪；或

（d） 第 16 条适用于被控年满 14 周岁后犯有某项犯罪之人，且犯有同样犯罪之成年人有权据《刑法典》第 536 条进行选择，或对于该犯罪，具有刑事管辖权的高等法院据《刑法典》第 469 条本应具有专属管辖权。

（2） 青少年司法法庭应让青少年以下列措辞作出选择：

青少年可以选择由没有陪审团也没有经过初步调查之青少年司法法庭法官进行审判；青少年也可以选择由没有陪审团之法官审判；或者青少年可以选择由法官和陪审团组成之法庭进行审判。若青少年现在不进行选择，则视为青少年选择了由法官和陪审团组成之法庭进行审判。若青少年选择了由没有陪审团之法官审判或选择了由法官和陪审团组成的法庭进行审判，再或者青少年被视为已经选择了由法官和陪审团组成的法庭进行审判，仅在当青少年或原告请求时才会进行初步调查。青少年会作出何种选择？

（3） 在努纳武特地区法律程序中，若有下列情况，青少年司法法庭应在青少年提出抗辩之前，令青少年以第 4 款所载措辞作出选择：

（a） ［已废除］

（b） 总检察长已据第 64 条第 2 款发出打算申请对青少年年满 14 周岁后所犯之罪判处成年人刑罚的通知；

（c） 青少年被控在年满 14 周岁之前犯有《刑法典》第 231 条所指之一级或二级谋杀罪；或

（d） 第 16 条适用于被控年满 14 周岁后犯有某项罪行之人，且犯有同样罪行之成年人有权据《刑法典》第 536.1 条进行选择。

（4） 青少年司法法庭应以下列说明让青少年作出选择：

青少年可以选择由努纳武特地区法院的法官组成没有陪审团也没有经过初步调查之青少年司法法庭单独进行审判；或者青少年可以选择由努纳武特地区司法法院的法官组成没有陪审团之青少年司法法庭进行审判；或者青少年可以选择由努纳武特地区司法法院的法官组成有陪审团之青少年司法法庭进行审判。若青少年选择由没有陪审团之法官或陪审团与法官一起组成青少年司法法庭进行审判，或青少年被视为已经选择了由法官和陪审团组成青少年司法法庭进行审判，仅在当青少年或原告请求时才会进行初步调查。青少年会作出何种选择？

（5）若两名或两名以上被控犯有同样罪行之青少年在同一资料或起诉书中被连带起诉，或总检察长要求将单独的资料或起诉书中所载的罪行进行合并审理，那么，除非他们都选择、重新选择或被默认已经选择了（视情况而定）同样的审判方式，否则青少年司法法庭法官：

（a）可以拒绝记录任何选择、重新选择或默认选择由没有陪审团之青少年司法法庭法官审判、没有陪审团之法官审判，或在努纳武特地区由没有陪审团之努纳武特地区法院法官审判；以及

（b）若法官拒绝合并审理，应当在一方当事人的请求下进行初步调查，除非在选择、重新选择或默认选择之前已经进行了初步调查。

（6）即使青少年据第1款或第3款选择了由没有陪审团之青少年司法法庭法官进行审判，或选择了由没有陪审团之法官进行审判，总检察长仍可要求由法官与陪审团组成之法庭进行审判。

（7）若青少年选择由没有陪审团之法官进行审判，或选择或默认选择由法官与陪审团组成之法庭进行审判，则经过青少年或原告及时提出的请求，或在法庭依第17条或第155条所制定之法庭规则规定之期限内提出的请求，或若没有上述规则，由青少年法院法官规定期限，第13条第1款所指之青少年司法法庭应当进行初步调查，若调查结果是作出法庭令审判青少年，则诉讼程序应按下列方式进行：

（a）由没有陪审团之法官或由法官和陪审团组成之法庭审判（视情况而定）；或

（b）在努纳武特地区，由努纳武特地区法院的法官组成青少年司法法庭进行审判，可以有或没有陪审团（视情况而定）。

（7.1）如有两名或以上之青少年因同一项资料被控告时，而其中一名或多名青少年据第7款提出初步调查的申请，则须对他们所有人进行初步调查。

（7.2）若没有提出第7款初步调查的请求，青少年司法法庭应确定审判日期或确定青少年必须出庭以确定该日期。

（8）初步调查应按照《刑法典》第十八部分之规定进行，但不符合本法规定之部分除外。

（9）依本法进行之诉讼程序，无论是没有陪审团之法官法庭或法官与陪审团组成之法庭，还是在努纳武特地区，由努纳武特地区法院的法官组成青少年司法法庭进行审判，可以有或没有陪审团（视情况而定），但都应按照《刑法典》第十九部分和第二十部分之规定进行，且可据情

况需要对具体条款作出修改，但下列情况不适用《刑法典》第十九部分和第二十部分之规定：

（a）本法中保护青少年隐私之规定优先于《刑法典》之规定；以及

（b）据《刑法典》第650条第2款，若青少年被逐出法庭，青少年有权让其律师代理出庭。

第68条［已废除］

第69条　包含之犯罪

（1）［已废除］

（2）若总检察长已据第64条第2款发出打算申请判处成年人刑罚的通知，而青少年所犯之罪可使犯有该罪之成年人被判两年以上有期徒刑，并且青少年是在年满14周岁后犯下该罪，则总检察长可据第64条第1款提出申请。

第70条［已废除］

第71条　听证——成年人刑罚

青少年司法法庭在刑罚听证开始时，应对据第64条第1款所作申请举行听证，除非法庭收到不反对申请通知。双方当事人和青少年之父母都应有机会在听证上陈词。

第72条　成年人刑罚之法庭令

（1）若确信有下列情况，青少年司法法庭应判处成年人刑罚：

（a）减轻青少年之道德责任或罪责的意见被驳回；以及

（b）据第3条第1款（b）项（ii）目及第38条所载的宗旨和原则而判处之青少年刑罚，不足以令该青少年对其犯罪负责。

（1.1）若青少年司法法庭认为不应据第1款作出法庭令，则作出法庭令不对青少年判处成年人刑罚，而对其判处青少年刑罚。

（2）总检察长负有向青少年司法法庭举证证明有第1款规定情形之责任。

（3）在据第1款或第1.1款作出法庭令时，青少年司法法庭应考虑刑前报告。

（4）青少年法院据本条作出法庭令时，应当说明此决定之理由。

（5）据第1款或第1.1款所作法庭令是据第37条被提出上诉的判决之一部分。

第 73 条　法院必须判处成年人刑罚

（1）当青少年司法法庭据第 72 条第 1 款对青少年作出法庭令时，法庭应在判决青少年有罪后对该青少年判处成年人刑罚。

（2）当青少年司法法庭据第 72 条第 1.1 款对青少年作出法庭令时，法院应在判决青少年有罪后对该青少年判处青少年刑罚。

第 74 条　《刑法典》第二十三部分和第二十四部分之适用

（1）《刑法典》第二十三部分和第二十四部分适用于已被青少年司法法庭作出法庭令判处成年人刑罚之青少年。

（2）若在上诉期限内未提起上诉，上诉期限届满后，判处成年人刑罚之有罪判决就会成为一项定罪；若在上诉期限内提起了上诉，当所有上诉程序已经完成并且法庭维持判处成年人刑罚的判决，则判处成年人刑罚之有罪判决就会成为一项定罪。

（3）本条不影响《刑法典》第 719 条第 1 款规定之成年人刑罚开始的时间。

第 75 条　解除禁止报道令之决定

（1）当青少年司法法庭对犯有暴力犯罪之青少年处以青少年刑罚时，如本法第 110 条第 1 款所述，青少年司法法庭应决定是否下令解除据本法第 110 条第 1 款所作的禁止报道青少年身份信息令。

（2）若法院考虑到据第 3 条和第 38 条的宗旨和原则，确定青少年极有可能犯下其他暴力犯罪，则为保护公众免受伤害，青少年司法法庭可以下令解除禁止报道令。

（3）总检察长负有向青少年司法法庭举证证明解除禁令之适当性的责任。

（4）据第 2 款所作之法庭令是据第 37 条被提出上诉的判决之一部分。

第 76 条　成年人刑罚的服刑地

（1）尽管有本法或其他国会法律的其他规定，据本条第 2 款和第 9 款、第 79 条及第 80 条，当被判处成年人刑罚之青少年被处以有期徒刑时，青少年司法法庭应下令使青少年在下列地点服刑：

（a）监狱与被拘留或监禁之成年人隔离之青少年监管机构；

（b）省级成人改过自新所；或

（c）当刑期是两年或两年以上时，在监狱服刑。

（2）不得将未满 18 周岁之青少年送到省级成人改过自新所或监狱

服刑。

（3）在据第 1 款作出法庭令之前，青少年司法法庭应给予青少年、青少年之父母、总检察长、省级主管、省级和联邦改过自新所代表陈词的机会。

（4）在据第 1 款作出法庭令之前，青少年司法法庭应要求准备报告以协助法庭。

（5）据第 1 款所作法庭令是据第 37 条被提出上诉的判决之一部分。

（6）经申请，在据本条对青少年之安置地点进行审查时，若法庭确信法庭令初次作出时所依据情形已经发生了重大变化，在给予青少年、青少年之父母、总检察长、省级主管、省级和联邦改过自新所代表陈词的机会后，青少年司法法庭可下令将青少年安置于：

（a）监狱与被拘留或监禁之成年人隔离之青少年监管机构；

（b）省级成人改过自新所；或

（c）当刑期是两年或两年以上时，在监狱服刑。

（7）在所有上诉期限届满后，本条所述之申请可由青少年、青少年父母之一、省级主管、省级和联邦改过自新机构代表以及总检察长提出。

（8）申请人提出本条所述之申请时，须将该申请的通知书送交第 7 款所指之其他人士。

（9）依据本条，不得将年满 20 周岁之青少年拘留在青少年监管机构，除非青少年司法法庭据第 1 款作出法庭令或据第 6 款青少年安置情形进行审查之后，确信留在青少年监管机构符合青少年最佳利益，并且不会危及其他人的安全。

第 77 条 通知假释的义务

（1）据第 76 条第 1 款（a）项，当青少年被命令在青少年监管机构服刑时，省级主管应通知合适的假释委员会。

（2）补充说明，《附条件释放法》第二部分和第 78 条适用于据第 76 条第 1 款所作法庭令约束之青少年。

（3）本条中合适的假释委员会系：

（a）《附条件释放法》第 112 条第 1 款对青少年适用，但青少年被法庭令送入青少年监管机构的，监狱指《纠正犯罪及假释法》第 112 条第 1 款所述之假释委员会；以及

（b）在其他情况下，指加拿大假释委员会。

第 78 条　授权

（1）补充说明，仅当《刑法典》第743.1条指示青少年在监狱中服刑时，《监狱及感化院法》第6条才适用于据第76条第1款（a）项被法庭令判处在青少年监管机构服刑之青少年。

（2）补充说明，仅当《刑法典》第743.1条指示青少年在监狱中服刑时，《附条件释放法》第127条才适用于据第76条第1款被法庭令判处在青少年监管机构服刑之青少年。

第 79 条　被其他法律定罪者

若据第76条第1款（a）项正在青少年监管机构执行全部或部分刑期之青少年，被除本法外的其他国会法律判处有期徒刑，那么据《刑法典》第743.1条，本应在青少年监管机构执行的剩余刑期应到省级成人改过自新所或监狱执行。

第 80 条　据其他法律服刑者

当青少年正据除本法外的其他国会法律服刑时，被本法判处成人有期徒刑，据《刑法典》第743.1条，该刑罚应在省级成人改过自新所或监狱执行。

第 81 条　申请或通知程序

向法庭提交第64条或第76条的申请或通知时，须在另一方在场情形下以口头方式提出或以书面方式亲自向另一方送达。

第 82 条　青少年量刑终止的效力

（1）据《加拿大证据法》第12条，若青少年被判有罪，则青少年司法法庭据第42条第2款（b）项指示无条件释放青少年或免除青少年刑罚，或指示据1985年《加拿大修订章程》第Y-1章《青少年罪犯法》处置青少年之措施停止生效，但据本法第51条之法庭令和《青少年罪犯法》第20.1条所作的法庭令除外，青少年被视为无罪或未被定罪，但下列情形除外：

（a）该青少年可对与先前定罪有关的控告进行"一罪不二罚"的抗辩；

（b）在审理据第64条第1款提出的申请时，青少年司法法庭可考虑认定有罪；

（c）法庭或大法官在审理司法临时释放的申请或考虑应判定哪种犯罪时，均可考虑定罪；

（d）加拿大假释委员会或所有省级假释委员会在审理据《刑事记

录法》提出的假释或暂停记录的申请时，可考虑定罪。

（2）补充说明，据第1款，对青少年据第42条第2款（b）项判处无条件释放，或终止对有罪青少年之刑罚或处置后，青少年据任何国会法律被认定有罪而被剥夺的资格重新恢复。

（3）下列或与下列有关的就业申请的条款均不得要求申请人对其被控告或被判处有罪的事实进行披露，且其已经据本法或1985年《加拿大修订章程》第Y-1章《青少年罪犯法》被无条件释放，或已经据本法服刑完毕，或已经据《青少年罪犯法》被处置完毕的事实。

（a）在《财务管理法》第2条规定之所有部门就业；

（b）在《财务管理法》第83条规定之国家企业就业；

（c）参军；或者

（d）就业或从事与国会内的任何工作、事业或业务的运作有关的工作。

（4）据国会法律判决之犯罪是导致法庭对后来之犯罪加重处罚的前科，除下列情形外，据本法作出之有罪判决没有前科的效力：

（a）［已废除］

（b）裁定作出成年人刑罚。

第五部分　监禁及监管

第83条　目的

（1）青少年之监禁及监管制度是为了通过下列方式保护社会：

（a）安全、公平、人道地监禁及监管青少年，执行法庭作出之判决；以及

（b）在社区监管下，为青少年提供有效之计划以帮助青少年改过自新，重返社会，遵纪守法。

（2）除第3款所载原则外，还适用下列原则：

（a）在保护公众、与青少年一起工作之人以及青少年的前提下，采用限制最少的措施；

（b）被判入狱之青少年仍享有基本之青少年权利，但据本法或其他国会法律判处刑罚所必须剥夺或限制之权利除外；

（c）青少年之监禁及监管制度有助于青少年之家庭成员和公众的参与；

（d）监禁及监管决定应当明确、公正且及时地作出，并使青少年可

以使用有效之审查程序；以及

（e）将青少年安置在将其视为成年人的地方不影响他们的释放资格和释放条件。

第 84 条　青少年与成年人分开监禁

据第 30 条第 3 款、第 76 条第 1 款（b）项和（c）项和第 89 条至第 93 条，被判监禁之青少年应与被拘留或监禁之成年人分开监禁。

第 85 条　监禁级别

（1）在各省之青少年监禁及监管制度中，对青少年至少要设置两个监禁级别，以青少年受到限制的程度来区分。

（2）应由下列人员指定各省含有一个或多个监禁级别之青少年监管机构：

（a）对于仅有一个监禁级别之青少年监管机构，并且这个监禁级别对青少年之限制是最低的，则由省督或其代表指定；

（b）其他情形下，由省督指定。

（3）青少年据第 42 条第 2 款（n）项、（o）项、（q）项和（r）项被判入狱，或者法庭据第 98 条第 3 款、第 103 条第 2 款（b）项、第 104 条第 1 款或第 109 条第 2 款（b）项作出法庭令时，省级主管在充分考虑到第 5 款所载的因素后应裁定适合青少年之监禁级别。

（4）当确信符合青少年之需要及社会利益，在充分考虑到第 5 款所载的因素后，省级主管可对青少年裁定适用不同的监禁级别。

（5）第 3 款和第 4 款所述之因素系指：

（a）考虑到下列因素，适当级别的监禁是对青少年最低限制的监禁级别：

（i）青少年被判决入狱之犯罪的严重性以及犯罪情节；

（ii）青少年所面临的情形与需要，包括了邻近家庭、教育、就业、保障服务的需要；

（iii）其他被监禁青少年之安全；

（iv）社会利益。

（b）据对青少年之评估结果，监禁级别应与青少年之需要和行为能力尽可能匹配；

（c）越狱的可能性。

（6）在省级主管据第 3 款或第 4 款裁定了青少年之监禁级别后，应将青少年关押于青少年监狱，该监狱的监禁级别中须含有省级主管确定的监禁级别。

（7）对于据第 3 款或第 4 款所作之裁定，省级主管应安排将其书面通知交给青少年和青少年父母，并在通知中载明此裁定的理由。

第 86 条　程序保障

（1）省督应确保程序的合法运行，确保青少年之正当程序权利按照第 85 条第 3 款或第 4 款中裁定的要求受到保护，其中包括青少年：

（a）除第 2 款另有规定外，能够知悉省级主管作出裁定时参考的资料；

（b）有陈词机会；

（c）在第 87 条规定之审查中对自己之权利有知情权。

（2）当省级主管有充分的理由认为提供第 1 款（a）项所述资料将会危及其他人或机构的安全时，为保护个人与机构的安全，必要时省级主管可授权对青少年严格保密尽可能多的资料。

第 87 条　审查

（1）青少年据本款可对下列裁定申请审查：

（a）据第 85 条第 3 款将青少年监禁在监禁级别超过最低限制程度的监狱；或

（b）据第 85 条第 4 款将青少年移送至更高监禁级别的监狱或是提高了青少年在监狱中的限制级别。

（2）省督应确保据第 1 款进行之审查按照合法之程序进行，包括以下内容：

（a）进行审查之审查委员会保持独立性；

（b）据第 3 款，向青少年提供审查委员会参考的相关文件；

（c）给予青少年陈词的机会。

（3）当审查委员会有充分的理由认为提供第 2 款（b）项所述资料将会危及其他人或机构的安全时，为保护个人与机构的安全，必要时省级主管可授权对青少年严格保密尽可能多的资料。

（4）审查委员会在对裁决进行审查时应充分考虑到第 85 条第 5 款所述之因素。

（5）据本条，审查委员会对特殊裁决作出之决定是最终裁决。

第 88 条　青少年司法法庭应行使的职能

省督可行使裁决青少年监禁级别的权力，并审查裁决是否符合 1985 年《加拿大修订章程》第 Y-1 章《青少年罪犯法》。为行使以上权力，可以适用该法律的下列规定，并可据情况需要作出修改：

(a) 第 2 条第 1 款定义之审查委员会和进度报告；

(b) 第 11 条；

(c) 第 24.1 条至第 24.3 条；以及

(d) 第 28 条至第 31 条。

第 89 条　当青少年已满 20 周岁时的例外情形

(1) 当青少年据第 42 条第 2 款 (n) 项、(o) 项、(q) 项或 (r) 项被判处青少年刑罚时已满 20 周岁，尽管有第 85 条之规定，但青少年应被送往省级成人改过自新所执行青少年刑罚。

(2) 若青少年据第 1 款在省级成人改过自新所执行青少年刑罚，其开始服刑后，经省级主管的申请，若法院认为符合青少年之最佳利益或公共利益，且提出申请时剩余刑期是两年或两年以上，青少年司法法庭在给予青少年、省级主管、省级和联邦改过自新所代表陈词的机会之后，可随时授权省级主管指示青少年在监狱中继续服完剩余刑期。

(3) 若青少年据第 1 款或第 2 款在省级成人改过自新所或监狱服刑，那么据《监狱及感化院法》和《附条件释放法》，或其他适用于因犯或法律、法规、规章或规则所定义的罪犯的法规、规章或规则，都适用于青少年，但不符合本法第六部分之规定除外，本法第六部分对青少年始终适用。

第 90 条　青少年工作者

(1) 当青少年被判处监禁之青少年刑罚时，青少年被判刑并被监禁的省之省级主管应立即指定青少年工作者同青少年一起制定青少年之重返社会计划，包括计划的准备与执行。为青少年制定最有效之计划，以便最大限度地增加他们重返社会的机会。

(2) 当青少年据第 97 条或第 105 条在社区内执行青少年刑罚之一部分时，青少年工作者应对青少年进行监管，并继续对青少年提供支持，协助青少年遵守刑罚之条款，并帮助青少年完成重返社会计划。

第 91 条　监外执行许可

(1) 省级主管可依据其认为合理的条款授权对在该省青少年监管机构服刑之青少年据第 76 条第 1 款 (a) 项进一步作出法庭令，或据第 42 条第 2 款 (n) 项、(o) 项、(q) 项或 (r) 项进一步作出青少年刑罚：

(a) 若省级主管认为，对于在青少年监管机构关押之青少年，出于医疗、同情或人道主义原因，或为使该青少年改过自新或重返社会，不论是否有陪同，可对青少年许可不超过 30 天的监外执行。

（b）省级主管在法庭令中规定从青少年监管机构释放青少年之期间内，青少年可：

（i）上学或参加其他教育培训活动；

（ii）获得工作或继续工作，或者履行青少年家人所要求的家务或其他义务；

（iii）参加省级主管规定的，认为有利于青少年就业或提升教育、职业技能水平的活动；

（iv）接受门诊治疗或其他满足青少年需要的服务。

（2）据第 1 款（a）项许可的监外执行许可，可由省级主管据案件的重新评估结果延长 30 天以上。

（3）该省级主管可在任何时间废除其据第 1 款许可的监外执行。

（4）若省级主管据第 3 款中的废除监外执行，或青少年没有遵守本条中监外执行许可或从监狱释放的条件，无须逮捕令可逮捕青少年并将其送回监狱。

第 92 条 移送至成年人机构

（1）当青少年据第 42 条第 2 款（n）项、（o）项、（q）项或（r）项被判入狱时，当青少年满 18 周岁后，经省级主管的申请，若法庭认为符合青少年最佳利益或社会利益，青少年司法法庭在给予青少年、省级主管和省级改过自新所代表陈词的机会后，可随时授权省级主管据第 3 款指示青少年在省级成人改过自新所中继续服完剩余刑期。

（2）有下列情形的，青少年司法法庭可据第 3 款授权省级主管指示青少年在监狱中继续服完剩余刑期：

（a）若青少年司法法庭认为这符合青少年最佳利益或社会利益；

（b）若省级主管在青少年开始在省级成人改过自新所执行青少年刑罚后，随时申请授权以进一步据第 1 款作出指示；

（c）若在提出申请时青少年之剩余刑期还有两年或两年以上；

（d）只要青少年司法法庭给予青少年、省级主管、省级和联邦改过自新所代表陈词的机会。

（3）若省级主管据第 1 款或第 2 款作出指示，那么《监狱及感化院法》和《附条件释放法》，或其他适用于因犯或法律、法规、规章或规则所定义的罪犯的法规、规章或规则，都适用于青少年，但不符合本法第六部分之规定除外，本法第六部分对青少年始终适用。

（4）若该罪犯被判处一项以上之刑罚，其中至少一项刑罚是据第

42 条第 2 款（n）项、（o）项、（q）项或（r）项判处之青少年刑罚，并且至少其中一项刑罚是（b）项或（c）项所述之刑罚时，据《刑法典》第 743.1 条，该罪犯应在省级成人改过自新所或监狱执行下列刑罚：

（a）据第 42 条第 2 款（n）项、（o）项、（q）项或（r）项判处之青少年刑罚中的剩余部分；

（b）据第 76 条第 1 款（b）项或（c）项所作法庭令适用之成年人刑罚；

（c）任何非据本法判处的监禁刑罚。

第 93 条　青少年刑罚和成年人刑罚

（1）当据第 42 条第 2 款（n）项、（o）项、（q）项或（r）项被判处入狱之青少年在青少年监管机构中年满 20 周岁，青少年应被送往省级成人改过自新所执行剩余之青少年刑罚，除非省级主管命令该青少年继续在青少年监管机构服刑。

（2）若青少年据第 1 款在省级成人改过自新所执行青少年刑罚，其开始服刑后，经省级主管的申请，若法庭认为符合青少年最佳利益或公共利益，且提出申请时剩余刑期为两年或两年以上，青少年司法法庭在给予青少年、省级主管、省级和联邦改过自新所代表陈词的机会之后，可随时授权省级主管指示青少年在监狱中继续服完剩余刑期。

（3）若省级主管作出了指示，那么《监狱及感化院法》和《附条件释放法》，或其他适用于囚犯或法律、法规、规章或规则所定义的罪犯的法规、规章或规则，都适用于青少年，但不符合本法第六部分之规定除外，本法第六部分对青少年始终适用。

第 94 条　年度审查

（1）当青少年据第 42 条第 2 款（n）项、（o）项、（q）项或（r）项被判处一年以上之青少年量刑时，自最近一次就其犯罪作出青少年量刑之日起满一年，青少年监禁地所在省之省级主管应立即将青少年送往青少年司法法庭出庭；自该日起每隔一年，青少年司法法庭应当审查青少年量刑。

（2）当青少年据第 42 条第 2 款（n）项、（o）项、（q）项或（r）项被判处一年以上之青少年量刑时，自最近一次就其犯罪作出青少年量刑之日起满一年，被关押青少年所在省之省级主管应立即将青少年送往青少年司法法庭出庭；自该日起每隔一年，青少年司法法庭应当审查青少年量刑。

（3）在下列情形下，当青少年据第 42 条第 2 款（n）项、（o）项、（q）项或（r）项被判处青少年量刑时，在省级主管主动要求之下，或经青少年、青少年父母或总检察长请求，省级主管可据第 6 款所述之理由将青少年送往青少年司法法庭出庭：

（a）青少年量刑不超过一年时，下列期限届后：

（i）据第 42 条第 2 款就该犯罪作出青少年量刑后满三十天；

（ii）据第 42 条第 2 款就该犯罪判处之青少年量刑的三分之一；

（b）青少年量刑超过一年时，自最近一次就其犯罪作出青少年量刑之日起六个月后。

（4）经青少年司法法庭法官许可，青少年可在任何时间被送往青少年司法法庭。

（5）若法庭确信据第 6 款有理由进行审查，则应对青少年量刑进行审查。

（6）有下列情形的，可据第 5 款对青少年量刑予以审查：

（a）青少年已取得了巨大的进步，有必要减轻其青少年量刑；

（b）青少年量刑所依据情形发生重大变化；

（c）有新的可行计划，该计划在青少年量刑时尚未被提出；

（d）社区现在有更多的改过自新机会；或

（e）法庭认为的其他合适的理由。

（7）尽管本条另有规定，但依据本款，仅在当上诉的所有相关程序完成之后才能对该青少年量刑进行审查。

（8）当省级主管未据第 1 款至第 3 款的要求将青少年移送至青少年司法法庭时，经青少年、青少年父母、总检察长的申请，或在法庭主动要求之下，青少年司法法庭可命令省级主管将青少年移送至青少年司法法庭。

（9）在据本条审查青少年量刑之前，青少年司法法庭应要求省级主管准备自判决生效起青少年之表现的进度报告，将其提交到青少年司法法庭。

（10）准备青少年之进度报告者可在进度报告中附加其认为应说明的关于青少年家族历史和青少年目前的环境的资料。

（11）进度报告应以书面形式作出，但有合理的理由不能以书面形式作出时，经法庭之允可，可以口头形式在法庭上作出。

（12）第 40 条第 4 款至第 10 款可据情况需要作出修改，适用于进度报告。

（13）当据第1款或第2款审查青少年量刑时，省级主管可以据青少年司法法庭之法庭规则的指示发出通知；若没有指示，至少提前五天以书面形式通知青少年、青少年之父母和总检察长。

（14）当请求据第3款审查青少年量刑时，请求审查者可以据青少年司法法庭之法庭规则的指示发出通知；若指示，至少提前五天以书面形式通知青少年、青少年之父母和总检察长。

（15）据第13款或第14款发给父母的通知中应声明将被审查青少年量刑之青少年有权聘请律师。

（16）据第13款或第14款所发通知应亲自送达或由确认送达服务送达。

（17）第13款或第14款授权获得通知之人可放弃得到通知之权利。

（18）若第13款或第14款要求的通知未能按照本条发出，那么青少年司法法庭可以：

（a）中止诉讼并下令按所要求的方式将通知交给指定之人；或

（b）若法庭依据具体情况认为通知可免除，则免除通知。

（19）当青少年司法法庭据本条对青少年量刑进行审查时，在给予青少年、青少年之父母和总检察长陈词的机会之后，充分考虑到青少年之需要及社会利益，青少年司法法庭：

（a）可以确认对该青少年之；

（b）可以将青少年从监狱中释放并按照第105条所载之程序将青少年置于附条件监管之下，可依据情况对第105条作出适当修改，附条件监管之时间不得超过青少年之剩余刑期；或

（c）在省级主管提议之下，若所犯之罪是谋杀罪，可以将青少年量刑依据的法条从第42条第2款（r）项改成（q）项；若所犯之罪不是谋杀罪，可以将青少年量刑依据的法条改变为第42条第2款（n）项或（o）项（视情况而定）。

第95条　法庭令即为青少年量刑

据第97条第2款、第98条第3款、第103条第2款（b）项、第104条第1款、第105条第1款和第109条第2款（b）项所作之法庭令，按照第94条之规定，即视为青少年量刑。

第96条　省级主管对青少年附条件监管之提议

（1）当青少年据第42条第2款（n）项、（o）项、（q）项或（r）

项被判青少年量刑时，若确信能更好地满足青少年之需要及社会利益，省级主管可向青少年司法法庭提议将青少年从监狱中释放并将青少年置于附条件监管之下。

（2）若省级主管提出提议，省级主管应安排将书面通知发给青少年、青少年之父母和总检察长，并向青少年司法法庭提交通知的副本，通知中应说明提议的理由和省级主管据第105条提议应对青少年设置的要求。

（3）若据第2款针对青少年量刑发出提议的通知，青少年、青少年之父母或总检察长可申请进行审查，青少年司法法庭应在通知送达之日起十日内及时审查青少年量刑。

（4）据第5款，第94条第7款、第9款至第12款和第14款至第19款，可据情况需要作出修改，适用于本条进行之审查，以第94条第14款要求的通知也应交给省级主管。

（5）当没有据第3款提出的申请时，收到据第2款所作申请之青少年司法法庭应：

（a）在省级主管的提议下，下令释放青少年并将青少年置于第105条规定之附条件监管之下；

（b）若法院认为释放不合理，则下令不释放青少年。

补充说明，本款中作出之法庭令可不经过听证程序。

（6）当青少年司法法庭据第5款（b）项作出不释放青少年之法庭令时，青少年司法法庭应立即安排将不释放青少年法庭令通知发给省级主管。

（7）据本款，当省级主管收到据第6款所发通知时，可请求审查。

（8）当省级主管据第7款请求审查时：

（a）省级主管须据青少年司法法庭之法院规则的指示发出通知，若没有指示，则至少提前五天以书面形式通知青少年，青少年之父母和总检察长；以及

（b）发出（a）项要求通知后，青少年司法法庭应立即对青少年量刑进行审查。

第97条　监禁监管令中应包含的要求

（1）依第42条第2款（n）项作出之青少年量刑应包含下列要求，即青少年在社区监管下执行青少年量刑时：

（a）情绪稳定，行为良好；

（b）向省级主管进行报告并受省级主管的监管；

（c）在被警察逮捕或讯问时立即通知省级主管；

（d）向警察或省级主管指定之个人报告；

（e）将自己的住址告知省级主管，并在下列信息改变时，立即向省级主管报告：

（i）住址；

（ii）正常工作，包括就业、职业或教育培训和志愿工作；

（iii）家庭或财务状况；

（iv）据合理预期，可能会影响青少年遵守刑罚要求的能力的事项；

（f）不得拥有、持有或控制任何武器，弹药、违禁弹药、违禁装置或爆炸性物质，除非省级主管作出书面授权，并且在授权中具体说明青少年参加的活动。

（2）为支持和满足青少年之需求，促进青少年重返社会，为公众提供足够的保护，使他们免受青少年可能带来的危险，省级主管可制定附加条款。省级主管在制定附加条款时应充分考虑青少年之需要，最有助于青少年重返社会之计划，所犯之罪的性质及青少年遵守该附加条款的能力。

（3）省级主管应：

（a）让该要求所约束之青少年阅读或听他人读出该条款；

（b）向青少年解释或安排他人向青少年解释这些要求的目的和效力，并确保青少年理解这些条款；

（c）安排将要求的副本交给青少年和青少年之父母。

（4）第56条第3款和第4款可依据情况需要作出修改，适用于据本款规定之要求。

第98条　申请继续关押

（1）总检察长或省级主管可在青少年量刑的刑期届满之前的合理时间内，向青少年司法法庭申请法庭令，继续关押该青少年，但不得超过剩余之青少年量刑。

（2）在青少年量刑的监禁部分届满之前，若据第1款所提申请的听证未能完成，考虑到具体情况，若法庭确信申请的提出时间是合理的，并有充分理由，则法庭可下令在裁定申请前继续关押该青少年。

（3）青少年司法法庭在给予当事人和青少年之父母陈词的机会之后，若有充分理由相信下列事项，可下令继续关押青少年一段时间，但不得超过青少年量刑的剩余刑期：

（a）青少年在服刑期满前有可能犯下严重暴力犯罪；

（b）若青少年在社区中服部分刑期，对其施加的服刑要求不足以防止青少年犯罪。

（4）为裁定据第1款所提之申请，青少年司法法庭应考虑到所有与青少年案件有关的因素，包括：

（a）持续暴力行为之证据，特别是：

（i）青少年对他人的身体或心理造成伤害之犯罪的次数；

（ii）青少年难以控制暴力冲动，以致危及他人安全；

（iii）在犯罪时使用武器；

（iv）明确的暴力威胁；

（v）与犯罪有关的暴力行为；以及

（vi）青少年对自己的行为对他人造成之后果能够合理的预见，但对此却相当漠视。

（b）精神病学或心理学证据表明由于青少年之身体或精神疾病或障碍，青少年极有可能在当前的刑期届满之前犯下严重的暴力犯罪。

（c）青少年司法法庭依据可靠资料确信青少年正策划在当前的刑期届满之前进行严重的暴力犯罪。

（d）社区监管计划是否能够向公众提供足够的保护，以防青少年可能带来的危险，直至青少年当前的刑期届满。

（e）若青少年量刑完全在监禁中执行，而没有获得在社区监管下服部分刑期的好处，青少年是否更有可能再次犯罪。

（f）当青少年在社区监管之下服部分刑期时，其暴力犯罪模式之证据。

第99条　报告

（1）为裁定是否通过据第98条所提申请，青少年司法法庭应要求省级主管准备并向青少年司法法庭提交报告，报告中应列出第98条第4款所述的、省级主管知悉的可能对法院有帮助的因素。

（2）第1款所述报告应以书面形式作出，但有合理的理由不能以书面形式作出时，经法庭之允可，可以口头形式在法庭上作出。

（3）第40条第4款至第10款可据情况所需作出修改，以适用于据第1款所作之申请。

（4）当据第98条针对青少年作出申请时，省级主管应至少提前五天安排以书面形式通知青少年、青少年之父母参加听证。

（5）据第4款发给父母的通知中应声明青少年有权聘请律师。

（6）第4款中的通知应亲自送达或由确认送达服务送达。

（7）若第 4 款中的通知没能按照本条发出，那么青少年司法法庭可以：

（a）中止听证并下令按所要求的方式将通知交给指定之人；或

（b）若法院依据具体情况认为通知可免除，则免除通知。

第 100 条　理由

青少年司法法庭据第 98 条第 3 款作出继续关押法庭令时，应在案件记录中说明作出此法庭令之理由，同时应当把下列文件送交或安排送交给法庭令所约束之青少年、青少年之父母、青少年之律师、总检察长和省级主管：

（a）法庭令副本；以及

（b）经请求，作出此法庭令之理由的转录本或副本。

第 101 条　审查青少年司法法庭之决定

（1）当青少年司法法庭据第 98 条第 3 款对青少年作出继续关押法庭令或拒绝作出该法庭令时，应在经青少年、青少年之律师、总检察长或省级主管的申请，在青少年司法法庭作出决定后三十天内，由上诉法院进行审查，上诉法院可酌情确认或废除青年司法法院之决定。

（2）上诉法院可随时延长据第 1 款提出申请的时间。

（3）任何人如拟据第 1 款申请审查，须在法院规则所指示的时间内并以指定之方式通知该申请。

第 102 条　违反要求

（1）若省级主管有合理的理由相信青少年已经违反或意图违反据第 97 条对其制定之要求，省级主管可以书面形式：

（a）允许该青少年在相同或不同的要求下，继续在社区服部分刑期；或

（b）若确信违反行为对公众安全造成威胁，则下令将青少年押送至省级主管认为适当之青少年监管机构，直到审查结束。

（2）第 107 条和第 108 条可据情况需要作出修改，适用于据第 1 款（b）项所作法庭令。

第 103 条　青少年司法法庭之审查

（1）若据第 108 条将青少年案件提交青少年司法法庭审理，省级主管应立即安排将青少年送往青少年司法法庭，而青少年司法法庭在给予青少年陈词的机会后：

（a）若法庭有合理的理由认为青少年已经违反或意图违反其在社区

监管下服刑的要求，则命令青少年在相同或不同的要求下，继续在社区服部分刑期；

（b）若法庭有合理的理由认为青少年已经违反或意图违反其在社区监管下服刑的要求受制规定，则应据第 2 款作出法庭令。

（2）完成第 1 款之审查后，青少年司法法庭：

（a）应下令要求青少年继续在社区中服当前剩余刑期，同时，法庭可变更现有要求或增加新的要求；

（b）尽管有第 42 条第 2 款（n）项之规定，若法庭认为违反要求的行为情节严重，应下令继续关押该青少年，但不得超过其当前剩余的刑期。

（3）第 109 条第 4 款到第 8 款可据情况所需作出修改，以适用于据本条所作之审查。

第 104 条　继续关押

（1）当据第 42 条第 2 款（o）项、（q）项或（r）项被判青少年量刑之青少年已经入狱时，在监禁部分届满之前的合理时间内，总检察长向青少年司法法庭提出申请，被关押青少年所在省之省级主管应安排将青少年送至青少年司法法庭出庭，在给予双方当事人和青少年父母之一陈词的机会之后，若法庭有合理的理由认为青少年在当前刑期届满之前将会犯下致人死亡或对他人造成严重伤害之犯罪，青少年司法法庭可以下令继续关押该青少年，但不超过其剩余的刑期。

（2）在青少年量刑的监禁部分届满之前，若据第 1 款所提申请的听证未能完成，考虑到具体情况，若确信申请的提出时间是合理的，并有充分理由继续关押，则法庭可下令在裁定申请前继续关押该青少年。

（3）为裁定第 1 款中的申请，青少年司法法庭应考虑到所有与青少年案情有关的因素，包括：

（a）持续暴力行为之证据，特别是：

（i）青少年对他人的身体或心理造成伤害之犯罪的次数；

（ii）青少年难以控制暴力冲动，以致危及他人安全；

（iii）在犯罪中使用武器之情形；

（iv）明确的暴力威胁；

（v）与犯罪有关的暴力行为；

（vi）青少年对自己的行为对他人造成之后果能够合理的预见，但对此却相当漠视。

（b）精神病学或心理学证据表明由于青少年之身体或精神疾病或障碍，青少年极有可能在当前的刑期届满之前犯下严重的暴力犯罪。

（c）青少年司法法庭依据可靠资料确信青少年正策划在当前的刑期届满之前进行严重的暴力犯罪。

（d）社区监管计划是否能够向公众提供足够的保护，以防青少年可能带来的危险，直至青少年当前的刑期届满。

（4）若省级主管没有按照第 1 款中的要求将青少年移送至青少年司法法庭时，青少年司法法庭应作出法庭令要求省级主管立即将青少年移送至青少年司法法庭，不得延迟。

（5）第 99 条到第 101 条在可据情况作出修改，适用于据本条作出或拒绝作出之法庭令。

（6）若据本条所作申请被拒绝，法庭在征得青少年、总检察长和省级主管的同意后，可据第 105 条第 1 款，按照已经将青少年移送至青少年司法法庭之情形处理。

第 105 条　附条件监管

（1）由于青少年被处以第 42 条第 2 款（o）项、（q）项或（r）项中之青少年量刑，而将其关押在该省监狱的省级主管，若第 104 条第 1 款之法庭令对该省级主管适用，则该省级主管应至少在青少年量刑的监禁部分届满一个月之前将青少年移送至青少年司法法庭。在给予青少年陈词的机会之后，青少年司法法庭应以法庭令之形式设立青少年之有条件监管要求。

（2）青少年司法法庭应在第 1 款中之法庭令中涵盖下列要求，即青少年应：

（a）情绪稳定，行为良好；

（b）当法院要求出庭时出庭；

（c）释放时立即向省级主管报告并在省级主管或青少年司法法庭指定之人的监管之下；

（d）在被警察逮捕或询问时立即通知省级主管；

（e）向警察或省级主管指定之个人报告；

（f）将自己的住址告知省级主管，并在下列信息改变时，立即向青少年司法法庭书记官和省级主管报告：

（i）住址；

（ii）正常工作，包括就业、职业或教育培训和志愿工作；

（iii）家庭或财务状况；以及

（iv） 据合理预期，可能会影响青少年遵守刑罚要求的能力的事项。

（g） 不得拥有、持有或控制任何武器、弹药、违禁弹药、违禁装置或爆炸性物质，除非有法庭令之授权；以及

（h） 为防止青少年违反要求或保护社会公众，遵守省级主管认为必要的任何对附条件监管之要求的合理指示。

（3） 在据第 1 款制定要求时，青少年司法法庭可在法庭令中涵盖下列要求：

（a） 青少年被释放后，应直接前往该青少年之居住地，或该法庭令中注明的任何其他地点；

（b） 青少年应合理争取和维持就业；

（c） 若法庭确信在该场所有适合青少年之计划，青少年应上学或去其他适当的学习、培训、娱乐场所活动；

（d） 青少年应和父母或其他愿意照护和抚养青少年之人一起居住；

（e） 青少年应居住在省级主管指定之地点；

（f） 青少年应保持在该法庭令指定之一个或多个法庭的管辖范围内活动；

（g） 法庭令支持并满足青少年之需求，促进青少年重返社会，青少年应遵守法庭令规定之要求；

（h） 青少年应遵守法庭令中法庭认为合适的其他要求，包括确保青少年行为端正的要求，以及防止青少年重复犯罪或犯下其他犯行的要求。

（4） 当省级主管据第 1 款的要求将青少年移送至青少年司法法庭，但由于无法控制青少年而不能够移送时，省级主管应告知青少年司法法庭，法庭应在适当情形下作出法庭令，对青少年之附条件监管设定暂时要求。

（5） 当据第 4 款作出法庭令后，若条件允许，省级主管应再将青少年送至青少年司法法庭出庭，法庭应对青少年之附条件监管设定要求。

（6） 为据本条设定要求，青少年司法法庭应要求省级主管作好相应准备，并向青少年司法法庭提交报告，报告中列出可能有助于法庭的资料。

（7） 第 99 条第 2 款至第 7 款以及第 104 条第 4 款可依据情况需要作出修改，以适用于据第 1 款提起之诉。

（8） 第 1 款中之诉在适用第 56 条第 1 款至第 4 款、第 7 款和第 8 款和第 101 条时可依据情况需要作出修改，以适用于据第 1 款提起之诉。

第 106 条　附条件监管之暂停

若省级主管有合理的理由认为青少年已经违反或意图违反据第 105 条第 1 款的所作法庭令对有条件监管规定之要求，那么省级主管可以书面形式：

（a）暂停附条件监管；以及

（b）下令将青少年还押到省级主管认为合适之青少年监管机构，直到据第 108 条进行审查，或若第 109 条也适用，直到据第 109 条进行审查。

第 107 条　逮捕

（1）若对青少年之附条件监管据第 106 条暂停，省级主管可以书面形式发出授权令逮捕青少年，青少年被逮捕之前被视为没有继续服刑。

（2）据第 1 款发出之授权令应交由治安官执行，在加拿大任何地方向治安官发出之授权令，视为最初是由省法院法官发出或随后批准的，或是由在执行地有管辖权的其他合法机关发出或随后批准的，其在加拿大所有地区具有同等效力。

（3）若有合理的理由认为据第 1 款发出之授权令对青少年有效，那么治安官可在加拿大任何地方在没有授权令之情形下逮捕该青年。

（4）若青少年据第 3 款被逮捕并拘留，逮捕青少年之治安官应安排将青少年送至省级主管或省级主管指定之人处：

（a）若省级主管或被指定者在青少年被逮捕后二十四小时内有时间处理，则在此期间必须送到，不得无故拖延；以及

（b）若省级主管或被指定者在青少年被逮捕后的该时间段内没有时间处理，则应尽早送到。

（5）若据第 4 款，青少年被送到省级主管或省级主管指定之人处，省级主管或被指定者：

（a）若有合理的理由认为被逮捕之青少年不是据第 1 款所作授权令的执行对象，应释放该青少年；或者

（b）若有合理的理由认为被逮捕之青少年就是据第 1 款所作授权令的执行对象，可将青少年还押等候授权令的执行，但若将青少年还押后四十八小时内没有对其执行授权令，那么拘留青少年之人应释放该青少年。

第 108 条　省级主管之审查

在据第 106 条已暂停附条件监管之青少年被还押后，或在被告知逮

捕到青少年之后，省级主管应立即对案件进行审查，不得延误，并在四十八小时内取消附条件监管或据第 109 条将案件提交给青少年司法法庭审查。

第 109 条　青少年司法法庭之审查

（1）若据第 108 条将青少年之案件移送到青少年司法法庭，省级主管应立即将青少年送往青少年司法法庭，不得延误，在青少年司法法庭给予青少年陈词的机会后：

（a）若法庭有合理的理由认为青少年没有违反、也没有意图违反附条件监管之要求，则应取消青少年附条件监管之暂停；

（b）若法庭有合理的理由认为青少年已经违反或意图违反附条件监管之要求，则应对省级主管暂停附条件监管之决定进行审查，并据第 2 款作出法庭令。

（2）完成第 1 款之审查后，青少年司法法庭应作出法庭令：

（a）取消附条件监管之暂停，同时，法庭可变更附条件监管之要求或增加新的要求；

（b）若不是据第 42 条第 2 款（p）项作出之延长监禁监管令，在法庭认为适当之情形下，附条件监管暂停的时间不超过青少年当前剩余的刑期，同时，法庭应下令继续关押该青少年；或者

（c）若是据第 42 条第 2 款（p）项作出之延长监禁监管令，则该青少年执行法庭令之剩余部分时，应将其视为据第 42 条第 2 款（n）项作出之监禁监管令执行。

（3）在青少年司法法庭作出第 2 款（c）项之指示后，本法第 42 条第 2 款（n）项规定适用于所述之延期监禁监管令。

（4）在据第 2 款作出决定时，法庭应考虑到法庭令对青少年之有效期限，青少年过去是否违反过法庭令，若违反过，考虑违反的性质。

（5）青少年司法法庭据第 2 款作出法庭令时，应在案件记录中说明作出此法庭令之理由，同时应当把下列文件交给或安排交给法庭令所约束之青少年、青少年之父母、青少年之律师、总检察长和省级主管：

（a）法庭令副本；以及

（b）经请求，作出此法庭令之理由的转录本或副本。

（6）为进行第 1 款之审查，青少年司法法庭应要求省级主管作好相应准备，并向青少年司法法庭提交报告，报告中须列明省级主管认为可能对法庭有帮助的资料。

（7）第 99 条第 2 款到第 7 款以及第 105 条第 6 款可依据情况需要作

出修改，以适用于据本条进行之审查。

（8）第101条可依据情况需要作出修改，以适用于据第2款所作之法庭令。

第六部分　报道、记录和资料

第110条　不公布罪犯身份

（1）除本条另有规定外，任何人不得公布青少年之姓名或任何能够证明青少年据本法被处理过的其他资料。

（2）第1款不适用于：

（a）受到成年人量刑之青少年的有关资料；

（b）因暴力犯罪而接受青少年量刑之青少年的有关资料，并且青少年司法法庭已据第75条第2款解除禁止报道令；

（c）报道资料应经过法官之允可，除非报道的目的并非向社会公布该资料。

（3）若在报道发布时青少年没有据本法或1985年《加拿大修订章程》第Y-1章《青少年罪犯法》被关押，则第1款所述之青少年在其年满十八周岁以后，可以公布或要求他人公布能够证明该青少年曾经据上述法律被处理过的资料。

（4）在治安官单方面申请公布时，若法官确信有下列情形，青少年司法法庭应下令允许任何人公布能够证明青少年犯有或涉嫌犯有可起诉犯罪的资料：

（a）有充分的理由相信青少年会对他人造成威胁；以及

（b）为逮捕青少年有必要报道的资料。

（5）据第4款所作法庭令在作出之日起五天后停止生效。

（6）经第1款所述之青少年的申请，若法庭认为公布能够证明青少年据本法或1985年《加拿大修订章程》第Y-1章《青少年罪犯法》被处理过的资料不违背青少年最佳利益或社会利益，青少年司法法庭可下令允许青少年公布其资料。

第111条　不公布被害人或证人身份

（1）除本条另有规定外，任何人不得公布儿童或青少年之姓名，不得公布能够证明儿童或青少年是青少年所犯的、被指控犯下的或已经犯下之犯罪的被害人或证人的有关资料。

（2）第1款所述的作为被害人或证人的儿童或青少年之资料可由下

列人员公布或要求公布：

（a）儿童或青少年本人年满十八周岁后，或年满十八周岁以前经过了父母同意的；或者

（b）儿童或青少年死亡的，父母公布。

（3）经第1款所述儿童或青少年之申请，若法庭认为报道能够证明儿童或青少年是被害人或证人的有关资料不违背青少年最佳利益或社会利益，青少年司法法庭可下令允许儿童或青少年公布其资料。

第 112 条　不可申请之情形

一旦据第110条第3款或第6款、第111条第2款或第3款、第110条第1款、第111条第1款公布资料，（视情况而定）不可再对上述资料作出申请。

第 113 条　适用《罪犯识别法》

（1）《罪犯识别法》对青少年适用。

（2）《罪犯识别法》所述之指纹、掌纹、照片及其他测量、处理或操作都不得适用于被控犯罪之青少年或对其采集，除非在成年人据该法律可能受到测量、处理和操作情形下。

第 114 条　可以保存之记录

依据本法，青少年司法法庭、审查委员会或其他处理依本法进行之诉的法院可以保存案件记录。

第 115 条　警方记录

（1）任何与青少年被指控犯罪有关之记录，包括青少年指纹、青少年之照片原件或复件可由负责或参与调查犯罪的警察保管。

（1.1）警方应保留他们对青少年使用的所有法外措施之记录。

（2）当青少年被控犯罪，并且犯有该犯罪之成年人可能会受到《罪犯识别法》中所述之测量、处理或操作时，负责调查犯罪的警队可提供一项与加拿大皇家骑警有关之犯罪记录。若该青少年被判有罪，警方应提供此记录。

（3）加拿大皇家骑警应把据第2款提供之记录保存在中央存储库中，加拿大皇家骑警专员可不时指定中央存储库备存罪犯之犯罪历史档案或记录，或备存记录以供查明罪犯。

第 116 条　政府记录

（1）加拿大的政府部门或机构可保存该部门或机构获得的资料之记

录，以便：

（a）对青少年被指控犯下之罪进行调查；

（b）依据本法对青少年提起诉讼；

（c）执行青少年量刑或执行青少年司法法庭令；

（d）考虑是否对青少年实施法外措施；

（e）证明对青少年实施了法外措施。

（2）其他个人或机构可保存该个人或机构获得的资料之记录，以便：

（a）证明对青少年实施了法外措施；或者

（b）执行或参与执行了青少年量刑。

第117条 例外——成年人量刑

一旦上诉期限届满，第118条至第127条不适用于保存的已被判处成年人量刑之犯罪记录；或者，若进行了上诉，所有上诉程序已经完成，上诉法院坚持判处成年人量刑，据《刑事记录法》，记录应作为成人记录处理，对记录在案之犯罪作出之有罪判决，即视为定罪。

第118条 经过授权方可获取之记录

（1）除本法授权或要求外，任何人不得获取据第114条至第116条保存之记录，其中所载的任何能够证明青少年据本法被处理过的资料不得提供给任何人。

（2）保存第1款所述记录的雇员，不得作出任何第1款禁止此类雇员作出之行为。

第119条 有权查阅记录之人员

（1）依据第4款到第6款，从记录完成的那一天起至第2款所述之适用期间届满，应要求下列人士可查阅据第114条保存之记录，并可查阅据第115条和第116条保存之记录：

（a）与记录有关之青少年；

（b）青少年之律师或该律师代表；

（c）总检察长；

（d）该记录所涉之犯罪或被指控犯罪的被害人；

（e）青少年父母，在该记录所涉之犯罪或被指控犯罪之诉过程中，或在青少年因该犯罪而被判刑期间；

（f）据第25条第7款协助青少年之成年人，在该记录所涉之犯罪或被指控犯罪之诉过程中，或在青少年因该犯罪而被判刑期间；

（g）治安官：

（i）为执法目的，或者

（ii）为执行该记录所涉案件，在青少年之诉讼过程中或青少年量刑期间；

（h）法官、法庭或审查委员会就青少年所犯或被指控犯下之罪，为了进行对青少年提起之诉讼程序，或其成年后对其提起之诉讼程序；

（i）省级主管、青少年服刑所在的省级成人改过自新所或监狱的主管；

（j）为执行该记录所涉案件，参加法外措施会议或参与执行法外措施之人员；

（k）作为监察专员、隐私专员或信息专员之人，无论其官方称谓是什么，在其据国会法律或省议会法律履行调查关于该记录的投诉的职责时；

（l）验尸官或儿童辩护人，无论其官方称谓是什么，在其据国会法律或省议会法律履行职责时；

（m）《枪械法》的管制对象；

（n）加拿大的政府部门或机构之人员，或该部门或机构的代理人，或与该部门或机构订立合同的组织：

（i）履行本法规定之职责时，

（ii）负责监管或照护青少年，无论其是否成年，或者据省议会关于儿童福利的法律对青少年进行调查时，

（iii）考虑青少年《刑事记录法》提出假释或暂停记录的申请，无论青少年是否已经成年，

（iv）执行据国会法律或省议会法律作出之禁止令，或者

（v）若青少年被监禁在省级成人改过自新所或监狱服刑，执行青少年量刑；

（o）为了就业或提供服务而从事加拿大政府、省或者直辖市的政府要求的核查犯罪记录工作之人，无论有无报酬；

（p）加拿大政府雇员或代表据《统计法》进行统计时；

（q）被告人或其律师，其宣誓有必要查阅记录以便作出充分的回答和辩护；

（r）由总督或省督指定之个人或某一类人在制定法庭令时；以及

（s）青少年司法法庭法官认为据法官之指示与记录有利害关系的个人或某一类人，若法官认为查阅记录是：

（i）为了进行研究或统计，符合公共利益；或者

（ii）为了司法公正。

（2）查阅第 1 款所述信息之期间是：

（a）若对青少年实施了法外制裁，期间在青少年同意受到第 10 条第 2 款（c）项中的制裁的两年后届满；

（b）除因精神障碍而被裁定无须负刑事责任外，如该青少年被判无罪，期间在上诉期限届满两个月后届满，或者，若进行上诉，在所有上诉程序完成后三个月结束；

（c）若对青少年之指控被驳回（无罪判决除外）、废除或青少年被判有罪，并受到谴责，期间在驳回、废除指控或作出有罪判决后两个月届满；

（d）若对青少年之指控被中止，且一年内未对青少年提起诉讼，期间即届满；

（e）若青少年被判有罪，但对青少年判处无条件释放，期间在青少年被判有罪一年后届满；

（f）若青少年被判有罪，但对青少年判处有条件释放，期间在青少年被判有罪一年后届满；

（g）据（i）项、（j）项和第 9 款，若青少年被判有罪，且是可经简易程序定罪之罪，期间在就该犯罪所判处之青少年量刑执行完毕三年后届满；

（h）据（i）项、第（j）项和第（9）款，若青少年被判有罪，且犯罪是可起诉之罪，期间在就该犯罪所判处之青少年量刑执行完毕五年后届满；

（i）据第 9 款，若在据（g）项或（h）项计算之期间内，青少年被判有罪，其犯罪是在青少年时期犯下的可经简易程序定罪之罪：

（i）据（g）项或（h）项（视情况而定）计算的最近期间，以及

（ii）期间在因该犯罪所判处之青少年刑罚执行完毕三年后届满；

（j）据第 9 款，若在据（g）项和（h）项计算之期间内，青少年被判有罪，其犯罪是在青少年时期犯下可诉之罪，在其尚未成年时被认定犯有罪行，期间在对可起诉犯罪判处之刑罚执行完毕五年后届满。

（3）在决定第 2 款所述之期间时，不得考虑据国会法律或省议会法律所制定之禁止令，包括据第 51 条所作之法庭令。

（4）据第 115 条或第 116 条保存的对青少年采取法外措施（法外制裁除外）之记录，只能在下列情形下查阅：

（a） 治安官或总检察长为了决定是否对青少年再次使用法外措施；

（b） 与会人员为了决定合适的法外措施；

（c） 治安官、总检察长或与会人员为了执行该记录所涉案件需要查阅记录；以及

（d） 治安官为了调查犯罪。

（5） 当青少年司法法庭据第 34 条第 9 款或第 10 款、第 40 条第 7 款向所有人保密全部或部分报告内容时，该人不得据第 1 款查阅全部或部分报告。

（6） 仅在第 1 款（a）项至（c）项、（e）项至（h）项、（q）项以及（s）项（ii）目中所述情形下方可查阅据第 34 条所作之报告，或对执行据《刑法典》第 487.05 条所作授权令时，从青少年身上取得的生物样本进行法医 DNA 分析结果之记录。

（7） 对于任何本就不能被采信为证据之记录，第 1 款（h）项或（q）项概不授权将其任何部分采信为证据。

（8） 据第 1 款（p）项或款（s）项（i）目查阅记录时，该人随后可对该记录中所载的资料进行披露，但不得以任何形式对有理由认为其能够证明记录所涉青少年之身份的资料进行披露。

（9） 若在第 2 款（g）项至（j）项规定之查阅记录期间内，青少年成年后犯罪被判有罪：

（a） 第 82 条不适用于其犯罪据第 114 条至第 116 条被记录在案之青少年；

（b） 本部分对之前的犯罪记录不再适用，之前的犯罪记录须作为成年犯罪记录处理；以及

（c） 据《刑事记录法》，对记录在案之犯罪作出之有罪判决，即视为定罪。

（10） 尽管本法另有规定，但当青少年被认定犯有禁止令针对之犯罪，并且在据第 2 款可以查阅就该法庭令所保存之记录的期间届满时，禁止令仍然有效：

（a） 据第 115 条第 3 款加拿大皇家骑警保存之记录，只能是为了执法而需要确认该法庭令才进行披露；以及

（b） 第 114 条所述由青少年司法法庭保存之记录，只能是因为有违反法庭令之犯罪而需要确认法庭令才进行披露。

第 120 条　查阅加拿大皇家骑警之记录

（1） 下列人员可在第 3 款规定之期间内查阅据第 115 条第 3 款保存

的对附表所列犯罪之犯罪记录：

（a）该记录涉及之青少年；

（b）青少年之律师或该律师代表；

（c）为据《统计法》进行统计的加拿大政府雇员或代表；

（d）青少年司法法庭法官认为据法官之指示与记录有利害关系的个人或某一类人，若法官认为查阅记录是为了进行研究或统计，符合公共利益；

（e）当青少年犯有或被控犯有附表所列另一犯罪或不止一次犯有同样犯罪时，总检察长或治安官为调查青少年涉嫌犯下之罪，或为调查该青少年已因之被逮捕或控告之罪，此时无论青少年是否成年；

（f）总检察长或治安官，因有违反法庭令之犯罪而需要确认法庭令；以及

（g）《枪械法》约束之人。

（2）在第3款规定之期间内，对于据第115条第3款保存的部分记录（包含指纹所属之青少年的姓名、出生日期、最后为人所知的住址），若在调查犯罪期间或在试图辨认死者或失忆症患者身份时，发现了一枚经鉴定属于该青少年之指纹，可出于辨认身份目的查阅该记录。

（3）据第1款和第2款，查阅据第115条第3款保存之犯罪记录的期间如下：

（a）若该犯罪是可起诉之罪，除（b）项所述犯罪外，查阅期间从第119条第2款（h）项至（j）项所述适用期间结束时起五年后届满；

（b）若该犯罪是总检察长据第64条第2款发出通知的严重暴力犯罪，查阅期间从第119条第2款（h）项至（j）项所述适用期间结束时起无限期继续。

（4）如青少年被判犯有附表所列之犯罪，且在第3款规定之查阅记录的期间内，在青少年时期犯有附表所列的另一项罪行也被判有罪，那么下列人员也可以查阅记录：

（a）青少年父母，或据第25条第7款协助青少年之成年人；

（b）法官、法庭或审查委员会据本法或其他国会法律，针对该青少年被指控犯下之罪，对青少年提起诉讼，无论青少年是否成年；或者

（c）加拿大的政府部门或机构之人员，或该部门或机构的代理人，或与该部门或机构订立合同的组织：

（i）依本法准备关于青少年之报告，或者协助法庭在该青少年成年后判刑；

（ii）负责监管或照护该青少年或负责该青年判决的执行，无论青少年是否成年；

（iii）考虑青少年在成年后提出的有条件释放申请或《刑事记录法》中记录暂停的申请。

（5）据第 1 款（c）项或（d）项查阅记录时，该人随后可对该记录中所载的资料进行披露，但不得任何形式对有理由认为其能够证明记录所涉青少年之身份的资料进行披露。

（6）若在第 3 款规定之查阅记录的期间内，青少年成年后犯有附表所列的另一犯罪：

（a）本部分不再适用于该犯罪记录，该犯罪记录须作为成年犯罪记录处理，并可列入由加拿大皇家骑警管理的自动刑事定罪记录检索系统；以及

（b）据《刑事记录法》，对记录在案之犯罪作出之有罪判决，即视为定罪。

第 121 条　默认选择

据第 119 条及第 120 条，如没有就可由起诉书起诉的，或以简易程序定罪之犯罪二者之间进行选择，那么总检察长可默认已经选择作为简易程序定罪犯罪进行诉讼。

第 122 条　对信息和记录副本进行披露

据第 119 条、第 120 条、第 123 条或第 124 条被要求或被授权查阅记录之人员，可以查阅记录所载资料和获得部分记录的副本。

第 123 条　可查阅记录之情形

（1）青少年司法法庭法官可在第 119 条第 2 款规定之适用期限结束后，经申请，下令批准申请人可查阅据第 114 条至第 116 条保存的全部或部分记录，或将全部或部分该记录的副本交给该人：

（a）若青少年司法法庭法官确信：

（i）该人与全部或部分记录有利害关系；

（ii）为司法公正，有必要查阅全部或部分记录；以及

（iii）对全部或部分记录或其中的资料进行披露不违反其他国会法律或省议会法律；或者

（b）若青少年司法法庭法官确信查阅记录是为了进行研究或统计，符合公共利益。

（2）仅在无法查明作出该项所述申请的某一类青少年之身份时，且

基于合理理由，为调查青少年涉嫌在其当前服刑期间或曾经服刑期间犯下之犯罪，有必要对记录进行披露，第 1 款（a）项才适用于关于该特定青少年或该类青少年之记录。

（3）据第 4 款，就第 1 款（a）项中法庭令提出的申请，除非申请人已经至少提前五天向该记录所涉青少年、持有记录的个人或机构发出书面的通知，否则不得受理；若受理，青少年和持有记录的个人或机构须有陈词的机会。

（4）青少年司法法庭法官认为有下列情形的，可免除第 3 款中通知青少年之要求：

（a）坚持发出通知会阻挠申请；或者

（b）尽合理努力寻找后未能找到该青少年。

（5）在据第 1 款作出之法庭令中，青少年司法法庭法官应当列明出于何种目的可以使用记录。

（6）据第 1 款（b）项查阅记录时，该人随后可对该记录中所载的资料进行披露，但不得任何形式对有理由认为其能够证明记录所涉青少年之身份的信息进行披露。

第 124 条　青少年查阅记录

记录所涉青少年或其律师可随时查阅记录。

第 125 条　对记录中的信息进行披露

（1）在调查犯罪时如有必要，治安官可向任何人对据第 114 条或第 115 条保存的任何记录进行披露。

（2）总检察长可据本法或其他国会法律进行之诉中，可向下列人员对据第 114 条或第 115 条保存的资料进行披露：

（a）向与青少年共同被控犯有该记录所载犯罪之人，提供记录内所载的任何资料；以及

（b）若记录与诉讼中的证人有关，则证明证人的资料是据本法处理过之青少年资料，可向诉讼中的被告人提供。

（3）为处理据《刑事法律互助法》向外国或由外国提出的请求，或者《引渡法》规定之引渡事项，必要时总检察长或治安官可向加拿大总检察长对据第 114 条或第 115 条保存之记录中的资料进行披露。加拿大总检察长可向外国对该请求所要求的资料，或引渡事项所涉及的资料进行披露（视情况而定）。

（4）治安官可向保险公司对据第 114 条或第 115 条保存之记录中的

资料进行披露，以调查对该记录所涉青少年犯下或被指控犯下之罪提出的索赔。

（5）为获得资料以准备本法要求的报告，必要时省级主管或青少年工作者可以对记录所载的信息进行披露。

（6）为下列实现下列目的有必要时，省级主管、青少年工作者、总检察长、治安官或其他对青少年提供服务之人员可向专业人员或其他监管、照护青少年之人员（包括学校董事会代表、学校代表、其他教育或培训机构代表）对据第 114 条至第 116 条保存之记录所载资料进行披露：

（a）确保青少年遵守第 91 条规定之授权或青少年司法法庭作出之法庭令；

（b）确保职工、学生或其他人员的安全；或者

（c）促使青少年改过自新。

（7）获得据第 6 款进行披露资料之人应：

（a）将该资料与记录所涉青少年之其他资料分开保存；

（b）除本法授权之人员，以及为第 6 款规定之目的有必要之外，确保任何人不得查阅该资料；

（c）当该资料不再用于进行披露的目的时，销毁记录副本。

（8）在第 119 条第 2 款规定之适用期限（查阅记录期间）结束后，不得对任何信息进行披露。

第 126 条　档案保管员处关于监禁等之记录

当据第 114 条至第 116 条，原始记录由加拿大图书管理和档案馆或省档案保管员保存时，若有下列情形，可将记录所载的资料向他人作出披露：

（a）若青少年司法法庭法官确信是为了进行研究或统计而查阅记录，符合公众利益；

（b）不得对能够识别出青少年身份的资料进行披露。

第 127 条　凭法庭令进行披露

（1）经省级主管、总检察长或治安官的申请，若青少年司法法庭在充分考虑到下列情况之后，认为披露是必要的，法庭可作出法庭令，准许申请人向法庭指定之人士对指定之有关青少年之资料进行披露：

（a）青少年已被判犯有严重之人身伤害犯罪；

（b）青少年对他人造成严重伤害的危险；以及

（c）对信息进行披露与避免该危险有关。

（2）在第3款之规定情形下，在据第1款作出法庭令前，青少年司法法庭应给予青少年、青少年之父母及总检察长陈词的机会。

（3）若青少年司法法庭认为已经尽合理努力寻找后未能找到青少年，则总检察长可单方面据第1款提出申请。

（4）在第119条第2款规定之适用期限结束后，不得据第1款对任何资料进行披露。

第128条　处理或销毁记录及禁止使用和进行披露

（1）据第123条、第124条或第126条，在第119条或第120条规定之适用期限结束后，不得使用据第114条到第116条保存的，能够证明青少年依本法、1985年《加拿大修订章程》第Y-1章《青少年罪犯法》被处理过之记录。

（2）据第125条第7款（c）项，除据第115条第3款保存之记录之外，据第114条至到第116条保存之记录，在第119条规定之适用期限结束之前或之后，随时可由保存记录之人或组织的自行决定销毁或移交至加拿大图书管理和档案馆，或任意省之档案管理员处。

（3）据第115条第3款保存的所有记录应在第119条或第120条规定之适用期限结束时销毁，或者，若加拿大图书管理和档案馆要求，则将其转交给图书管理员和档案保管员。

（4）加拿大皇家骑警专员应在第119条规定之适用期限结束时，从加拿大皇家骑警所维护的自动刑事定罪记录检索系统中清除记录；但是，关于国会法律或省议会法律规定之禁止令的资料，仅在该法庭令有效期限结束后才能被清除。

（5）尽管第1款、第2款和第4款中另有规定，但加拿大皇家骑警为匹配犯罪现场信息所维护的系统中，涉及青少年之所犯或被指控犯下之罪的条目，应与据《刑事记录法》已被下令暂停记录之成年人所犯之犯罪的资料以同样的方式处理。

（6）加拿大图书管理员和档案保管人员可以随时检查由加拿大《图书馆和档案馆法》第2条规定之政府机构所控制的，据第114条至第116条保存之记录；省级档案保管员据省议会法律被授权的，可随时检查该记录。

（7）据第2款及第3款，对记录的销毁系指：

（a）对于非电子形式之记录的销毁，系指撕碎、烧毁或其他物理方式销毁记录；

（b）对于电子形式之记录的销毁系指删除、改写或其他使记录无法存取的方式。

第 129 条　不得进行后续披露

未经本法授权，任何可以查阅记录之人，或资料被进行披露的对象都不得向他人作出该资料之披露。

第七部分　一般规定

第 130 条　法官资格的取消

（1）除第 2 款另有规定外，在对被控犯罪之青少年作出裁决前，青少年司法法庭法官审查关于该犯罪有关之青少年之刑前报告后，已经在认罪或作出有罪判决之后或者法官听取判决意见书后，被告人改变认罪，则该青少年司法法庭法官不得以任何身份对青少年之犯罪进行或继续进行审判，并将案件移送给另一名法官依法处理。

（2）在第 1 款所述情形下，青少年司法法庭法官在青少年和原告的同意下，若法官认为该青少年没有认罪或被判有罪，或被刑前报告所载资料或判决意见书预先处置，可进行或继续进行对青少年之审判。

第 131 条　法官的替代

（1）据《刑法典》第 669.2 条第 1 款，代替另一名青少年司法法庭法官之青少年司法法庭法官应：

（a）若已作出裁决，继续对青少年进行判决或作出法律在该情形下授权作出之法庭令；或者

（b）若没有作出裁决，则重新开始审判，视为没有采信过任何证据。

（2）在双方同意情形下，据第 1 款（b）项重新开始审判之青少年司法法庭法官可以接受将该案件中已提供之证据的转录本作为证据。

第 132 条　排除在听证之外

（1）除第 2 款另有规定外，在诉讼程序依本法进行之前，若法庭或大法官认为该人在场对诉讼是不必要的，并且法庭或大法官认为有下列情形的，法庭或大法官可以将其排除在全部或部分诉讼程序之外：

（a）提交给法庭或大法官之证据或资料将对以下人员造成严重伤害或损害：

（i）正在诉讼中被处理之青少年，

（ii）儿童或青少年证人，或者

（iii）在诉讼中被控犯罪的儿童或青少年被害人；

（b）将社会人士排除在法庭之外符合公共道德利益，维持了秩序或司法公正。

（2）据《刑法典》第 650 条，除非为实施本法第 34 条第 9 款有必要外，法庭或大法官不得据第 1 款将下列人员在依本法进行之诉讼程序之外：

（a）原告；

（b）正在诉讼中被处理之青少年、青少年之律师、青少年之父母或据第 25 条第 7 款协助青少年之成年人；

（c）省级主管或其代理人；或

（d）被指派负责青少年案件之青少年工作者。

（3）青少年司法法庭在发现青少年犯罪后，或青少年司法法庭或审查委员会在审查期间，若认为其收到的资料可能会对青少年造成严重伤害或损害，可酌情决定只允许下列人员出席法庭或审查委员会的听证：

（a）青少年或青少年之律师；

（b）省级主管或其代理人；

（c）被指派负责青少年案件之青少年工作者；以及

（d）总检察长。

（4）第 3 款（a）项规定之例外情形受到本法第 34 条第 9 款以及《刑法典》第 650 条的限制。

第 133 条　指控的移送

尽管有《刑法典》第 478 条第 1 款和第 3 款之规定，被指控在某省犯罪之青少年，若经该省之总检察长同意，可在其他省之青少年司法法庭出庭：

（a）若青少年认罪，青少年司法法庭认为事实清楚，指控无误，法庭应认定青少年犯有资料中或起诉书中指控之犯罪；以及

（b）若青少年不认罪，或已认罪但法庭认为事实与指控不符，在出庭前被拘留的，应当继续拘留并依法处理。

第 134 条　申请没收保证金

没收青少年保证金的申请书应提交给青少年司法法庭。

第 135 条　违约情形之程序

（1）据《刑法典》第 770 条第 1 款，对约束青少年之保证金在凭证上背书后，青少年司法法庭法官应：

（a）经总检察长请求，确定关于没收保证金申请的听证时间及地点；以及

（b）在确定了听证的时间和地点之后，至少在所确定日期的十天之前，安排将信件通过确认送达服务送达给所有相关委托人和担保人，寄往其最近的住址，通知要求其在规定的时间内出现在法官指定的地点，以说明不应没收保证金的原因。

（2）在遵守第1款之情形下，青少年司法法庭法官在给予各方当事人陈词的机会后，可以酌情决定批准或拒绝该申请，并就没收保证金作出法官认为适当之法庭令。

（3）若青少年司法法庭法官据第2款下令没收保证金，则委托人和其担保人成为官方判定债务人，由法官作出法庭令要求其支付一定金额。

（4）据第2款所作法庭令，可提交至高等法院书记官，或在魁北克省提交给法院的首席书记官。若提交法庭令，书记官或法院的首席书记官须以《刑法典》规定之表格34的形式发出扣押债务人财产令，并将其送交委托人及其保证人所居住、经营业务或拥有财产的各分区的治安官。

（5）若没收保证金法庭令之对象已经交付了罚金，则不得发出扣押债务人财产令，但该罚金应当由保管人转交给依法有权收取罚金之人。

（6）《刑法典》第770条第2款和第4款不适用依本法进行之诉。

（7）《刑法典》第772条及第773条适用于本条发出之扣押债务人财产令，视为据《刑法典》第771条所作。

第136条　教唆青少年等

（1）教唆青少年等包括下列人员：

（a）诱导或协助青少年非法离开拘留所或青少年刑罚规定之安置青少年的其他地点，或离开据1985年《加拿大修订章程》第Y-1章《青少年罪犯法》规定之处置青少年的其他地点；

（b）非法将青少年从（a）项所述地点转移；

（c）故意窝藏非法离开（a）项所述地点之青少年；

（d）故意教唆或协助青少年违反青少年刑罚的条款、青少年司法法庭之其他法庭令、据1985年《加拿大修订章程》第Y-1章《青少年罪犯法》作出之处置和其他法庭令之条款；或

（e）故意阻止或干扰青少年按要求履行青少年刑罚、青少年司法法庭之其他法庭令、据1985年《加拿大修订章程》第Y-1章《青少年罪

犯法》作出之处置和令其他法庭令之条款，犯下可起诉罪行，判处不超过两年的监禁，或犯下可经简易程序定罪之犯罪。

（2）据本条，省法院法官拥有对被控犯有可起诉犯罪之成年人之管辖是绝对的，无论被告是否同意。

第 137 条　违反判决或处置

据本法第 42 条第 2 款（c）项至（m）项或（s）项被判处青少年刑罚之人，对于据本法第 53 条第 2 款所作额外赔偿被害人法庭令，或对于据 1985 年《加拿大修订章程》第 Y-1 章《青少年罪犯法》第 20 条第 1 款（a.1）项至（g）项、（j）项或（l）项所作处置，故意不履行或拒绝履行判决、额外赔偿或处置的，即可经简易程序定罪之犯罪。

第 138 条　犯罪

（1）违反本法第 110 条第 1 款、第 111 条第 1 款、第 118 第 1 款、第 128 条第 3 款或第 129 条的，或违反 1985 年《加拿大修订章程》第 Y-1章《青少年罪犯法》第 38 条第 1 款、第 1.12 款、第 1.14 款、第 1.15 款、第 45 条第 2 款或第 46 条第 1 款的：

（a）即犯可起诉之罪，判处不超过两年的监禁；或者

（b）即可经简易程序定罪之犯罪。

（2）省法院法官对被控犯有第 1 款（a）项所述犯罪之成年人之管辖是绝对的，无论被告是否同意。

第 139 条　犯罪与刑罚

（1）故意违反第 30 条或第 31 条第 3 款的：

（a）即犯可起诉之罪，判处不超过两年的监禁；或者

（b）即可经简易程序定罪之犯罪。

（2）故意违反 1985 年《加拿大修订章程》第 Y-1 章《青少年罪犯法》第 7 条或第 7.1 条第 2 款的，即可经简易程序定罪之犯罪。

（3）使用或授权使用违反第 82 条第 3 款的申请表格的，即可经简易程序定罪之犯罪。

第 140 条　《刑法典》之适用

除与本法不一致或本法排除之情形外，《刑法典》之规定可依据情况需要作出修改，以适用于被控犯罪之青少年。

第 141 条　《刑法典》条款之适用

（1）除与本法不一致或本法排除之情形外，《刑法典》第 16 条和第

21 部分可据情况需要作出修改，以适用于依本法进行的与青少年被指控犯下的罪行有关之诉。

（2）据第 1 款：

（a）在《刑法典》第 21 部分中凡提到将资料的复件交给或以其他方式交给被告或诉讼的一方，均应理解为将复件交给或以其他方式交给：

（i）青少年之代理律师，

（ii）在对青少年之诉讼中出庭之青少年父母，以及

（iii）未能在对青少年之诉讼中出庭的父母，若青少年司法法庭或审查委员会认为父母希望参与诉讼；以及

（b）在《刑法典》第 21 部分中，凡提及将通知交给被告或诉讼程序的一方，均应理解为将此通知交给青少年之父母和青少年之代理律师。

（3）除第 4 款另有规定外，未将第 2 款（b）项所指之通知送交青少年之父母不影响依本法进行之诉讼程序之效力。

（4）未将第 2 款（b）项所指之通知送交青少年之父母，则关于该案件依本法进行的后续程序无效，除非：

（a）该青少年父母陪同该青少年一起出席应诉；或者

（b）向青少年提起诉讼之青少年司法法庭法官或审查委员会：

（i）暂停诉讼程序，并下令以法官或审查委员会指示的方式将通知发给其指定之人；或

（ii）若青少年司法法庭或审查委员会充分考虑情况后，认为可以免除通知，则免除通知。

（5）［已废除］

（6）在作出或审查据《刑法典》第 21 部分对青少年作出之处置之前，青少年司法法庭或审查委员应考虑到青少年之年龄和特殊需求，以及青少年家长作出之陈述或意见书。

（7）至（9）［已废除］

（10）将《刑法典》第 672.33 条第 1 款适用于依本法进行的与青少年被指控犯下的罪行有关之诉时，凡该款内提及两年，则须以一年代替。

（11）《刑法典》第 21 部分所述之某省之某医院，应当解释为由省卫生部长指定之一所医院，以便对青年进行监护、治疗或评估。

（12）本条中审查委员会系指《刑法典》第 672.1 条中之审查委员会。

第 142 条 《刑法典》第 27 部分和简易程序定罪审判之适用

（1）据本条，除与本法不一致的条款，《刑法典》第 27 部分之规定和《刑法典》中适用于简易程序定罪的其他规定，凡涉及法庭程序的，适用于依本法对下列犯罪提起之诉程序：

（a）据《刑法典》第 83.3 条、第 810 条、第 810.01 条、第 810.011 条、第 810.02 条和第 810.2 条作出之法庭令或者第 811 条规定之犯罪；

（b）可经简易程序定罪之犯罪；以及

（c）可起诉犯罪，视为规定可起诉犯罪的法律将其定义为可经简易程序定罪之犯罪。

（2）补充说明，尽管第 1 款或本法另有其他规定，青少年所犯的罪行据本法或其他国会法律可起诉的，是可起诉犯罪。

（3）《刑法典》第 650 条适用于依本法进行之诉，无论诉讼涉及可起诉犯罪还是可经简易程序定罪之犯罪。

（4）依本法进行之诉中，《刑法典》第 786 条第 2 款不适用于可起诉犯罪。

（5）《刑法典》第 809 条不适用于依本法进行之诉。

第 143 条 诉讼程序

本法中可诉之罪和可经简易程序定罪之犯罪可以以相同之证据进行控告或起诉，并合并审理。

第 144 条 签发传票

（1）若需要一个人在青少年司法法庭出庭作证，向其发出之传票可以由青少年司法法庭法官签发，无论须出庭之人是否与青年司法法庭在同一省份内。

（2）青少年司法法庭向位于外省之人签发之传票，应当亲自送达该人。

第 145 条 授权令

青少年司法法庭签发之授权令可在加拿大的任何地方执行。

第 146 条 陈述的一般采信规则之适用

（1）除本条另有规定外，被控犯罪者所作陈述的采信规则对青少年适用。

（2）未满 18 周岁之青少年向治安官或依法有权人士，在被逮捕或拘留时作出或者在治安官或其他人士有合理理由相信该青少年作出之口头或书面陈述不可采信，除非：

（a）陈述是自愿的；

（b）受理陈述之人，在作出陈述前，应以适合青少年年龄和理解能力的语言清楚地向青少年解释下列内容：

（i）青少年有权保持沉默，

（ii）该青少年所作的陈述将作为起诉青少年之证据，

（iii）青少年有权据（c）项与律师、父母或其他人咨询，以及

（iv）除非该青年另有要求，否则，该青年所作的任何陈述均须在律师及据（c）款所咨询之人在场之情形下作出；

（c）在作出陈述之前，青少年可向下列人员进行合理的咨询：

（i）律师，以及

（ii）父母；在父母缺席情形下，向成年亲属咨询；在父母和成年亲属皆缺席的情形下，青少年选择的其他合适之成年人，只要该人不是共同被告人或在调查后犯有同样犯罪之人；以及

（d）如该青少年据（c）项向他人咨询，则视为青少年已在此人在场之情形下作出了陈述。

（3）若在该青少年有合理机会遵守第2款（c）项至（d）项所载的要求之前，该青少年自发地向治安官或其他有权人士作出口头陈述，则这些要求不适用于该口头陈述。

（4）青少年可放弃第2款（c）项或（d）项之权利，但该弃权：

（a）必须记录在录影带或录音带上；或者

（b）必须是青少年签署的说明其已被告知其放弃权利的书面声明。

（5）当放弃第2款（c）项或（d）项规定之权利时，如因技术上不符合规定而没有遵守第4款之规定，若青少年司法法庭确信青少年已被告知了其所拥有之权利，并且自愿放弃权利，则可裁定该弃权有效。

（6）当技术上不符合第2款（b）项至（d）项之规定时，若青少年司法法庭确信采信陈述不违背使青少年得到加强程序保护以确保其得到公平对待和权利保护原则，则可以将第2款所述之陈述采信为证据。

（7）若认为青少年是在非依法有权人士的胁迫下，在依本法进行之诉讼程序中作出陈述，青少年司法法庭法官可以不采信此陈述。

（8）在依本法进行之诉讼程序中，若作出陈述或弃权之情形符合下列条件，青少年司法法庭法官可采信青少年作出陈述或弃权：

（a）青少年年满18周岁；

（b）受理陈述或弃权之人，就该青少年之年龄进行合理查询，并有

合理依据相信青少年年满 18 周岁；以及

（c）在其他陈述或弃权可以采信之情形下。

（9）就本条而言，在没有证据证明之情形下，青少年向第 2 款（c）项进行咨询之人员不属于法律上的权威人士。

第 147 条　不可采信之证据

（1）除第 2 款另有规定外，若是依照第 34 条第 1 款规定之法庭令而评估青少年，在评估期间，为评估目的，青少年向进行评估之人或在该人指示下行事的任何人作出或提及的陈述，未经青少年同意，均不得在法庭、审裁处、机构或有强制出示证据管辖权之人进行之诉讼程序中被采信为证据。

（2）为下列目的，第 1 款所述之陈述可采信为证据：

（a）为审理就第 71 条规定之听证所提出的申请；

（b）为确定青少年是否适合接受审判；

（c）若青少年是因其新生婴儿死亡而被指控犯罪的女性，为确定青少年之意识在实施被控犯罪时是否受到干扰；

（d）为作出或审查青少年刑罚；

（e）若被告对其犯罪时的辨认和控制能力有异议，或者若原告在判决后提出该问题，为确定青少年是否是因为自动症或精神障碍而实施被控犯罪，以便决定是否据《刑法典》第 16 条第 1 款免除其刑事责任；

（f）如该青少年之证词与其先前所作的第 1 款所述之陈述有重大的不一致之处，为了对青少年在诉讼中的可信度提出异议；

（g）对于被指控在诉讼过程中作虚假陈述之青少年，为查实其伪证；

（h）为审理就第 104 条第 1 款规定之法庭令所提出的申请；

（i）为据第 105 条第 1 款制定要求；

（j）为据第 109 条第 1 款进行审查；或

（k）为审理就第 127 条第 1 款规定之披露法庭令所提出的申请；

第 148 条　父母证词

（1）在依本法进行之诉中，父母对其子女年龄的证词可以证明该青少年年龄。

（2）在依本法进行之诉中：

（a）出生或洗礼证明书或者由该等记录的保管人签发之证明书副

本，是证明书或副本上所列人士的年龄证明；以及

（b）大约在该人来到加拿大时提起诉讼控告其犯罪的，若法人团体控制或照护该人的条目或记录是在该人在被控犯罪之前作出之，该条目或记录是年龄证明。

（3）在没有第2款所述之证明书、副本、文字记录或记录情形下，或为证实该证明书、副本、文字记录或记录，青少年司法法庭可接收并处理其认为可靠的与年龄有关的任何其他资料。

（4）在依本法进行之诉中，青少年司法法庭可从该人的外貌、在直接审问或盘问中所作陈述，推断此人的年龄。

第149条　坦白

（1）依本法进行之诉中的当事人可以为免除证明而坦白任何相关事实或事项，包括任何据法律或法律与事实的综合来决定证据能力的事实或事项。为了取消证据而接受有关的事实或事项，包括可受理性取决于法律或混合法的事实或事项。

（2）本条概不妨碍一方当事人在诉讼中援引证据以证明另一方承认的事实或事项。

第150条　物证

依本法进行之诉的物证，据本条可以采信为证据的，经诉讼各方当事人同意，且青少年由律师代理的，可在此类诉讼中提出。

第151条　儿童或青少年之证据

仅在青少年司法法庭法官或大法官作出下列事项之后，儿童或青少年之证据方可在依本法进行之诉中提出：

（a）若证人是儿童，应告知儿童说明真相之责任以及不说明真相之后果；以及

（b）若证人是青少年且法官或大法官认为有必要的，应告知青少年说明真相之责任以及不说明真相之后果。

第152条　服务证明

（1）据本法，声称已经亲自送达或经确认送达服务送达之人经宣誓后提供的口头证据，或其宣誓书或法定声明均可证明文件之送达。

（2）若是以宣誓书或法定声明来证明文件之送达，且作出或接受宣誓书或声明者的公章出现在宣誓书或声明的正面，则无须证明该人的签名或公章。

第153条 无需密封

依本法进行之诉中已下达、签发、归档或提出的任何资料、起诉书、传票、授权令、会议记录、判决、定罪、法庭令、其他程序或文件无需密封即为有效。

第154条 文书格式

（1）第155条规定之文书格式或类似的文书格式，可依情况变化，其被提交时是有效且充分的。

（2）在第155条没有规定文书格式情形下，可适用《刑法典》第28部分规定之格式，可据情况需要作出修改，或采用其他适当的形式。

第155条 条例

总督会同行政局可以制定条例：

（a）规定本法中可以使用的文书格式；

（b）为加拿大各地之青少年司法法庭制定统一的法庭规则，包括规范青少年司法法庭应遵循的惯例和程序的规则；

（c）一般是为了执行本法的宗旨和规定。

第156条 与各省协议

所有大臣可在总督会同行政局批准下，与任意省政府签订协议，规定该省或省内直辖市为据本法处理之青少年支付的照护和服务费用由加拿大向该省支付。

第157条 社区计划

加拿大总检察长或由省督指定之部长可以设立以下类型的社区计划：

（a）替代诉讼程序之计划，如被害人与罪犯和解计划、调解计划和赔偿计划；

（b）在审前替代拘留之计划，例如保释监管计划；以及

（c）替代监管之计划，如加强支持和监管计划以及执行考勤法庭令之计划。

第八部分 过渡条款

第158条 禁止诉讼

在本条生效之后，不得对1985年《加拿大修订章程》第Y-1章《青少年罪犯法》规定之犯罪，或1970年《加拿大修订章程》第J－3

章《未成年人偏差法》规定之犯罪提起诉讼。

第159条 据《青少年罪犯法》提起之诉

（1）除第161条另有规定外，凡在本条生效前，据1985年《加拿大修订章程》第Y-1章《青少年罪犯法》，就该法规定之犯罪，对犯罪时是该法定义之青少年之人提起之诉，其诉讼程序和所有有关事项应按照本法尚未生效之情形处理。

（2）除第161条另有规定外，据1970年《加拿大修订章程》第J-3章《未成年人偏差法》，就该法规定之犯罪，对犯罪时是该法定义之儿童之人提起之诉，其诉讼程序和所有有关事项应按照本条已经生效之情形，依本法处理。

第160条 ［已废除］

第161条 适用的判决

（1）第159条所述之被判定犯罪或违法行为之人，除1985年《加拿大修订章程》第Y-1章《青少年罪犯法》第2条第1款定义的、在普通法庭被定罪之人外，应据本法进行判决，除非：

（a）第110条第2款（b）项不适用于该犯罪或违法行为；以及

（b）第42条第2款（r）项仅在经过青少年同意的情形下才适用于该犯罪或青少年犯罪。

本法中适用于据第42条所作判决之规定适用于该判决。

（2）当青少年据本法被判刑时，又据1985年《加拿大修订章程》第Y-1章《青少年罪犯法》第20条第1款（k）项或（k.1）项被处置的，经总检察长或青少年之申请，青少年司法法庭应在不违背司法公正的前提下，据本法或其他国会法律应当下令将据该法所判处置的剩余部分视为是据本法第42条第2款（n）项或（q）项（视情况而定）判处之刑罚来进行。

（3）补充说明，为决定据第94条审查判决的日期，相关日期是据1985年《加拿大修订章程》第Y-1章《青少年罪犯法》实施处置的日期。

第162条 诉讼程序的开始

据第158条和第159条诉讼程序由提交资料或起诉书开始。

第163条 对青少年犯罪或其他犯罪的申请

第114条至第129条可据情况需要作出修改，适用于涉及1970年

《加拿大修订章程》第 J-3 章《未成年人偏差法》规定之犯罪之记录，以及据 1985 年《加拿大修订章程》第 Y-1 章《青少年罪犯法》第 40 条到第 43 条保存之记录。

第 164 条　合同继续有效

据 1985 年《加拿大修订章程》第 Y-1 章《青少年罪犯法》订立的合同在有效期届满前继续有效，除非本法修正或订立了新的合同。

第 165 条　指定

（1）据 1985 年《加拿大修订章程》第 Y-1 章《青少年罪犯法》设立或指定之青少年司法法庭，自本条生效之日起视为据本法设立或指定。

（2）据 1985 年《加拿大修订章程》第 Y-1 章《青少年罪犯法》指定之青少年司法法庭法官，自本条生效之日起视为据本法指定。

（3）据 1985 年《加拿大修订章程》第 Y-1 章《青少年罪犯法》被委任或指定为省级主管的个人、团体或机构，以及据该法指定之青少年工作者，（视情况而定）自本条生效之日起视为据本法被委任或指定为省级主管或青少年工作者。

（4）据 1985 年《加拿大修订章程》第 Y-1 章《青少年罪犯法》设立或指定之审查委员会，以及据该法设立之青少年司法委员会，（视情况而定）自本条生效之日起视为据本法指定之审查委员会或青少年司法委员会。

（5）据 1985 年《加拿大修订章程》第 Y-1 章《青少年罪犯法》授权的替代措施计划，自本条生效之日起视为据本法授权的替代措施计划。

（6）除第 7 款另有规定外，据 1985 年《加拿大修订章程》第 Y-1 章《青少年罪犯法》指定作为临时拘留所或开放拘留所的地点，以及据该法指定作为安全监狱的地点或设施，自本条生效之日起视为据本法被指定为：

（a）就临时拘留所而言，系临时拘留所；以及

（b）就开放拘留所或安全监狱而言，系青少年监管机构。

（7）若省督据第 88 条发布命令，据 1985 年《加拿大修订章程》第 Y-1 章《青少年罪犯法》之规定行使裁定青少年监禁级别并审查这些裁定的权力，据该法对开放拘留所或安全监狱地点之指定，据第 88 条仍然有效，但可以废除或更改该指定。

（8）据 1985 年《加拿大修订章程》第 Y-1 章《青少年罪犯法》指定之青少年司法法庭书记官，或据该法被指定执行特定职责的个人或团体，（视情况而定）自本条生效之日起视为据本法被指定为青少年法司法法庭书记官或执行该职责的个人或团体。

第九部分 相应的修改、废除和生效

第 166—198 条 ［修改］

第 199 条 ［已废除］

生效

本法之规定，自总督会同行政局的命令确定之日起施行。

［注：2003 年 4 月 1 日生效，见 SI/2002-91。］

列表

（第 120 条第 1 款、第 4 款和第 6 款）

1. 《刑法典》中下列条款规定之犯罪：

（a）第 81 条第 2 款（a）项（使用爆炸物）；

（b）第 85 条第 1 款（使用枪械犯罪）；

（c）第 151 条（性骚扰）；

（d）第 152 条（性接触）；

（e）第 153 条（性虐待）；

（f）第 155 条（乱伦）；

（g）第 159 条（肛交）；

（h）第 170 条（父母或监护人与儿童进行性行为）；

（i）和（j）［已废除］

（k）第 231 条或第 235 条（第 231 条定义的一级谋杀或二级谋杀）；

（l）第 232 条、第 234 条或第 236 条（过失杀人）；

（m）第 239 条（谋杀未遂）；

（n）第 267 条（使用武器攻击或造成人身伤害）；

（o）第 268 条（严重伤害）；

（p）第 269 条（非法造成人身伤害）；

（q）第 271 条（性侵犯）；

（r）第 272 条（持械性侵犯、威胁第三人或者造成人身伤害）；

（s）第 273 条（严重性侵犯）；

（t）第 279 条（绑架）；

（t. 1）第 279.011 条（人口贩卖——未满 18 周岁之人）；

（t. 2）第 279.02 条第 2 款（物质利益——贩卖未满 18 周岁之人）；

（t. 3）第 279.03 条第 2 款（扣留或销毁文件——贩卖未满 18 周岁之人）；

（t. 4）第 286.1 条第 2 款（考虑获得未满 18 周岁之人的性服务）；

（t. 5）第 286.2 条第 2 款（由未满 18 周岁之人提供的性服务的物质利益）；

（t. 6）第 286.3 条第 2 款（诱拐——未满 18 周岁之人）；

（u）第 344 条（抢劫）；

（v）第 433 条（纵火——漠视人命）；

（w）第 434.1 条（纵火——自有财产）；

（x）第 436 条（过失纵火）；以及

（y）第 465 条第 1 款（a）项（共谋谋杀）。

1.1 在本条生效之前不时宣读的《刑法典》中下列条款规定之犯罪：

（a）第 212 条第 2 款（未满 18 周岁以卖淫为生之人）；

（b）第 212 条第 4 款（未满 18 周岁之人卖淫）。

2. 在 1990 年 7 月 1 日前宣读的《刑法典》中下列条款规定之犯罪：

（a）第 433 条（纵火）；

（b）第 434 条（放火焚烧其他物质）；以及

（c）第 436 条（过失放火）。

3. 在 1983 年 1 月 4 日之前宣读的 1970 年《加拿大修订章程》第 C-34 章《刑法典》中下列条款规定之犯罪：

（a）第 144 条（强奸）；

（b）第 145 条（强奸未遂）；

（c）第 149 条（猥亵女性）；

（d）第 156 条（猥亵男性）；以及

（e）第 246 条（故意伤害）。

4.《受管制药物和物质法》中下列条款规定之犯罪：

（a）第 5 条（贩卖）；

（b）第 6 条（进口和出口）；以及

（c）第 7 条（物质的生产）。

相关规定

未决申请——其他法律中的引用

第 163 条在由本部分制定之下列条文中，凡对暂停记录申请的引用，亦被视为在本条生效之日尚未最终处理的赦免申请的引用：

（c）《青少年刑事司法法》第 82 条第 1 款（d）项、第 119 条第 1 款（n）项（iii）目和第 120 条第 4 款（c）项（iii）目。

有效的赦免——其他法律中的引用

第 165 条在由本部分制定之下列条文中，凡对暂停记录的引用，亦被视为据《刑事记录法》准许或发出之赦免：

（f）《青少年刑事司法法》第 128 条第 5 款。

在本条生效之前实施之犯罪为

第 195 条对于任何人在本条生效之前在青少年时期犯下之罪，若在本条生效之前未对该罪开始诉讼程序的，据经本部分修订的《青少年刑事司法法》，应将该犯罪视为在本条生效后才发生，但不包括下列犯罪：

（a）由第 167 条第 3 款制定之《青少年刑事司法法》第 2 条第 1 款对暴力犯罪之定义不适用于该犯罪；

（b）由第 168 条第 1 款制定之该法第 3 条第 1 款（a）项不适用于该犯罪；

（c）由第 172 条制定之该法第 38 条第 2 款（f）项不适用于该犯罪；

（d）由第 173 条制定之该法第 39 条第 1 款（c）项不适用于该犯罪；以及

（e）由第 185 条制定之该法第 75 条不适用于该犯罪。

审查和报告

第 45.1 条（1）本条生效后五年内，众议院为全面审查本法的规定和实施情况，可指定或设立众议院委员会进行审查。

（2）第 1 款所述之委员会须据第 1 款在审查完成后的一年内或众议院批准的时间内，向众议院议长提交审查报告，其中说明委员会建议的任何修改。

对我国的借鉴

综观加拿大《青少年刑事司法法》，其立法初衷侧重于对包括警察、检察官、法官、省督导等青少年刑事司法系统相关人员如何实施法律予以可操性的指导，或可为我国未成年人刑事司法提供一定具有借鉴价值的参考。

首先，针对不严重之青少年犯罪采取的法外措施。面对需要处理的大量相对轻微之犯罪，在足以使过错青少年承担责任情形下，可不必启动法院程序，而可适用法外措施，包括可以通过警方警告或刑事警告予以警示，或者要求过错青少年修复对被害人和社区造成的伤害，等等。采取法外措施一方面可以促使对轻微犯罪之青少年进行早期干预，并为更广泛的社区提供机会，在制定基于社区的青年犯罪应对措施方面发挥重要作用；另一方面，也鼓励警察不对因较轻罪而被逮捕之青少年提出控告，进而可使法院能够集中精力处理其他更为严重之青少年犯罪案件。

其次，加拿大《青少年刑事司法法》为我们提供了具有恢复性司法色彩的融合多种不同类型程序方法的形式——"会议"。所谓的"会议"系指受影响或有关各方聚集在一起制定计划以解决个别青少年案件所涉及情形的各种程序。而在加拿大《青少年刑事司法法》法律框架下，其授权并鼓励召开会议，通过向作出决定之警察、法官、治安官、检察官、省督导或青年工作者提供建议，协助青年司法系统的决策。而会议提供建议的内容可以涉及适当的法外措施、审前拘留的释放条件、适当刑罚以及监禁后融入社区计划等各个方面。

最后，加拿大《青少年刑事司法法》还为被监禁之青少年提供了重返计划与重返假期。自青少年开始服监禁刑时起，依据加拿大《青少年刑事司法法》之规定，青少年工作者与该青少年一起制定重返社会计划，旨在最大限度地提高其成功重新融入社会的机会的方案和活动，在此期间，除了对该青少年进行社区监督以外，青少年工作者还应为其提供支持和帮助。与此同时，该青少年还享有请求重返假期之权利，一般而言假期以三十天为限。

《离婚法》译评

出台背景及其意义

根据加拿大 1867 年《宪法》（Constitution Act）的相关规定，联邦享有在婚姻领域的立法权。但是，加拿大在 1968 年之前并无联邦离婚法，在大多数司法管辖地区，必须通过省法律引用 1875 年的英国《婚姻诉讼法》（English Matrimonial Casuses Act）来解决夫妻双方的离婚问题。1968 年，加拿大议会通过了第一部《离婚法》（Divorce Act），统一了加拿大各省的离婚法。除了统一之外，1968 年《离婚法》摒弃了过往以过错作为离婚的前提，引入了"婚姻永久破裂"（permanent marriage breakdown）概念作为离婚的理由，但同时也保留了以过错为前提的离婚理由，如通奸、遗弃和虐待。1976 年，加拿大法律改革委员会（Law Reform Commission of Canada）在其最具影响力的家庭法律报告（Report on Family Law）中建议，为了减少传统对抗式的离婚方式，促发更具有建设性的家庭纠纷解决方案，应将合理的离婚理由限定于婚姻破裂。对于该建议，1985 年《离婚法》并不完全采纳，而是移除了部分过错离婚理由，仅创设单一的婚姻破裂，包括两种情形：一是提起离婚诉讼时夫妻双方分居至少一年，且在提起离婚诉讼时正处于分居状态；二是离婚诉讼所针对的配偶，自结婚以来有通奸行为或对另一方进行身体或精神虐待以至于受虐方无法忍受与其继续同居生活。[1] 除此之外，1978 年《离婚法》对"分居至少一年"作了进一步的规定："（a）分居系指夫妻双方在任何一段时间内分开居住或者一方有意分居并与另一方保持距离；（b）以下情况不得视为夫妻分居时间的中断或终止：（i）若法院认为如果夫妻一方有能力继续分居生活，分居生活本应

---

[1] Divorce Act §8 (2) (a) (b).

继续，仅因为夫妻双方其中一方没有能力或不想继续分居生活或一方出于自愿不想继续分居生活，或（ii）夫妻双方在分居期间因和解而同居，连续同居期间或总共同居期间不超过九十日。"[2]

加拿大《离婚法》自 1985 年颁布以来，一直沿用至今，其间分别于 2002 年、2003 年、2005 年、2007 年、2014 年和 2015 年予以修正。经过修正后的《离婚法》共有 36 条，主要内容涉及分居和离婚、子女抚养和配偶扶养、监护令等纠纷解决规定，同时也涵盖离婚程序中代理夫妻出庭的法律顾问所需要遵循的义务，如提醒一方配偶注意本法以促进夫妻和解为目的的规定，或与一方配偶讨论调解和好的可能性，并告知他或她可通过提供婚内咨询或指导的机构协助调解等。另外，《离婚法》还强调法律顾问提交启动离婚诉讼程序的文件必须包含配偶证明其已遵守义务的声明，以保证当事人在离婚程序中的权利得以实现。

加拿大《离婚法》亦对离婚诉讼的管辖作出了改变。本法第 3 条第 1 款规定省内法院有权审理离婚请求的情形。一般来说，夫妻任意一方在诉讼开始时已在一个省经常居住期满 1 年，则该省法院对该对夫妻离婚诉讼具有管辖权。一旦具有管辖权的法院受理了夫妻的离婚诉讼请求并且在诉讼程序开始之后 30 日内并未被中止的，该法院便对该对夫妻之后所有未审判的离婚诉讼具有专属管辖权，就同一事项向另一法院提起的离婚诉讼应当被终止，除非夫妻二人在同一天内向不同法院提起离婚诉讼。

《离婚法》译文

第 1 条　法律简称

《离婚法》简称为本法。

第 2 条　定义

（1）本法中，

成年年龄系指未成年人经常居住地所在省法律规定的成年年龄。经常居住地不在加拿大的，成年年龄为 18 周岁。

上诉法院系指向法院上诉而言，对该上诉行使上诉管辖的法院。

适用指南系指：

（a）若夫妻双方或离异夫妻双方在向法院申请子女抚养令、申请变

---

[2] Divorce Act §8（3）（a）（b）（i）（ii）.

更已判决的子女抚养令或根据本法第 25.1 条规定申请重新计算子女抚养费数额时经常居住地在同一省，且根据第 5 款该省/地区为判决指定的省，申请准则系指该省法律；及

（b）在其他任何情况下，适用指南系指《联邦儿童抚养费准则》。

婚内子女系指夫妻双方或离异夫妻双方的子女，在婚姻关系中：

（a）未达到成年年龄且仍由父母抚养；或

（b）已到或超过成年年龄，却因疾病、残疾等原因不能自理并由父母照看抚养。

子女抚养令系指根据本法第 15.1 条第 1 款作出的法律令。

必然补救诉求系指夫妻双方或其中一方向法院申请获得子女抚养令、配偶扶养令或监护令的诉求。

法院就省级层面而言，系指：

（a）在安大略省，系指高等法院；

（a.1）在纽芬兰与拉布拉多省，系指最高法院审判庭；

（b）在魁北克省，系指高级法院；

（c）在新斯科舍省、不列颠哥伦比亚省和爱德华王子岛省，系指该省最高法院；

（d）在新不伦瑞克省、马尼托巴省、萨斯喀彻温省和亚伯达省，系指该省皇家高等法院；

（e）在育空或西北地区系指最高法院，在努纳武特系指努纳武特法院，以及基于本法之目的，由总督指派并由省督任命法官的省内其他法院。

监护包括照顾、抚育和其他形式的监护。

监护令系指根据本法第 16 条第 1 款作出的法律令。

离婚诉讼系指夫妻双方或其中一方向法院仅提起离婚诉讼，或附带提起子女抚养令、配偶扶养令或监护令申请。

联邦子女抚养费准则系指根据本法第 26.1 条制定的抚养费准则。

省子女抚养服务处系指根据本法第 25.1 条第 1 款，与省协议中指定的服务处、机构或团体。

配偶扶养令系指根据本法第 15.2 条第 1 款作出的法律令。

配偶系指相互结为夫妻的双方或其中一方。

抚（扶）养令系指子女抚养令或配偶扶养令。

变更令系指根据本法第 17 条第 1 款作出的法律令。

变更诉讼系指离异夫妻双方或其中一方向法院提起诉讼要求获得变更令。

（2）本条第 1 款中，婚内子女系指夫妻双方或离异夫妻双方的子女，包括：

（a）对子女而言夫妻双方为父母的子女；以及

（b）夫妻双方其中一方为生父或生母且另一方对子女而言为父或为母的子女。

（3）本法将向法院提起的诉讼称为"申请"，不得将其理解为仅限于该名称或以此形式或方式向法院提起诉讼。诉讼名称、方式及形式与该法院诉讼相关法律法规规定下提起的诉讼一致即可。

（4）本法第 21.1 条"宣誓书"和"诉状"定义述及之法律文书，不得解释为仅限于法院的该形式或该名称的文书。该文书的名称及形式与法院诉讼相关法律规定下的文书一致即可。

（5）就本条第 1 款"适用指南"定义而言，若该省法律为处理本法第 26.1 条述及之事项制定全面指南确定子女抚养费，总督会同行政会议可以作出法律令，指定该指南为该省子女抚养费准则。该法律令应明确规定构成该省子女抚养费准则的法律。

（6）本条第 5 款述及之准则，包括任何日后各省作出的修正案。

第 3 条　离婚诉讼管辖

（1）夫妻任意一方在诉讼开始时已在一个省经常居住期满 1 年，则该省法院对该对夫妻离婚诉讼具有管辖权。

（2）根据本条第 1 款规定，若夫妻双方在两个法院提起同一离婚诉讼，两个法院都具有管辖权。不在同一天提起的诉讼，且首先提起的诉讼在诉讼程序开始后 30 日之内没有被终止的，首先开始诉讼程序的法院对该对夫妻之后所有未审判的离婚诉讼具有专属管辖权，就同一事项向第二家法院提起的离婚诉讼应当被终止。

（3）根据本条第 1 款规定，若夫妻双方在两个法院提起同一离婚诉讼，两个法院都具有管辖权。在同一天开始诉讼程序，且两起诉讼自诉讼程序开始后 30 日内均未被终止的，则联邦法院对该对夫妻的所有未判决的离婚诉讼具有专属管辖权。两家法院应根据联邦法院令将该离婚诉讼移送联邦法院审判。

第 4 条　必然补救诉求管辖

（1）在以下情况中，省法院对必然补救诉求具有管辖权：

（a）提起诉求时，离异夫妻一方在该省经常居住；或

（b）离异夫妻双方均接受该法院管辖。

（2）根据本条第1款规定，若夫妻双方就同一事项在两个法院提起同一必然补救诉求，两个法院都具有管辖权。不在同一天提起的诉讼，且首先提起的诉讼在诉讼程序开始后30日之内没有被终止的，首先开始诉讼程序的法院对该对离异夫妻之后关于此事项的所有未审判的必然补救诉求具有专属管辖权，就同一事项向第二个法院提起的必然补救诉求应当被终止。

（3）根据本条第1款规定，离异夫妻就同一事项在两个法院提起同一必然补救诉求，两个法院都具有管辖权。在同一天提起的诉讼，且两起诉讼自诉讼程序开始后30日内均未被终止的，则联邦法院对该对离异夫妻之间就该特定的必然补救诉求具有专属管辖权。两家法院应根据联邦法院令将该必然补救诉求移送联邦法院审判。

第5条　变更诉讼管辖

（1）以下情况中，该省法院对变更诉讼具有听审权和审判权：

（a）提起诉讼时，离异夫妻一方在该省经常居住；或

（b）离异夫妻双方均接受法院管辖。

（2）根据本条第1款规定，若夫妻双方就同一事项在两个法院提起同一变更诉讼，两个法院都具有管辖权。不在同一天提起的诉讼，且首先提起的诉讼在诉讼程序开始后30日之内没有被终止的，首先开始诉讼程序的法院对该对离异夫妻之后所有未审判的变更诉讼具有专属管辖权，就同一事项向第二个法院提起的变更应当被终止。

（3）根据本条第1款规定，离异夫妻就同一事项在两个法院提起同一变更诉讼，两个法院都具有管辖权。在同一天提起的诉讼，且两起诉讼自诉讼程序开始后30日内均未被终止的，则联邦法院对该对离异夫妻之间就该特定的变更诉讼具有专属管辖权。两家法院应根据联邦法院令将该变更诉讼移送联邦法院审判。

第6条　申请监护权的离婚诉讼的移交

（1）若在离婚诉讼中就婚内子女向该省法院申请基于本法第16条规定的监护令被驳回，且该监护令相关的婚内子女与另一个省有最密切联系，则法院可以应夫妻的一方要求或法院自己动议将该离婚诉讼移交至上述另一省法院审判。

（2）若在必然补救诉求中就婚内子女向该省法院申请基于本法第16条规定的监护令被驳回，且该监护令相关的婚内子女与另一个省有最密切联系，则法院可以应离异夫妻的一方要求或法院自己动议将该必然

补救诉求移交至上述另一省法院审判。

（3）若在变更诉讼中就婚内子女向该省法院申请的监护令被驳回，且该监护令相关的婚内子女与另一个省有最密切联系，则法院可以应离异夫妻的一方要求或法院自己动议将该变更诉讼移交至上述另一省法院审判。

（4）尽管本法第3—5条对管辖有所规定，但本条规定下可移交诉讼至另一法院的法院对于该诉讼具有专属管辖权。

第7条　法官行使管辖权

本法授予一法院离婚诉讼的管辖，只能由该法院的法官行使，无须陪审团参与。

第8条　离婚

（1）根据夫妻双方或其中一方的申请，具有法定管辖权的法院可以以婚姻破裂为由作出离婚判决。

（2）以下情况婚姻破裂成立：

（a）提起离婚诉讼时夫妻双方分居至少1年，且在提起离婚诉讼时正处于分居状态。

（b）离婚诉讼所针对的配偶，自结婚以来：

（i）有通奸行为；或

（ii）对另一方进行身体或精神虐待，以至于受虐方无法忍受与其继续同居生活。

（3）就第本条第2款（a）项而言：

（a）分居系指夫妻双方在任何一段时间内分开居住，或者一方有意分居并与另一方保持距离。

（b）以下情况不得视为夫妻分居时间的中断或终止：

（i）若法院认为如果夫妻一方有能力继续分居生活，分居生活本应继续，仅因为夫妻双方其中一方没有能力或不想继续分居生活，或一方出于自愿不想继续分居生活；或

（ii）夫妻双方在分居期间有过一段时间同居生活，或在分居期间因和解而同居不超过90日。

第9条　法律顾问的责任

（1）每一个在离婚诉讼中代理夫妻的出庭律师、事务律师、法律工作者或辩护人均有以下义务：

（a）提醒一方配偶注意本法以促进夫妻和解为目的的规定；并

（b）与一方配偶讨论和解的可能性，并告知他或她可通过能提供婚姻咨询或指导的机构协助达成和解，除非就案件的现状而言显然不适合这样做。

（2）每一个在离婚诉讼中代理夫妻的出庭律师、事务律师、法律工作者或辩护人均有义务与一方配偶讨论通过协商解决可能关于抚养令或监护令的争议，并且告知他或她可以通过调解机构协商解决争议。

（3）出庭律师、事务律师、法律工作者或辩护人在法庭上呈交的每一份可正式开始离婚诉讼程序的法律文件都应包含配偶他或她作出遵守本条规定的声明。

第 10 条　法院义务——和解

（1）在离婚诉讼中，除非就案件现状而言显然不适合和解，否则法院在考虑证据之前都有义务获取足够的信息证据证明夫妻双方已没有和解的可能性。

（2）在离婚诉讼任何阶段，若法院发现案件现状、证据或夫妻一方或双方的态度有和解的可能性，则法院应：

（a）休庭并为双方提供和解的机会；并

（b）在夫妻双方同意的前提下或根据法庭的自由裁量权，指定：

（i）一名对于婚姻咨询或指导有经验或经过这方面训练的人员；或

（ii）在特殊情况下也可指定其他合适人员协助夫妻双方达成和解。

（3）若基于本条第 2 款休庭已超过 14 日，法院可应夫妻双方或其中一方的申请重新开庭。

（4）一个法院根据本条提名协助配偶达成和解的人员，在任何法律程序中均没有资格，亦不可受强制披露该人以其作为法庭代理人的身份为达成和解所作的陈述和承认。

（5）在协助夫妻双方达成和解过程中作出的任何陈述或承认在任何法庭诉讼中均不可作为证据采用。

第 11 条　法院义务——阻挡

（1）在离婚诉讼中，法院有义务：

（a）获取足够的信息证明提起的离婚诉讼是没有共谋的，若在诉讼开始前发现是有共谋的，则驳回该诉讼；

（b）获取足够的信息证明对所有婚内子女参照适用指南作出合理的抚养安排，若未对子女作好合理安排，则离婚诉讼延迟判决直到合理安

排已作出为止;

（c）若因本法第 8 条第 2 款（b）项中所述及之情况要求离婚，法院有义务获取足够的信息证明提起诉讼一方对被起诉方已不能宽恕或纵容。若起诉方宽恕或纵容该情况，除非在法院看来判决离婚更符合公共利益，否则不会判决离婚。

（2）任何已被宽恕的行为都不能被恢复以构成本法第 8 条第 2 款（b）项所述及之情况。

（3）本条中，以和解为主要目的的同居时间合计不超过 90 日的，不得视为已宽恕。

（4）本条中，"共谋"系指在向法院提起诉讼离婚时的一种协议或同谋，不论目的是直接或间接颠覆司法管理，包括任何协议、备忘或安排去伪造、阻挠证据，或欺骗法庭，但不包括规定双方分居、财务支持、财产分割以及婚内子女抚养问题的协议。

第 12 条　生效日期

（1）除本条另有规定外，在法院判决离婚之日起第 31 日，离婚判决生效。

（2）法院判决离婚当日或判决后出现以下情况的：

（a）法院认为在特殊情况下，离婚判决应早于判决之日起第 31 日生效；

（b）夫妻双方同意不再向法院提起上诉，或向法院提起上诉后，法院已驳回上诉申请，则法院可以下令将离婚判决生效日提前至其认为合适的时间。

（3）本条第 1 款所述之期限届满之时离婚诉讼属判决未生效状态，除非上诉无效，若在法律规定的可对该上诉结果提出上诉或其他后续的上诉的期限内未提起上诉，则该期限届满后，离婚判决生效。

（4）就本条第 3 款而言，法律规定的就判决结果提起上诉的时间，包括根据法律规定的任何延长期限届满之前，以及在此之后申请人提出的延长上诉时间。

（5）虽然其他法律另有规定，但法律规定的本条第 3 款述及之就判决结果提起上诉的时间，除非在该期限届满之前提出上诉申请，否则在上述期限届满后不得延长。

（6）已向加拿大最高法院提起的离婚上诉，除非上诉无效，否则离婚在法院对上诉作出判决当日生效。

（7）基于本条判决的离婚一旦生效，作出准予离婚判决的法官或法院官员，或就判决结果提出上诉后对最终上诉结果作出判决的上诉法院法官或法院官员，应当在接到要求后颁发依本法准予载明离婚生效日期的离婚证明。

（8）本条第 7 款述及之离婚证或由此产生的离婚证副本为该事实的终局证明，无须已签署该证明书的人签署或授权的证明。

第 13 条　在加拿大全境的法律效力

根据本法作出的准予离婚判决在加拿大全境具有法律效力。

第 14 条　解除婚姻

依本法准予离婚的判决一旦生效，提起离婚诉讼的夫妻婚姻关系立即解除。

第 15 条　配偶的定义

根据本法第 15.1—16 条规定，配偶指本法第 2 条第 1 款所述及之夫妻一方，也包括前配偶。

第 15.1 条　子女抚养令

（1）根据夫妻双方或其中一方的申请，具有法定管辖权的法院可以作出裁决，要求一方配偶向任何婚内子女或全部子女支付抚养费。

（2）若夫妻双方或一方根据本条第 1 款提出申请，则法院可以在对基于本条第 1 款提起的申请作出判决之前作出临时法院令，要求一方配偶向任何婚内子女或全部子女支付抚养费。

（3）法院不论是根据本条第 1 款作出子女抚养令或者根据本条第 2 款作出临时令，都必须参照适用指南。

（4）法院可根据本条第 1 款作出子女抚养令或者根据本条第 2 款作出有限定期限临时令、无限定期限临时令或直到特定事件发生为止的临时令，或者法院可在法律令或临时令中增加其认为合适公正的其他条款、条件或限制。

（5）法院可依适用指南规定本条第 3 款的抚养金额，但在以下情况下，金额可与适用指南的规定金额有所不同：

（a）在法院作出的法律令、判决或者书面协定中有关于夫妻债务或财产分割、转让的特别条款，直接或间接地影响到了子女利益，或有关于子女利益的特别条款；或

（b）根据适用指南的申请会导致子女抚养金额在特殊条款下是不公平的。

（6）若法院根据本条第 5 款作出的金额不同于适用指南规定的抚养

金额，则法院须记录原因。

（7）尽管有本条第 3 款的规定，法院仍可以规定不同于适用指南规定的抚养金额，前提是夫妻双方同意且已作出对本同意令所涉及子女抚养的合理安排。

（8）法院参照本条第 7 款的规定决定夫妻双方是否就子女抚养作出合理安排时，应参照适用指南相关规定。然而，法院不能仅因为抚养金额与适用指南中规定的抚养金额不同而判定安排不合理。

第 15.2 条　配偶扶养令

（1）根据夫妻双方或其中一方的申请，有管辖权的法院可以作出扶养令，要求一方配偶以法院认为合理的方式向另一方一次性支付或定期支付或一次性支付与定期支付相结合，担保或支付或担保并支付配偶扶养费。

（2）若夫妻双方或一方根据本条第 1 款提出申请，法院可以在本条第 1 款述及之申请结果裁决之前作出临时法院令，要求一方配偶以法院认为合理的方式向另一方一次性支付或定期支付或一次性支付与定期支付相结合，担保或支付或担保并支付配偶扶养费。

（3）法院可根据本条第 1 款作出扶养令或者根据本条第 2 款作出定期临时令、不定期临时令或直到规定事件发生为止的临时令，或者法院可在扶养令或临时令中增加其认为合适公正的其他条款、条件或限制。

（4）法院根据本条第 1 款作出扶养令或者根据本条第 2 款作出临时令时，应考虑夫妻双方条件、收入、需求以及其他情况，包括：

（a）夫妻双方同居时间的长度；

（b）在同居过程中双方所履行的职能；

（c）与配偶一方相关的任何扶养法院令、协议或安排。

（5）法院根据本条第 1 款作出扶养令或者根据本条第 2 款作出临时令时，应考虑配偶在婚姻关系中是否有不正当行为。

（6）根据本条第 1 款作出的扶养令和根据本条第 2 款作出的临时令在规定夫妻扶养相关的内容时应当：

（a）鉴别因婚姻或婚姻破裂而给夫妻双方带来的任何经济利益或不利因素；

（b）分配夫妻因照料婚内子女以及抚养费产生的财务后果；

（c）减轻夫妻因婚姻破裂而导致的经济困难情况；

（d）在切实可行的范围内，在合理期限内促进夫妻双方经济自足。

第15.3条　子女抚养的优先权

（1）当法院考虑裁决子女抚养令和配偶扶养令申请时，法院应给予子女抚养令优先权。

（2）若因给予子女抚养优先权，法院无法再作出配偶扶养令或作出配偶扶养费金额比原本应判的数额少，则法院应记录作出该判决的原因。

（3）若因给予子女抚养优先权，法院还未作出配偶扶养令或判决配偶扶养费金额比原本应判数额少的情形下，任何减少或终止子女抚养费的行为，都构成申请配偶扶养令或配偶扶养变更令（视情况而定）的情形转变。

第16条　监护令

（1）根据夫妻双方或其中一方或其他人的申请，有管辖的法院可以就任何或全部婚内子女的监护权或探视权或监护权和探视权作出法律令。

（2）若夫妻双方或其中一方或其他人根据本条第1款向法院提起申请，法院可在本条第1款述及之申请结果作出之前，就任何或全部婚内子女的监护权或探视权或监护权和探视权作出临时法院令。

（3）除了夫妻的任意一方，任何人不得在没有法院许可的情形下根据本条第1款或第2款提出申请。

（4）法院可根据本条作出法律令，给予一人或多人，任何或全部婚内子女的监护权或探视权。

（5）除法院另有法院令外，取得子女探视权的夫妻一方有权调查并获取关于子女健康、教育和福利的相关信息。

（6）法院可以根据本条作出有限定期限法院令、无限定期限法院令或直到特定事件发生为止的法院令，并且可在法律令或临时令中增加其认为合适公正的其他条款、条件或限制。

（7）在不限于本条第6款的一般性原则下，法院可以根据本条在法院令中增加一项条款，要求任何对该婚内子女有监护权且打算变更子女住所的人，在变更住所前至少30日或在法院指定的其他期限告知任何对该婚内子女有探视权的人变更子女住所的时间和新的住所地点。

（8）根据本条作出法院令时，法院应当参照子女的条件、财产、需要以及其他情况，只考虑子女的最佳利益。

（9）根据本条作出法院令时，法院不必考虑任何人过去的行为，除非这些行为会影响此人作为父母抚养子女的能力。

（10）根据本条作出法院令时，法院应落实婚内子女与父母双方尽可能接触的原则，以符合子女的最佳利益。为此，法院应考虑请求监护权的一方对促进这种接触的意愿。

第17条　法院令的变更、废除与中止

（1）有管辖的法院可以前瞻性地或追溯性地作出法院令变更、废除或中止：

（a）应夫妻双方或一方申请作出的抚（扶）养令或任何其他法院令；

（b）应夫妻双方或一方或其他人的申请作出的监护令或任何其他法院令。

（2）除了夫妻的任意一方，任何人不得在没有法院许可的情形下根据本条第1款（b）项提出申请。

（3）法院可在变更令中加入任何依照本法变更令可要求增加的任何条款。

（4）在法院对一子女抚养令作出变更之前，法院应确认自作出该子女抚养令或该抚养令最后一次变更以来，适用指南规定情形已发生改变。

（4.1）在法院对一配偶扶养令作出变更之前，法院应确认自作出该配偶扶养令或该扶养令最后一次变更以来，夫妻双方其中一方的条件、收入、需求和其他情况已经发生改变，法院应将这些改变纳入考虑范围。

（5）在法院对一监护令作出变更之前，法院应确认自作出该监护令或该监护令最后一次变更以来，婚内子女的条件、财产、需求和其他情况已经发生改变，法院应将这些改变纳入考虑范围以符合子女最佳利益。

（5.1）就本条第5款而言，离异夫妻一方患有重大疾病或危重情况的应当被视为该婚内子女情形发生变化，法院应当作出关于探视权的变更令，以维护子女的最佳利益。

（6）应变更请求作出变更令时，法院不应考虑依本法不应考虑的任何行为。

（6.1）法院作出子女抚养令变更令时应遵循适用指南。

（6.2）在判决子女抚养令变更令时，如法院认为需要，判决的抚养金额可与适用指南中规定的抚养金额不同，与本条第6.1款规定并不违背：

（a）在法院作出的法律令、判决或者书面协定中有关于夫妻债务或财产分割、转让的特别条款，可直接地或间接地影响到子女利益，或有

关于子女利益的特别条款；或

（b） 据适用指南的申请会导致子女抚养金额在特殊条款下是不公平的。

（6.3） 若法院根据本条第6.2款作出的抚养金额不同于适用指南规定金额，则法院应当记录作出该裁定的理由。

（6.4） 法院可作出不同于适用指南规定的金额的裁定，前提是夫妻双方同意且已作出对本同意令所涉及子女抚养的合理安排，与本条第6.1款规定并不违背。

（6.5） 法院根据本条第6.4款的规定决定夫妻双方是否就子女抚养作出合理安排时，应参照适用指南相关规定。然而，法院不能仅因为抚养金额与适用指南中规定的抚养金额不同，而判定安排不合理。

（7） 一项配偶扶养令变更令应：

（a） 鉴别因婚姻或婚姻破裂给离异配偶带来的任何经济利益或不利因素；

（b） 分配离异夫妻因照料婚内子女以及抚养费所产生的财务后果；

（c） 减轻离异夫妻因婚姻破裂导致的经济困难情况；

（d） 在切实可行的范围内，在合理期限内促进夫妻双方经济自足。

（8） （于1997年废除）

（9） 在作出一项监护令的变更令时，法院应落实婚内子女与父母双方尽可能接触的原则，以符合子女的最佳利益。为此，若该变更令将监护权给予目前没有监护权的一方，则法院应考虑请求监护权的一方对促进这种接触的意愿。

（10） 虽然本条第1款有规定，配偶扶养令可规定扶养期限或直至特定事件发生为止，法院不得在该期限届满或特定事件发生后提出的申请中，为了延长扶养期限而作出变更令，除非法院确信：

（a） 变更令对缓解因本条第4.1款中述及之与该婚姻有关的变化引起的经济困难是必要的；

（b） 若在作出配偶扶养令或最后一次配偶扶养令变更令时已变化情形依然存在，根据具体情况，该变化情况可能会导致法院作出不同的配偶扶养令。

（11） 若法院就另一法院的抚（扶）养令或监护令作出变更令，该法院应当将由该法院法官或官员确认的变更令副本送至另一法院。

第17.1条　通过宣誓书等作出变更令

若离异夫妻双方为不同省的常住居民，根据该法院任何可以适用的法规，离异夫妻可以通过宣誓书、当庭口头陈述或远程通信的方式申请，具有管辖的法院可以在离异夫妻双方都同意的前提下，根据本款作出变更令。

第18条　临时裁定

（1）在本条和第19条中，就某省而言，检察总长系指：

（a）在育空地区，系指由育空地区长官任命的育空地区执行委员会成员；

（b）在西北地区，系指由西北地区长官任命的西北地区执行委员会成员；

（b.1）在努纳武特地区，系指由努纳武特长官任命的努纳武特地区执行委员会成员；

（c）在其他省，系指该省的检察总长以及包括检察总长或任命成员书面授权代理履行本条或第19条规定职能的人；临时裁定系指根据本条第2款作出的法院令。

（2）尽管第5条第1款（a）项以及第17条第1款中有规定，就一抚（扶）养令向一省法院申请变更令且：

（a）答辩人经常居住在另外一个省且不接受申请人申请的法院管辖，或离异夫妻双方均不同意适用本法第17.1条的规定；而且

（b）在这种情况下，法院确认该案件的争议焦点可以根据本条以及第19条适当判决，法院可在通知或不通知缺席答辩人的情形下作出变更令，但是这一法院令是临时性的且没有法律效力，只有在本法第19条述及之程序批准后才具有法律效力。

（3）当省法院作出临时令时，应将该临时令送达至该省检察总长处：

（a）3份由该法院法官或法院官员授权的临时令副本；

（b）1份向该法院陈列或总结证据的授权文件或宣誓文件；及

（c）1份有关答辩人身份、地址、收入和财产等相关信息的声明。

（4）在收到本条第3款述及之文件后，检察总长应将文件送达至答辩人经常居住地所在省的检察总长处。

（5）在本法第19条的诉讼程序中，若一省法院就这一事项需要进一步证据而发回作出临时裁定的法院重审，作出临时裁定的法院应当通知申请人后获取进一步证据。

（6）根据本条第5款获取的证据，收到该证据的法院应当向作出重审决定的法院送达一份陈列或总结证据的授权文件或宣誓文件，并就收到的证据提供合理的建议。

第 19 条　送达

（1）在收到任何根据本条第 18 条第 4 款送达的文件后，答辩人经常居住地所在省检察总长应当将文件送达至该省法院。

（2）除本条第 3 款另有规定以外，当文件送至本条第 1 款中规定的法院时，该法院应当将文书副本和审理批准临时裁定的通知书送达至答辩人处，在申请人不出庭的情形下，法院也应当开庭审理，并参考作出临时裁定的法院呈送的陈列或总结证据的授权文件或宣誓文件。

（3）若文件已根据本条第 1 款规定送至法院且答辩人显然在外省且不可能返回的，法院应当将文件和与答辩人地址、情况等相关的信息一并送回至答辩人经常居住地所在省检察总长处。

（4）在收到根据本条第 3 款送回的任何文件与信息后，检察总长应将文件信息送至作出临时裁定的法院所在省的检察总长处。

（5）在本条的诉讼中，答辩人可提出任何已向作出临时裁定的法院提出的事项。

（6）在本条的诉讼中，若答辩人令法院确信，为搜集进一步证据或为任何必要目的有必要将案件发回作出临时裁定的法院，法院可将案件发回并延期审理。

（7）除本条第 7.1 款另有规定外，法院在根据本条提起的诉讼程序完结时应当作出法院令：

（a）没有变更地批准临时裁定；

（b）有所变更地批准临时裁定；

（c）驳回临时裁定。

（7.1）法院根据本条第 7 款作出的与子女抚养问题相关的法律令时应当参照适用指南。

（8）法院在作出法院令有所变更地批准临时裁定或驳回该临时令裁定之前，应当决定是否为搜集进一步证据而将案件发回作出临时裁定的法院重审。

（9）若法院根据本条关于子女抚养相关规定而将案件发回，在根据本条第 7 款作出法院令前，该法院可以根据适用指南作出临时令要求夫妻一方支付婚内任何子女或全部子女的抚养费。

（9.1）若法院根据本条关于配偶扶养的规定而将案件发回，在根据本条第 7 款作出法院令前，该法院可以作出临时令要求夫妻一方以法院认为合理的方式向另一方一次性支付或定期支付或一次性支付与定期支付相结合，担保或支付、或担保并支付配偶扶养费。

（10）法院可根据本条第 9 款或第 9.1 款作出有限定期限法院令、无限定期限法院令或直到特定事件发生为止的法院令，并且可在法律令或临时令中增加其认为合适公正的其他条款、条件或限制。

（11）若根据情况需要就本条第 9 款或第 9.1 款作出的法律令进行修改，适用本法第 17 条第 4 款、第 4.1 款、第 6 款和第 7 款的规定作出的变更令。

（12）在根据本条第 7 款作出法律令时，省法院应：

（a）将经法官或法院官员授权的法律令副本送至该省检察总长和作出临时裁定的法院，若该法院不是根据临时裁定作出配偶扶养令的法院，则法院应将副本送至作出扶养令的法院；

（b）若法院作出法院令没有变更或有所变更地批准临时裁定，则将该法院令归档至法院；

（c）若法院作出法院令有所变更地批准临时裁定或者驳回临时裁定，则应将书面理由送达至法院所在省的检察总长处和作出临时裁定的法院。

第 20 条　法院的定义

（1）在本条中，就一省而言，法院系指本法第 2 条第 1 款中指定的法院，且包括在所在省有管辖权并由所在省督会同行政会议基于本条目的任命的任何其他法院。

（2）除第 18 条第 2 款另有规定外，根据本法第 15.1—17 条，或第 19 条第 7 款、第 9 款或第 9.1 款作出的法律令在加拿大境内都具有法律效力。

（3）根据本条第 2 款在加拿大境内都具有法律效力的法律令可为：

（a）在一省的任何法院登记并以该法院作出的法律令所规定的方式执行；或

（b）在一省以该省的法律规定的任何其他方式在省内执行，包括该省规定的与加拿大境外的管辖相互执行的法律。

（4）尽管有本条第 3 款的规定，但法院只可以根据本法，变更根据本条第 2 款规定在加拿大境内都具有法律效力的法院令。

第 20.1 条　法院令的分配

（1）抚养令可分配至：

（a）任何一位由总督会同行政会议指定的加拿大内阁部长；

（b）任何一位由该省督会同行政会议指定的该省的内阁部长，或该省的任何机构；

（c）任何一位由育空地区长官指定的育空地区立法会议成员或育空地区的任何机构；

（d）任何一位由西北地区长官指定的西北地区立法会议成员或西北地区的任何机构；或

（e）任何一位由努纳武特省长官指定的努纳武特省立法会议成员或努纳武特省的任何机构。

（2）本条第 1 款所述及之分配到法院令的部长、成员或机构有权根据该法律令获得应得款项，并且与原该获得该笔应得款项的人一样有权得到通知并参与本法诉讼过程中法院令的更正、废除、中止及执行。

第 21 条　上诉

（1）除本条第 2 款和第 3 款另有规定外，对根据本法提交或作出的无论是最终的还是临时的判决或法院令的上诉，向上诉法院提出上诉申请。

（2）在离婚判决生效日或之后不得对作出的离婚判决进行上诉。

（3）根据本法作出的法院令，在法院令作出之日起 30 日后，不得上诉。

（4）上诉法院或其法官可以特殊理由，在本条第 3 款规定的提起上诉的时间到期之前或之后，可以通过法院令延长该期限。

（5）上诉法院有权：

（a）驳回上诉。

（b）允许上诉并：

（i）作出原本应该作出的判决或法院令，包括原法院令或其认为公正的进一步法院令或其他法院令；或

（ii）在认为有必要的情形下作出重新审理的法院令，以纠正重大错误或司法不当。

（6）除本法或其他法律法规另有规定外，根据本条提起的对判决或法院令的上诉，应当按照对上诉法院上诉程序的普通程序进行主张、审理和判决。

第 21.1 条　配偶的定义

（1）在本条中，配偶有本法第 2 条第 1 款中的所述含义，包括离异双方的其中一方。

（2）根据本法进行的任何诉讼，夫妻一方（以下简称宣誓人）可

向另一方送达并向法院提交宣誓书说明：

（a）另一方为宣誓人配偶。

（b）结婚日期和地点，以及主持婚礼的人的官方性质。

（c）宣誓人宗教信仰中对宣誓人再婚的任何障碍，而另一方对这些障碍消除具有控制权。

（d）若宣誓人宗教信仰中对宣誓人再婚的任何障碍，而另一方对这些障碍消除具有控制权，则宣誓人：

（i）已解决这些障碍及解决的日期和情况；或

（ii）已表示愿意解决这些障碍及解决的日期和情况。

（e）宣誓人已经书面要求另一方配偶消除宣誓人宗教信仰中对宣誓人再婚的且另一方配偶具有控制权的障碍。

（f）（e）项所述及之作出要求的日期。

（g）尽管有（e）项所述及之要求，另一方配偶仍未能消除该项所述及之所有障碍。

（3）根据本条第 2 款收到宣誓书的另一方配偶未能：

（a）在该宣誓书向法院提交后的 15 日内或法院允许的较长期限内，向宣誓人提供和向法院提交表明本条第 2 款（e）项所述及全部障碍已经被消除；

（b）以法院可能要求的任何方式使法院确信本条第 2 款（e）项所述及之全部障碍已经被消除，则法院可以根据任何其认为适当的条款；

（c）驳回该配偶根据本法向法院提起的任何申请；

（d）驳回该配偶根据本法提交的任何其他诉状与宣誓书。

（4）在不限于本条第 3 款规定的法院自由裁量权的一般性原则下，若夫妻一方已根据本条第 2 款收到宣誓书，法院可根据本条第 3 款（c）项和（d）项的规定拒绝行使权力：

（a）在该宣誓书向法院提交后的 15 日内或法院允许的较长期限内，向宣誓人提供和向法院提交表明拒绝消除本条第 2 款（e）项中所述及全部障碍的有宗教或良心性质的真正理由；以及

（b）以法院可能要求的任何方式让法院确信该配偶有拒绝消除本条第 2 款（e）项中所述及之全部障碍的有宗教和良心性质的真正理由。

（5）就本条而言，为保证夫妻一方向法院提交的宣誓书有效，必须在宣誓书中指明该宣誓书送达夫妻另一方的日期。

（6）若消除宗教再婚障碍的权力在宗教机构或官员，则本条不适用。

第 22 条　承认境外离婚

（1）在本法生效之时或生效之后，若夫妻一方为该国居民或在提起离婚诉讼时已在外国居住满 1 年，根据加拿大以外的国家或地区的法律，由法院或其他拥有管辖权的主管部门准予的离婚，在确认任何一方在加拿大的婚姻状态时，应承认该离婚。

（2）1968 年 7 月 1 日以后，根据加拿大以外的国家或地区的法律，由法院或其他拥有管辖权的主管部门准予的离婚，若依照妻子住所地国家或地区规定她是未婚的，并且她是未成年人，在确认任何一方在加拿大的婚姻状态时，应承认该离婚，视她为已达到成年年龄。

（3）本条中的任何内容均不得废除或减损根据其他法律准予的离婚的承认。

第 23 条　省证据法

（1）除本法或者其他国会法案另有规定外，依本法在一省提起的诉讼，该省的证据法，包括任何文件送达证明的法律均适用于此类诉讼。

（2）就本条而言，若任何根据本法第 3 条第 3 款或第 5 条第 3 款提起的诉讼移送至联邦法院，则该诉讼应视为已在联邦法院指定的省进行，即夫妻双方或离异夫妻双方现在或曾经有最密切联系的省份（视情况而定）。

第 24 条　签名或机关证明

根据本法在诉讼程序中提出的旨在由法官或法院官员证明或宣誓的文件，除非相反证明成立，否则应为法官或官员的任命、签署或授权的证明；如果是宣誓就职文件，则该文件为宣誓人的委任、签署或授权的证明。

第 25 条　主管机关的定义

（1）本条中，就法院与上诉法院而言，省级主管机关系指根据该省法律有权制定规范该法院的实务和程序规则的机构、个人或团体。

（2）在本条第 3 款的规定下，主管机关可在制定适用于本省法院或上诉法院根据本法进行的任何诉讼的规则，包括不限于上述法规的一般性原则的以下规则：

（a）规定法院的实务和程序，包括增加诉讼当事人；

（b）在没有口头听证的情形下，根据本法进行的任何诉讼行为和处理；

（b.1） 根据本法第 17.1 条规定提起诉讼要求变更令的申请；

（c） 规定法院的开庭；

（d） 固定费用与额外费用；

（e） 规范和规定法院官员的职责；

（f） 本法规定下的诉讼的移送；

（g） 规范和规定为达成正义目的和落实本法宗旨的其他事宜。

（3） 本条第 2 款授予主管机关规范法院或上诉法院制定规则的权力，应以类似的方式并按照类似的条款和条件（如有）来行使，作为依照该省法律授予该法院制定规则的权力。

（4） 不属于司法或准司法机构的主管机关根据本条所制定的规则，不应被视为属于法定文书意义范围内的法定文书。

第 25.1 条　与省的协议

（1） 经过总督会同行政会议的批准，总检察长可代表加拿大政府与一省授权协议中指定的省级子女抚养服务机构达成协议：

（a） 协助该省法院确定子女抚养费的数额；并且

（b） 根据适用指南和最新收入的信息，定期重新计算子女抚养费的数额。

（2） 除本条第 5 款另有规定外，在本条下重新计算的子女抚养费数额在任何情况下均应为子女抚养令所规定的数额。

（3） 根据本条规定，支付子女抚养费的离异夫妻一方有义务在夫妻双方都接到根据授权重新计算抚养费协议的通知 31 日后向另一方按照本条重新计算的数额支付抚养费。

（4） 若离异夫妻双方或一方不同意按照本条规定重新计算的子女抚养费金额，任何一方可以在离异夫妻双方都得知法院按照本条规定重新计算的子女抚养金额后 30 日内根据本法第 17 条第 1 款向拥有管辖权的法院申请裁定。

（5） 根据本条第 4 款提出的申请，则依本条第 3 款作出的操作在申请获得裁定前效力待定，子女抚养令依然有效。

（6） 若根据本条第 4 款提出的申请在法院作出裁决前撤回，假若没有申请变更，则法院令所针对的离异夫妻一方有义务在本条规定的义务应当生效的当天，支付按照本条规定重新计算的子女抚养金额。

第 26 条　条例

（1） 总督会同行政会议可为施行本法令的目的及条文而制定规定，

在不限于上述一般性规则情形下，可制定规定：

（a）在加拿大设立和运作离婚诉讼的中央登记处；及

（b）为根据本法第 25 条制定的规定提供统一规则。

（2）任何根据本条第 1 款制定的统一规则优先于其他规则。

第 26.1 条　指南

（1）总督会同行政会议可设立有关制定子女抚养令的相关指南，包括但不限于上述一般性规则的指南：

（a）关于确定子女抚养金额的方式；

（b）关于作出子女抚养令时自由裁量权的行使条件；

（c）授权一个法院要求子女抚养令中抚养费金额以定期支付、一次性支付或一次性支付与定期支付相结合的方式支付；

（d）授权一个法院要求子女抚养令中抚养金额根据抚养令中规定的特定方式担保或支付或担保并支付；

（e）关于作出子女抚养令变更令的条件；

（f）关于为适用指南目的确定收入情况；

（g）为指南适用授权法院估算收入情况；及

（h）关于出示收入信息以及未提供信息情形下提供制裁的内容。

（2）指南应基于夫妻双方有共同的财务义务、根据他们履行义务的相对能力抚养婚内子女的原则。

（3）本条第 1 款中，子女抚养令系指：

（a）根据本法第 15.1 条规定作出的法院令或临时令；

（b）子女抚养令的变更令；或

（c）根据本法第 19 条作出的法院令或临时令。

第 27 条　费用

（1）总督会同行政会议可提供法院令，授权总检察长根据本法或规则向任何获得服务的人订明缴纳费用。

（2）总检察长可在总督会同行政会议许可下与任何省政府就本条第 1 款订明的费用收款和汇款达成协议。

第 28 条　审查与报告

总检察长应当全面审查联邦子女抚养费准则条文和运用情况，以及依照本法确定的子女抚养情形。总检察长应在本条生效 5 年内向众议院就审查结果作报告。

第 29—31 条（于 1997 年废除）

第 32 条　事实发生在法案生效前的诉讼

尽管引发诉讼和司法审判的重要事实或情节部分或全部发生在本法案生效日期前的，也可以根据本法启动诉讼程序。

第 33 条　本法生效前开始的诉讼

根据 1970 年《加拿大法规修订法令》第 D-8 章《离婚法》开始离婚诉讼程序，在本法案生效之日开始审理且在本法生效后仍未终审判决的，应依照原没有废除的《离婚法》处理。

第 34 条　先前作出的法律令的变更与执行

（1）除本条第 1.1 款另有规定外，任何根据 1970 年《加拿大法规修订法令》第 D-8 章《离婚法》第 11 条第 1 款作出的法律令，包括根据本法第 33 条作出的法律令，及在 1968 年 7 月 2 日前在加拿大作出的有离婚效果的法院令或根据该法第 22 条第 2 款在该日之后判决的离婚诉讼，可根据本法第 17—20 条，除了第 17 条第 10 款，变更、废除、中止或执行，如果：

（a）该法律令是抚养令、扶养令或监护令（视情况而定）；

（b）在本法第 17 条第 4 款、第 4.1 款和第 5 款中，"或者根据 1970 年《加拿大法规修订法令》第 D-8 章《离婚法》第 11 条第 2 款作出的最后法律令"的文字紧接地增加于"或者根据该法律令作出的最后变更令"文字之前。

（1.1）若根据本法第 17 条第 1 款提起申请变更一个根据本条第 1 款作出的法律令，该法律令规定为一名或多名子女及前配偶提供单一款项作为合并供养费，法院应废除该法律令并将该申请视为子女抚养令的申请和配偶扶养令的申请。

（2）任何根据 1970 年《加拿大法规修订法令》第 D-8 章《离婚法》第 10 条作出的法律令，包括任何根据本法第 33 条作出的法律令，可根据本法第 20 条执行，就好像这是根据本法第 15.1 条第 1 款、第 15.2 条第 1 款或第 16 条（视情况而定）作出的法律令。

（3）任何根据 1970 年《加拿大法规修订法令》第 D-8 章《离婚法》第 10 条或第 11 条作出的关于婚内子女或配偶生活费的法律令，包括任何根据本法第 33 条作出的法律令，及在 1968 年 7 月 2 日前在加拿大颁布的有离婚效果的法院令或根据该法第 22 条第 2 款在该日之后判决的离婚诉讼，可分配给任何一位根据本法第 20.1 条指定的部长或机构成员。

第 35 条　程序法继续有效

根据 1970 年《加拿大法规修订法令》第 D-8 章《离婚法》制定的法规条例，及任何其他根据该法第 25 条第 2 款制定的法律、法规、条例或其他规范，并在该法生效日前在加拿大或任何省生效，且与本法不矛盾的规定继续具有法律效力，这些法规条例均视为根据本法而制定，有效期直到根据本法制定的法规或条例废除或更改，或与根据本法新制定法规条例不一致为止。

第 35.1 条　先前作出的供养令的变更与执行

（1）除本条第 2 款另有规定外，任何根据本法作出的抚养令、扶养令在本条生效前可根据本法第 17—20 条被变更、废除、中止或执行，就好像该供养令是一项子女抚养令或一项配偶扶养令（视情况而定）。

（2）若本条生效前根据本法第 17 条第 1 款向法院申请要求变更根据本法作出的供养一名或多名子女及前配偶的合并供养令，法院应废除该法律令，并将该申请视为一项子女抚养令的申请和一项配偶扶养令的申请。

（3）任何在本条生效前根据本法判决的供养令可分配给本法第 20.1 条指定的任何一位部长或机构成员。

第 36 条　生效

本法自公布之日起生效。

相关条款

过渡：诉讼程序

第 11 条　经附表修订的任何条文适用于在第 10 条生效之前已经开始的诉讼程序，应根据这些修订的条款继续进行，无须办理进一步手续。

申请修订

第 3 条　根据本法制定的离婚法案第 2 条第 4 款和第 21.1 条适用于本法生效之前或之后，根据离婚法案开始的诉讼程序。

移交

第 19 条　（1）根据本法第 1—3 条相应制定的离婚法案第 4 条、第 17.1 条和第 18 条第 2 款，仅适用于在这些条款生效之后根据离婚法案开始的必然补救诉求程序。

（2）根据本法第 4 条制定的离婚法案第 19 条第 2 款和第 19 条第 7 款，适用于在这些条款生效之前或之后根据离婚法案开始的必然补救诉求程序。

过渡—诉讼程序

第 10 条 在本条生效前已适用于任何根据第 12—16 条修订的条款的诉讼程序，应当参照这些修订条款继续进行，无须办理进一步手续。

对我国的借鉴

据民政部发布的统计公报，仅 2017 年我国依法办理离婚手续的就高达 437.4 万对之多，比上年同比增长 5.2%，其中民政部门登记离婚 370.4 万对，法院判决、调解离婚 66.9 万对。目前，我国的离婚率已经升至 3.2‰。[3] 针对如此大幅度递增的离婚态势，我国《婚姻法》亦紧跟时代变迁，历经 3 次比较大的立法变化[4]，在离婚法定事由、夫妻共同财产分割、离婚救济、子女抚养等诸多方面为离婚标准以及法律后果提供了法律依据。但面对新时期背景下我国婚姻家庭关系中不断涌现出的大量较为复杂的新问题，目前的婚姻法律规范在离婚法相关领域范畴存有一定程度的滞后性，对此或可从相对较为完善的加拿大《离婚法》中提炼出一些值得借鉴和参考的路径与制度。

一方面，关于离婚法核心问题的法定离婚理由。对比我国与加拿大关于离婚实体标准的相关规定，两国的立法主张均是以破裂主义为主，兼采过错主义。但有所差异的是我国采用的破裂主义是"感情破裂论"，而加拿大则是"婚姻关系破裂论"。但"感情确已破裂"只反映了导致离婚的主观因素，忽略了婚姻的社会属性，欠缺客观原因的反映，并不能囊括所有的离婚问题，在司法实践中对法官执法造成了一定程度的适用难度。基于感情破裂的标准在法理和司法实践中均存在一定的缺陷，或可考虑借鉴加拿大离婚立法，将表述由"感情确已破裂"改为"婚姻关系破裂以致难以继续共同生活"。

此外，作为识别婚姻关系是否确已破裂的判断标准，中加两国均设定分居年限等若干法定情形。其中加拿大《离婚法》第 8 条第 2 款（a）项规定："以下情况婚姻破裂成立：a）提起离婚诉讼时夫妻双方分居至

---

〔3〕 该组数据援引自民政部官网发布的《2017 年社会服务发展统计公报》，网址为 http://www.mca.gov.cn/article/sj/tjgb/，访问日期：2018 年 7 月 29 日。

〔4〕 自新中国成立以来，我国《婚姻法》经历了 3 次比较大的立法变化，即 1950 年《婚姻法》、1980 年《婚姻法》的修订以及 2001 年《婚姻法》的修改。

少一年，且在提起离婚诉讼时正处于分居状态。"与此规定类似，我国《婚姻法》第 32 条规定，"有下列情形之一，调解无效的，应准予离婚：……（四）因感情不和分居满二年的……"不同的是，加拿大《离婚法》紧接着对分居进行了更进一步的规定，首先指出了分居的定义，"分居系指夫妻双方在任何一条时间内分开居住或者一方有意分居并与另一方保持距离"；其次，强调了两种情形不得视为夫妻分居时间的中断或终止，"（i）若法院认为如果夫妻一方有能力继续分居生活，分居生活本应继续，仅因为夫妻双方其中一方没有能力或不想继续分居生活或一方出于自愿不想继续分居生活，或（ii）夫妻双方在分居期间因和解而同居，连续同居期间或总共同居期间不超过 90 日"。反观我国，并未对"因感情不和分居满两年"作详细的规定或解释。由于法律上缺少对分居的定义，加之没有明确规定分居期间中断或终止情形以及被中断或终止后分居时间该如何计算，因此该种情形的离婚在实践适用当中并不好操作。在完善离婚制度时，可借鉴加拿大《离婚法》的相关规定，明确分居的含义，规定分居期间的中断或终止的情形，确定分居两年的时间该如何计算，以增加法律的可操作性和灵活性。

另一方面，关于离婚案件调解。虽然离婚调解在我国的离婚诉讼中是必经程序，但我国离婚诉讼中的调解制度缺乏必要的组织与程序保证，在司法实践中往往都是由承办法官进行调解。而相较之下，加拿大法律则是鼓励当事人通过调解方式离婚，但是究竟最终是否选择调解程序，则完全取决于双方当事人的意思自治。除了法官需要履行确认和解的义务以外，加拿大《离婚法》还要求离婚案件的代理律师履行促成当事人和解的义务，即加拿大《离婚法》第 9 条规定："（a）提醒一方配偶注意本法以促进夫妻和解为目的的规定；并（b）与一方配偶讨论和解的可能性，并告知他或她可通过能提供婚姻咨询或指导的机构协助达成和解，除非就案件的现状而言显然不适合这样做。"

《联邦子女抚养准则》译评

出台背景及其意义

　　20 世纪 80 年代末，加拿大许多已分居或已离婚的父母、家庭法专家及其他人正在不断地寻求更好的方式以确定子女抚养费的数额。批评者认为，当时子女抚养费制度所产生抚养费金额偏低，且制度的标准过于混乱，导致抚养费数额常常无法预测。金额缺乏可预测性是当时加拿大社会中热议的问题，它成为父母双方因子女抚养费问题而对簿公堂的导火索之一，这一现象间接地提高了父母双方分居或者离婚的成本，增加了双方之间的冲突，同时也对加拿大的家庭法律制度提出了更高要求。除子女抚养费制度自身的问题之外，加拿大当时税收制度在子女抚养费方面的不足和相关执法领域的缺陷也促使子女抚养费的问题被推到了风口浪尖。1990 年，联邦、省和地区总检察长指示联邦—省—地区家事法委员会（Federal-Provincial-Territorial Family Law Committee）审查这些问题和制作完善家庭法律制度的方案。1991—1995 年，家事法委员会发表了一系列研究和报告，包含两份公开商讨文件，即《子女抚养：公开商讨文件》（Child Support：Public Discussio Paper）和《子女抚养准则财政影响》（The Financial Implication of Child Support Guidelines）。其中，在《子女抚养报告和建议》（Report and Recommendations on Child Support）中，家事法委员会建议可根据加拿大《离婚法》（Divorce Act）制定子女抚养准则以助于父母、法院和律师确定子女抚养费。1996 年 3 月，加拿大联邦政府宣布将以改善子女抚养费的确定、征税和执行方式来解决制度问题。最终在 1997 年，联邦司法部通过《子女抚养倡议》（Child Support Initiative）引入并制定《联邦子女抚养准则》（Federal Child Support Guidelines）（以下简称《准则》）。

　　《准则》从颁布至今一共经历过 7 次修改，最近一次修改于 2017 年

11 月 22 日。《准则》的第 1 次修改解决了 4 个特定问题：（1）提供确定特殊费用的标准；（2）更新了附表一中的金额；（3）修改过度困难的评定标准；（4）明确非加拿大居民收入的对待标准，如第 20 条第 1 款规定"除第 2 款另有规定外，配偶一方不是加拿大居民的，该配偶的年收入以加拿大居民身份来确定"。不仅如此，第 1 次修改也为之后的修改指明了方向，即减少法院在子女抚养费案件中的自由裁量权，以增加子女抚养费的可预测性和可推定性。

《准则》全文共 8 章，主要涉及子女抚养费的确定，包括子女抚养费金额的推定、相关特殊费用、各自监护、共同监护、子女父母年收入的确定等较为全面的规定。同时，《准则》也对子女抚养申请程序作了部分规定，如子女抚养令所需包含的内容、资料提交日期以及违反规定所需承担的责任等。其中，对于子女抚养的申请人和被申请人义务也作了详细具体的规定，以便确保儿童福利得到更好的实现。

《准则》第 1 条就明确其旨在实现的目的：（1）制定一个公平的子女抚养标准，以确保子女在其父母离婚后能继续从双方的经济来源中获益；（2）通过更加客观地计算子女抚养费以减少子女父母之间的冲突和紧张关系；（3）通过给法院和子女父母提供指导来提高设立子女抚养令的水准并鼓励双方和解，从而提高法律程序的效率；（4）确保处境相同的子女及其父母获得相同的待遇。儿童福利原则在《准则》目的里可见一斑。综观《准则》全文，第 1 条规定被很好地落实在其他条款身上，成功地实现了子女抚养费制度的充分性、客观性、效率和一致性，如《准则》第 9 条规定："若一方配偶行使监护权或者一年中实际监护子女的时间超过 40% 的，则子女抚养金数额的确定应当考虑：（a）适用表格中关于每对配偶的费用数额；（b）共同监护协议的增长费用；（c）抚养令所规定的每对配偶及其子女的情形、财产、需求以及其他条件。"在司法实务当中，加拿大法院在决定该如何适用《准则》时，会在第 1 条规定的目的之中寻求指导和启发。虽然第 1 条规定本身就是目的，但其也成为法院在裁判子女抚养之时的重要依据。

《联邦子女抚养准则》译文

总督根据总检察长的建议以及依据《离婚法》第 26.1 条第 1 款（a）项，特此制定所附的《联邦子女抚养准则》。

第1条 目的

本准则的目的是：

（a）制定一个公平的子女抚养标准，以确保子女在其父母离异后能继续从双方的财产中获益；

（b）通过更加客观地计算子女抚养费，以减少和缓和子女父母之间的冲突和紧张关系；

（c）子女通过给法院和子女父母提供指导，提高设立子女抚养令的标准并鼓励双方和解，以提高法律程序的效率；

（d）子女确保境遇相同的子女及其父母获得相同的待遇。

第2条 解释

（1）本条款的定义适用于本准则。

本法系指《离婚法》。

子女系指婚生子女。

收入系指根据第15—20条所确定的年收入。

法令受让人系指根据《离婚法》第20.1条第1款提及的被委派负责子女抚养令的部长、成员或者机构。

配偶系指具有《离婚法》第2条第1款含义的配偶，包括前配偶。

表格系指附表1（略）所列明的联邦子女抚养费表格。

普遍托儿福利系指根据《普遍托儿福利法》第4条所提供的福利。

（2）本准则第15—21条所使用的词语和措辞没有被本条定义的，则适用《所得税法》赋予的含义。

（3）为实现本准则之目的，若金额是在列明的信息基础之上确定的，则应当适用最新信息。

（4）除子女抚养令外，本准则根据现实情况的需要作出修改，适用以下事项：

（a）根据《离婚法》第15.1条第2款和第19条第9款规定作出的临时法令；

（b）调整子女抚养令的法令；

（c）《离婚法》第19条第7款提到的法令；以及

（d）根据《离婚法》第25.1条第1款（b）项规定子女抚养费的重新计算。

（5）为了使计算更加明确，本准则所赋予法院的酌情权并不适用于根据《离婚法》第25.1条第1款（b）项规定的省级子女抚养服务费之重新计算。

第 3 条　子女抚养费金额

（1）除本准则另有规定以外，子女抚养令中未成年子女的抚养费金额为：

（a）根据有关法令所涉及未成年子女的人数及有关法令所针对子女的父母收入，适用表格中列出的金额；以及

（b）根据第 7 条确定的金额（如有的话）。

（2）除本准则另有规定外，抚养令所涉及的子女为成年的，子女抚养费的金额为：

（a）适用本准则关于未成年子女抚养费的规定以确定金额；或者

（b）如果法院认为这种做法不合适，则合适的金额须结合子女的状况、财产、需求和其他情况以及每对配偶的经济能力，以确定子女抚养费金额。

（3）适用表格为：

（a）若抚养令所请求的配偶居住在加拿大的：

（i）在申请子女抚养令或者申请抚养令变更时，适用配偶通常居住省份所对应的表格，或者根据《离婚法》第 25.1 条重新计算；

（ii）如果法院确信配偶的通常居住省份自（i）目所述的"申请时"以来已经发生变化，则在确定抚养费金额时适用配偶原来通常居住省份的表格；

（iii）如果法院认为在确定抚养费金额不久之后，配偶通常居住在确定抚养金额时所居住省份以外的省份，则适用该省份的表格。

（b）如果被请求的配偶居住在加拿大境外，或者该配偶居住地不明，则在申请子女抚养令或变更抚养令时，适用另一方配偶通常居住省份的表格或根据《离婚法》第 25.1 条重新计算子女抚养费金额。

第 4 条　收入超过 15 万加元

若子女抚养令所针对的配偶的收入超过 15 万加元，子女抚养费的金额为：

（a）根据第 3 条确定的金额；或者

（b）如果法院认为金额不合适的：

（i）就配偶 15 万加元以内的收入而言，根据抚养令所涉及的子女数量来确定适用表格的数额；

（ii）就配偶超出 15 万加元的收入部分而言，法院须结合被授予抚

养权子女的状况、财产、需求和其他情况以及每对夫妻的经济能力，以确定子女抚养费金额；以及

（iii）根据第 7 条确定金额（如有的话）。

第 5 条 继父母

若子女抚养令中的配偶为子女的继父母时，对于其而言，其抚养令的金额由法院结合本准则和其他父母的法律责任判定合适与否。

第 6 条 医疗和牙科保险

在作出子女抚养令时，若子女的医疗或牙科保险费可以通过配偶的雇主或以其他合理费率方式提供给配偶的，则法院可以指令该保险费是可以接受或继续支付的。

第 7 条 特殊及非常费用

（1）在子女抚养令中，法院可根据配偶的要求，让另一方配偶提供一笔款项，以支付下列开支的全部或任何部分，该笔开支可予估计，但须考虑有关与子女最佳利益相关费用的必要性、与配偶和子女财产相关费用的合理性和离异前的家庭消费模式：

（a）负有监护职责的父母因照顾子女所造成的工作、疾病、因工负伤、职业教育、职业培训的费用；

（b）归属于子女医疗和牙科保险费的部分；

（c）每年至少超过 100 加元与健康相关的费用，其中包含了口腔正畸治疗费，由心理医生、社会服务者、精神病医生或者其他任何人提供的专业咨询费，物理理疗费，职业治疗费，语言障碍矫正及其处方药的费用，助听器和眼镜或者隐形眼镜的费用；

（d）中小学教育或任何其他符合子女特殊需要的教育项目所需的非常费用；

（e）大专教育的费用；以及

（f）课外活动的非常费用。

（1.1）为实现第 1 款（d）项及（f）项之目的，条款中的非常费用系指：

（a）一种超出配偶所能申请费用合理范围的费用，法院会通过考虑夫妻的收入和夫妻根据适用表格所能得到的金额来决定表格的费用合理与否；或

（b）若（a）项所指的费用不能适用，法院在考虑以下情形的基础之上可以认定这笔费用是非常费用：

（i）与配偶收入对应申请金额有关的支出费用，包括配偶根据适用表格所能得到的数额，或者由法院来决定表格所定的数额是否合适；

（ii）教育方案和课外活动的性质及数量；

（iii）子女的特殊需求及其才能；

（iv）教育方案和活动的总成本；以及

（v）法院考虑的其他相似的相关因素。

（2）确定第1款中费用的指导原则系指让配偶按比例从各自的收入中扣除对子女支出的费用后才共同分担的原则。

（3）在符合第4款规定的情形下，法院在确定第1款所提及的费用时，应当考虑与开支有关的津贴、福利、所得税减免或贷款，以及申请津贴、福利、所得税减免或贷款的资格。

（4）在评定第1款所述费用时，法院不得考虑任何普遍托儿福利或任何享有申请该福利的资格。

第8条　分离监护

若配偶双方都有一个或多个子女的监护权，且双方互为请求支付子女抚养令的，子女抚养费的金额会有所不同。

第9条　共同监护

若一方配偶行使监护权或者一年中实际监护子女的时间超过40%的，则子女抚养金数额的确定应当考虑：

（a）适用表格中关于每对配偶的费用数额；

（b）共同监护协议的增长费用；以及

（c）抚养令所规定的每对配偶及其子女的情形、财产、需求以及其他条件。

第10条　过度重负

（1）在一方配偶申请子女抚养令的过程之中，若法院发现申请方配偶或申请所涉及的子女有可能会有过度重负情形的，则法院可判定子女抚养费的金额不同于第3—5条、第8条和第9条所确定的抚养费金额。

（2）可能会造成一方配偶或者子女遭遇过度重负的情形如下：

（a）一方配偶需承担离婚前因扶养配偶或抚养子女而产生超额债务的。

（b）一方配偶探望子女费用过高的。

（c）根据判决、法院令或书面分居协议，一方配偶负有扶养、赡养或抚养义务的。

（d）一方配偶有法律义务去抚养一个非该婚姻所生子女的，但该子女还需符合以下一个条件：

（i）未成年人；或者

（ii）成年但因疾病、残疾或者其他原因造成不能维持必要的生活。

（e）一方配偶有法律义务去照看一个因疾病或者残疾而不能维持必要生活的人。

（3）尽管根据第 1 款确定了有过度重负情形，但如果在根据第 3—5 条、第 8 条或第 9 条中的任何一条确定了子女抚养令的金额后，法院认为过度重负情形的家庭比其他配偶的家庭有着更好的生活条件的，该申请应当被拒绝。

（4）为实现第 3 款目的而对比生活标准水平时，法院可以使用附表 2（略）中的家庭生活标准比较测试。

（5）如法院根据第 1 款批予不同数额的子女抚养费，则可在子女抚养令中指明合理的期限，以便应付因以上造成过度重负情况而产生的任何责任，以及清偿截止日的应付金额。

（6）如果法院根据本条作出子女抚养费不同的，则应当记录其理由。

第 11 条　子女抚养令构成要素

法院可以在子女抚养令中要求所需支付款项的支付方式，包括定期支付、一次性支付或定期支付和一次性支付相结合的方式。

第 12 条　担保

法院可以在子女抚养令中要求按照该法令规定的方式支付和/或担保所需支付的款项。

第 13 条　法令中所需列明的信息

子女抚养令应当包含以下信息：

（a）法令所涉及子女的姓名及其出生日期；

（b）决定子女抚养令金额的配偶收入；

（c）根据第 3 条第 1 款（a）项就该法令涉及的子女人数所确定的金额；

（d）根据第 3 条第 2 款（b）项为成年子女所确定的金额；

（e）第 7 条第 1 款所述的费用详情，费用所涉及的子女、费用的数额或者若该数额无法被确定的，则为相关费用的支出比；以及

（f）需要明确一次性付款或者第一次付款的日期以及所有后续付款的月份和其他时间段的时期。

第 14 条　子女抚养令的变更

为了实现《离婚法》第 17 条第 4 款的目的，以下任何一种情形的变化都会导致子女抚养令的变更：

（a）当子女抚养令的金额包含了依据适用表所作出的决定时，造成子女抚养令或其条款不同的情形发生变化的；

（b）当子女抚养令的金额不包含依据适用表所作出的决定时，每对配偶及其被授予抚养权子女的条件、财产、需求或者其他情况发生变化的；以及

（c）根据《加拿大规约》第 1 章第 2 条所颁布的《离婚法》中第 15.1 条产生效力之前作出法令的（1997 年）。

第 15 条　收入

（1）除第 2 款另有规定外，配偶的年收入由法院按照第 16—20 条确定。

（2）配偶双方以书面方式就配偶一方的年收入达成书面协议，法院如认为该笔款额合理的，则在考虑依据第 21 条所提供的收入信息情况下，可将该款额视为配偶的收入。

第 16 条　年收入的计算

除第 17—20 条另有规定外，配偶的年收入是根据加拿大税务局发布的一般收入表中收入总额一节所列的收入来源确定的，并按照附表 3（略）进行调整。

第 17 条　收入模式

（1）如果法院认为根据第 16 条确定配偶的年收入不是最公平的，法院可考虑过去 3 年配偶的收入，根据这些年的收入模式、收入的波动以及非经常性款项来确定一个公平合理的数额。

（2）如果配偶发生非经常性资本或商业投资损失，法院认为依据第 16 条所确定配偶的年收入不是最公平的，则可选择不适用附表 3（略）第 6 条及第 7 条，并调整损失金额，包括有关开支及手续费和利息，以达到法院认为适当的数额。

第 18 条　股东、董事及高级管理人员

（1）若一方配偶是一家公司的股东、董事或者高级管理人员，法院可以认为依据第 16 条所确定年收入数额并不能公平地反映其可支付给子女的抚养费金额，法院可以考虑第 17 条所描述的情形，并确定配偶的年收入，其中包括：

（a）在最近一个税务年度内，该公司及与该公司有关的其他公司的全部或部分税前收入；或者

（b）与配偶为公司提供服务相当的数额，但该数额不得超过该公司的税前收入。

（2）为实现第 1 款目的而确定公司的税前收入时，若公司已经支付了薪资、收入、管理费、其他款项或者福利等费用以及公司没有与代表人进行对等交易的，则税前收入必须包含以上费用，除非配偶证实该款项在此情形下是合理的。

第 19 条　推算收入

（1）在以下情形中法院可认为将收入的数额归为一方配偶是合理的，这种情形包括：

（a）一方配偶故意未就业或失业，除非未就业或者失业是为了婚生子女或未成年子女及其合理教育、健康的需要；

（b）一方配偶免缴联邦或省所得税；

（c）一方配偶居住于有效所得税税率远低于加拿大的国家；

（d）收入已经移送，并且影响了依据准则所确定子女抚养的水平；

（e）一方配偶的财产未能合理地使用于创收；

（f）一方配偶违反法定义务未能提供收入信息；

（g）一方配偶不合理地从收入中扣除费用；

（h）一方配偶获得的收入中很大一部分是来自以低于就业或营业收入税率征税甚至免税的股息、资本所得或其他来源；以及

（i）一方配偶是信托受托人的受益人，并且正在或将会从该信托中获得收入或其他利益。

（2）为实现第 1 款（g）项目的，扣除费用的合理性并非完全取决于《所得税法》是否获准扣除。

第 20 条　非居民

（1）除第 2 款另有规定外，配偶一方是非加拿大居民的，该配偶的年收入以加拿大居民身份来确定。

（2）一方配偶是非加拿大居民的，其居住国的所得税税率远高于其配偶通常居住省份税率的，法院应考虑该税率并确定该名配偶的年收入是合理的。

第 21 条　申请人义务

（1）若正在申请子女抚养费的配偶的收入资料对确定费用数额是必

要的，则申请书应当包含以下内容：

（a）配偶在最近 3 个税务年度中提交的每一份个人所得税申报表副本。

（b）最近 3 个税务年度里，每一年向配偶发出的每一份评估和重新评估通知副本。

（c）如果配偶是雇员，则为最近收入报表所显示的当年迄今为止支付的总收入，包括加班费，或者如果雇主没有提供这样的说明，那么配偶的雇主应提供一份说明，其中应包含配偶的年薪或报酬率。

（d）配偶是自主经营的，则须有最近 3 个税收年度的：

（i）除了合伙关系，配偶的商业或专业实践财务报表；以及

（ii）一份显示未与配偶进行对等交易之人或公司的所有薪金、工资、管理费或者其他款项以及福利费的声明。

（e）配偶是合伙企业的合伙人，须确认配偶最近 3 个税收年度的收入、资金和其合伙公司的资本。

（f）配偶经营公司的，须确认最近 3 个税收年度的：

（i）公司及其附属公司的财务报表；

（ii）一份显示未与配偶进行对等交易之人或公司的所有薪金、工资、管理费或者其他款项以及福利费的声明。

（g）若配偶是信托财产的受益人，则需一份信托协议书和最近 3 年的信托财务报表副本。

（h）除了（c）项至（g）项中应当包含的收入信息外，如果配偶从就业保险、社会救助、养老金、工人赔偿、伤残偿金或任何其他来源获得收入的，最新的收入报表应表明当年的收入总额，如果没有提供这种说明，则由有关当局提供信息。

（2）一方配偶申请子女抚养费的，若其收入信息是确定抚养费金额的必要条件，如果该配偶居住在加拿大或美国，应当在提出申请后的 30 日内提供；如果该配偶居住在其他地方，则时间为 60 日内或者法院指定的其他时间限制内，向法院以及其配偶或法令受让人（视情况而定）提供第 1 款所提及的文件。

（3）凡在申请子女抚养令的诉讼过程中，一方配偶要求支付第 7 条第 1 款所述费用或申请过度重负的，获得子女抚养费的配偶如果居住在加拿大或者美国，则应当在请求被肯定后 30 日内向法院和另一方配偶提供第 1 款所提及的文件；若其居住在其他地方，则为 60 日内或法院确定的时间内提供第 1 款所提及的文件。

（4）在申请子女抚养令的诉讼过程中，如果一方配偶的子女抚养费支付金额超过 15 万加元的，若另一方配偶居住在加拿大或者美国的，则该配偶应当在该超额费用被确定后 30 日内向法院和另一方配偶提供第 1 款所提及的文件；若另一方配偶居住在其他地方的，则在 60 日或者法院确定的时间内提供第 1 款所提及的文件。

（5）本条中的任何规定均不排除由《离婚法》第 25 条所规定主管当局制定的规则，该规定尊重为了确定子女抚养费而认为有必要的收入信息披露。

第 22 条　违规

（1）一方配偶不遵守第 21 条规定的，另一方配偶可以：

（a）申请子女抚养令的听证会或者进行诉讼判决；或

（b）要求没能遵守规定的配偶向法院或者自己抑或法令受让人提供案件可能所需要的文件。

（2）法院根据第 1 款（a）项或（b）项作出指令的，可以判定不履行义务的配偶完全赔偿另一方配偶所有的诉讼费用。

第 23 条　不利推定

法院根据第 22 条第 1 款（a）项的申请进行听证的，可对违反规定的配偶作出不利的推定和认为将收入数额归入其收入是合理的。

第 24 条　违反法院令

配偶未能遵从根据第 22 条第 1 款（b）项所作出指令的，法院可以：

（a）不予以适用配偶诉状中的任何请求；

（b）对该配偶作出蔑视法院的决议；

（c）举行听证会，对配偶认为合适的数额进行评估和不利推定；以及

（d）判定该配偶完全赔偿另一方配偶所有的诉讼费用。

第 25 条　继续提供收入信息的义务

（1）只要子女是本准则所指的子女，子女抚养令中的义务方配偶经另一方配偶或法令受让人的书面要求，应在法令作出后 1 年内提供给另一方配偶或法令受让人以下材料：

（a）在最近 3 个税务年度中所有未曾提交的第 21 条第 1 款项所述文件；

（b）（视适用而定）根据第 7 条第 1 款所确定的任何关于费用状况的最新书面信息；以及

（c）在适用情形下，以书面形式提供关于法院决定的过度重负情形所依据的最新信息。

（2）若抚养令中的配偶收入水平低于适用表所需的最低要求，法院决定其无须支付子女抚养费的，根据另一方配偶的书面要求，只要子女是本准则所指的子女，则该配偶应当向其提供第21条第1款所述的最近3年的财务年度中未曾提交的所需文件。

（3）据子女抚养令的要求，接收子女方的收入信息将用于确定抚养费的金额，根据另一方配偶的书面要求，只要子女是该准则所指的子女，接收方应当在法令作出后一年内向接收的另一方提交第1款所指的文件和资料。

（4）一方配偶或法令受让人根据第1款和第3款提请另一方配偶提交资料，若提出申请方的收入信息是用来确定子女抚养费金额的，则一方配偶或法令受让人应当在申请时提交第1款所提及的文件和资料。

（5）若接收到根据第1款、第2款所作出请求的配偶居住在加拿大或者美国的，则其须在受到请求后30内提供所需文件，若其居住在其他地方的，则在60日内或者法庭确定时间内提供所需文件。

（6）根据第1—3款所作出的要求被视为发出后10日内已经收到。

（7）若一方配偶不遵守第1—3款的规定，另一方配偶或者法令受让人对此提出申请的，法院可以：

（a）可以认为不遵守规定的配偶蔑视法院，让其赔偿申请人在诉讼程序中产生的一切费用；或者

（b）作出指令让该方配偶向另一方配偶或者法令受让人提供所需的文件（视情况而定）。

（8）判决、法院令或协议中关于配偶提供文件义务的限制性规定条款是无效的。

第26条 省级子女抚养服务

根据第25条第1—3款的规定，一方配偶或受让人可以指定一个省级子女抚养服务机构代表他们申请和接受收入信息，也可以根据第25条第7款进行申请。

第27条 生效

该准则于1997年5月1日生效。

对我国的借鉴

曰"子女",因为爱怜;云"福利",因为必须。"子女福利"之"子女",表征其福利所适用的特定对象,亦即子女除了享有作为普通社会成员的一般福利外,亦可获得与其未成年身份相符合的特殊福利[1]。加拿大联邦层面通过实施《准则》,成功地改变了以往法院确定子女抚养费数额的混乱方式,使子女抚养费的数额得以预测,在很大程度上减少了子女父母之间的对垒关系,再加之《准则》在司法实务之中发挥有效的指导作用,从而最大限度地保证了"子女福利"的实现。借助《准则》的颁布施行,加拿大联邦在改革子女抚养制度方面迈出了巨大的一步,明确子女抚养费的确定标准以及涵盖范围,同时赋予法院灵活的裁量权,并且还指明子女抚养令申请人和被申请人所应履行的程序义务以及违反程序所应承担的责任,构建起了一套完整的实体结合程序的子女抚养费标准制度。

《准则》中子女抚养费的适用对象区分为未成年子女和成年子女,其中的成年子女应是指"虽已成年,但却无独立生活的能力的子女",这一点在我国《最高人民法院关于人民法院审理离婚案件处理子女抚养问题的若干具体意见》(以下简称《意见》)第12条中也有所体现。《准则》第3条第1款和第2款中规定,"除本准则另有规定以外,子女抚养令中未成年子女的抚养费金额为:(a)根据有关法令所涉及未成年子女的人数及有关法令所针对子女的父母收入,适用表格中列出的金额;以及;(b)根据第7条确定的金额(如有的话)"和"除本准则另有规定外,抚养令所涉及的子女为成年的,子女抚养费的金额为:(a)适用本准则关于未成年子女抚养费的规定以确定金额;或者;(b)如果法院认为这种做法不合适,则合适的金额须结合子女的状况、财产、需求和其他情况以及每对配偶的经济能力,以确定子女抚养费金额"。虽然我国《意见》指出"尚未独立生活的成年子女有下列情形之一,父母又有给付能力的,仍应负担必要的抚育费:(1)丧失劳动能力或虽未完全丧失劳动能力,但其收入不足以维持生活的;(2)尚在校就读的;(3)确无独立生活能力和条件的",但并未对未成年子女和成年子女的抚养费数额作出区别适用规定。由于上述情形的成年子女在身体和心智上比未成年子女更为

---

[1] 张鸿巍. 少年司法的异乡人 [M]. 上海:上海三联书店,2017:12.

成熟，更加接近于一个成年人，所以在儿童福利原则的映射下，理应对他们进行区别对待。未来我国或可通过区分未成年子女和成年子女的抚养费数额适用标准，对不同年龄层次的子女采用差异标准，以认真把握"儿童福利原则"。

除了区分未成年子女和成年子女抚养费数额的适用标准之外，《准则》还具体规定了确定子女抚养费的其他标准，包括子女父母的居住地、其收入高低（以 15 万加元为界）、子女监护的性质、过度重负情形等，采用"多因一果"的费用数额确定模式，能更好地应用于现实中复杂的社会情景。同时，《准则》在充分考虑与子女最佳利益相关的费用必要性、与配偶和子女财产相关的费用合理性和离婚前的家庭消费模式的基础上，规定了可能涉及的特殊费用和非常费用，有利于结合实际灵活地调整抚养费数额。反观我国确定抚养费数额的规定，即我国《意见》第 7 条规定："子女抚育费的数额，可根据子女的实际需要、父母双方的负担能力和当地的实际生活水平确定。有固定收入的，抚育费一般可按其月总收入的百分之二十至三十的比例给付。负担两个以上子女抚育费的，比例可适当提高，但一般不得超过月总收入的百分之五十。无固定收入的，抚育费的数额可依据当年总收入或同行业平均收入，参照上述比例确定。有特殊情况的，可适当提高或降低上述比例。"与《准则》相比较，我国的子女抚养费规定过于简单，仅仅依靠子女的需要、父母双方的负担能力和当地实际生活水平确定子女抚养费的做法显然无法准确地反映子女生活的实际需要。因此，在完善我国子女抚养费制度之时，不妨借鉴《准则》的做法，从多方面因素入手，如子女父母的居住地、收入的多少、子女的年龄等，切实加强我国子女抚养费制度的适用性。

在申请子女抚养费程序之中，《准则》不忘强调申请人和被申请人义务，第 21 条第 1 款和第 2 款指明"若正在申请子女抚养费的配偶的收入资料对确定费用数额是必要的，则申请书应当包含以下内容：（a）配偶在最近 3 个税务年度中提交的每一份个人所得税申报表副本；（b）最近 3 个税务年度里，每一年向配偶发出的每一份评估和重新评估通知副本……"和"一方配偶申请子女抚养费的，若其收入信息是确定抚养费金额的必要条件，如果该配偶居住在加拿大或美国，应当在提出申请后的 30 日内提供；如果该配偶居住在其他地方，则时间为 60 日内或者法院指定的其他时间限制内，向法院以及其配偶或法令受让人（视情况而定）提供第 1 款所提及的文件"。为了稳固该条规定，《准则》在第 22 条指出了违反以上规定所要承担的法律责任。经对比，我国在立法上还未明确要求抚养费申请人和被申请人所要提交的相关材料，这一缺失造成了法院在实践当中判断子女实际情况的困难。"他山之石，可以攻玉。"我国不妨借鉴此点，补充和完善子女抚养费申请所需的材料以及违反提交材料所应承担的不利后果，便于法院更好地判断子女抚养费的具体数额，以最终确保子女权益得到实现。

《高风险儿童性犯罪者数据库法》译评

出台背景及其意义

2014 年是加拿大关于针对儿童性犯罪在法律框架下进行严厉规制的一年，同年 2 月 26 日，总检察长在下议院提出了《对儿童掠夺者严厉惩戒法》（C-26 号法案）（Tougher Penalties for Child Predators Act，Bill C-26）。"C-26 号法案"修订了《加拿大刑法典》（Criminal Code）、《加拿大证据法》（Canada Evidence Act）以及《性犯罪者信息登记法》（Sex Offender Information Registration Act）中关于对儿童性犯罪的章节内容，加大了性侵儿童的惩戒力度，并增加了确保被告人的配偶可以作为起诉儿童性犯罪案件的证人等可操作性细则规定。而相较于这三部法律的修订，"C-26号法案"的更亮眼之处在于其于 2015 年制定了《高风险儿童性犯罪者数据库法》（High Risk Child Sex Offender Database Act），以立法的形式确定在加拿大联邦一级建立可公开访问的高危儿童性犯罪者数据库。

在《高风险儿童性犯罪者数据库法》制定之前，加拿大在某些省已经存在可公开访问的数据库，例如艾伯塔省由司法和检察部门维护的严重暴力与高风险罪犯网站（the Serious，Violent and High Risk Offenders website）就发布了高风险罪犯名单以及相关信息，以确保社区安全。与此同时，加拿大目前还存在一些非官方的可公开访问的数据库，其中亦包含有被定性为性罪犯的个人信息，例如加拿大家庭行动组织（Canada Family Action）创建的"STOPophiles. ca"网站。[1] 虽然这两种数据库

---

[1] Robin MacKay. (2014, March 14). Legislative Summary of Bill C-26: An Act to amend the Criminal Code, the Canada Evidence Act and the Sex Offender Information Registration Act, to enact the High Risk Child Sex Offender Database Act and to make consequential amendments to other Acts. Retrieved January 20, 2018, from https://lop. parl. ca/About/Parliament/Legislative-Summaries/bills_ ls. asp? ls = c26&Parl = 41&Ses = 2#a15.

形式都在一定程度上对性侵儿童起到了规制与防范的作用，但由于数据库建立主体自身的限制而呈现出一定的局限性与缺陷：省级高风险罪犯数据库所涵盖的资料信息多囿于省或地区的管辖范围内，无法完善地解决罪犯人口跨区域流动的问题；对于后者非官方的数据库而言，其所列信息的准确性是存疑的，且还面临获取渠道是否正当等争议，亦将面临信息更新的长效性问题。然而，《高风险儿童性犯罪者数据库法》则建立起了一个全国性的可公开访问的数据库，该数据库载有关于加拿大各地发生性侵犯儿童罪行并构成犯有性罪行的高风险人士的资料。一方面，突破了管辖范围的地域限制，真正实现了全国性的信息共享，对性侵儿童的罪犯产生了更为广泛的威慑作用；另一方面，也从立法层面明确了数据库的建立与后期更新维护。例如，第 4 条规定了其建立的法定性，"警监专员必须建立并管理一个可公开访问的数据库，其包含有关犯有对儿童实施性犯罪者以及构成性犯罪高风险者的信息"，亦在第 8 条规定了定期审查的职责，即"在数据库建立后的规定期限内以及在后续的规定时间间隔内，警监专员必须审查数据库中的信息，以确定信息是否仍应保存在数据库中。审查并不影响数据库的有效性"。

正如加拿大总检察长 Peter MacKay 所希冀的那样："新的立法将更好地保护儿童免受包括儿童色情在内的一系列性犯罪的侵害，同时通过打击那些希望伤害加拿大最脆弱的人的罪犯，使我们的孩子，使我们的街道和社区更安全。"[2] 《高风险儿童性犯罪者数据库法》在法律框架下的实操层面可能会发挥其预防性犯罪者再犯的作用，从而实现保护儿童安全的目的。

《高风险儿童性犯罪者数据库法》 译文

第 1 条　简称

《高风险儿童性犯罪者数据库法》简称为本法。

第 2 条　解释

（1）以下定义适用于本法：

---

〔2〕 Department of Justice(2015,June 18). Government of Canada welcomes Royal Assent of the Tougher Penalties for Child Predators Act. Retrieved January 21, 2018, from https://www. canada. ca/en/news/archive/2015/06/government-canada-welcomes-royal-assent-tougher-penalties-child-predators-act-. html? _ga = 2. 256097803. 1639568277. 1516759602-488435104. 1516072359.

性侵儿童罪系指：

（a）《加拿大刑法典》第 490. 011 条第 1 款对 18 岁以下的未成年人实施的指定罪行，若基于《加拿大刑法典》第 490. 012 条第 2 款的规定，检察官并未超越合理怀疑确定犯罪人意图实施《加拿大刑法典》第 490. 011 条第 1 款所定义的（a）项、（c）项、（c. 1）项、（d）项、（d. 1）项或（e）项的罪行，则排除同条款中定义的（b）项或（f）项罪行；

（b）在加拿大境外对 18 岁以下的未成年人实施罪行，已被或曾经被要求遵守《性罪犯信息登记法》。

警监专员系指加拿大皇家骑警的警监。

（2）为实现本法目的，性犯罪是由以下一项罪行的一项或多项行为构成：

（a）实施性行为或意图实施性行为；

（b）构成犯罪。

（3）为实现本法目的，所规定的对儿童实施性犯罪的人不包括：

（a）《青少年刑事司法法》第 2 条第 1 款所定义的未成年人，其针对儿童实施性犯罪，除非该行为人依据该条款被判处成年人刑罚；

（b）1985 年《加拿大修订法案》第 Y-1 章的《青少年罪犯法》第 2 条第 1 款所定义的未成年人，其针对儿童实施性犯罪，除非该行为人依据该条款被普通法院判定为有罪。

第 3 条　目的

本法的目的是通过建立一个可公开访问的数据库来提高公共安全，其包含有关犯有对儿童实施性犯罪者以及构成性犯罪高风险者的信息。

第 4 条　数据库

（1）警监专员必须建立并管理一个可公开访问的数据库，其包含有关犯有对儿童实施性犯罪者以及构成性犯罪高风险者的信息。

（2）根据本法，警监专员的职责可由经过警监专员授权的代表代为执行。

第 5 条　数据库内容

关于第 4 条第 1 款中提及的有关犯有对儿童实施性犯罪者以及构成性犯罪高风险者的信息，数据库只能包含有警察部门或其他公共机构之前向公众提供的信息，包括：

（a）他们的儿童姓名和姓氏，以及曾用名；

（b）出生日期；

（c） 性别；

（d） 外貌描述，包括其所具有的身体识别标记；

（e） 真人照片；

（f） 罪行描述；

（g） 须遵守的规定；

（h） 所居住的城市、城镇、市镇或其他有组织的地区的名称。

第6条　事先通知

在将第4条第1款提及的有关犯有对儿童实施性犯罪者以及构成性犯罪高风险者列入数据库名册之前，警监专员必须采取合理的方式通知其相关信息将被纳入数据库之中，被列入者可就此事作出交涉。

第7条　信息删除

（1） 在收到第4条第1款提及的有关犯有对儿童实施性犯罪者以及构成性犯罪高风险者的书面申请后，警监专员必须决定是否有合理的理由可将其信息从数据库中删除。

（2） 如警监专员没有在规定期限内就该申请作出决定，则被视为该警监专员已决定不删除有关信息。

（3） 警监专员须立即通知申请人有关申请已作出或被视为已作出的决定。

（4） 在收到决定通知后的60日内，申请人可以向联邦法院申请对决定进行司法审查。

第8条　定期审查信息

在数据库建立后的规定期限内以及在后续的规定时间间隔内，警监专员必须审查数据库中的信息，以确定信息是否仍应保存在数据库中。审查并不影响数据库的有效性。

第9条　不可减损

本法中的任何规定并不影响另一项国会法律、省议会法或普通法赋予加拿大皇家骑警披露信息的权力。

第10条　豁免

对于警监专员或代表警监专员以及警监专员指导下的执行者，不得以任何方式对其根据本法所做的善意的事情提起刑事或民事诉讼。

第11条　总督

总督可制定相关条例：

（a） 建立明确的标准用于判定对儿童犯有性犯罪者是否具有犯有性罪行的高风险；

（b） 规定本法规定的任何事项的实施细则。

对我国的借鉴

（一） 我国建立性侵未成年人犯罪人员信息公开制度的必要性

性侵儿童犯罪是全球性问题，其罪行严重侵害了未成年人的身心健康。对于这类特殊的犯罪形式，除了对性犯罪者予以严厉惩戒以外，由于性犯罪者再犯的高概率与高度危险性，寻求保护未成年人免遭潜在性侵害的有效路径就显得尤为重要。而综观域外性犯罪人信息公告制度，无论是美国的"梅根法案"与英国的"莎拉法案"，还是韩国的"性犯罪公布栏"，抑或是我国香港地区的"性罪犯名册"，都无不以性犯罪者犯罪预防理念作为其基础理论支撑。

反观我国目前性侵未成年人的现实状况，根据中华社会救助基金会儿童安全基金女童保护项目 2013—2016 年统计的相关数据，性侵儿童（14 岁以下） 案件每年均同比大幅度增长，已然呈现高发态势，被曝光的案件从 2013 年的 125 起增长到 2016 年的 433 起。[3] 而这组数据也仅局限于被曝光且被害人在 14 岁下的性侵儿童案件，由此窥见我国整体层面的性侵未成年人的严重状况与高发态势。基于未成年人议题核心的"儿童最佳利益"（best interests of child） 原则[4]，为了保护未成年人免受性犯罪侵害，促使未成年人身心健康发展，我国亟须以儿童利益最大化为依托，尽快建立与完善适应我国国情本土化的性侵未成年人犯罪人员信息公开制度。与此同时，作为少年司法核心指导原则的"国家亲权"（parens patriae） 原则强调国家担当未成年人的"大家长"角色，是未成年人权益的最终保障者与终极监护人[5]，而性侵儿童犯罪信息公开正是国家从监护层面对未成年人安全的制度保障。由此可见，建立性侵未成年人犯罪人员信息公开制度既是我国性侵未成年人的现实之需，亦是对"儿童最佳利益"原则与"国家亲权"原则的践行。

---

〔3〕 女童保护基金 . "女童保护" 2016 年儿童防性侵教育调查报告 . http：//gongyi. ifeng. com/a/20170303/44550261_ 0. shtml. 2018 - 01 - 22.

〔4〕 张鸿巍 . 儿童福利视野下的少年司法路径选择 ［J］ . 河北法学，2011 （12）：49.

〔5〕 张鸿巍 . 少年司法语境下的"国家亲权"法则浅析 ［J］ . 青少年犯罪问题，2014 （2）：83.

（二）我国性侵未成年人犯罪人员信息公开制度的初步尝试

虽然 2012 年最高人民法院联合最高人民检察院、公安部、司法部和国家安全部发布的《关于建立犯罪人员犯罪记录制度的意见》被视为正式开启了我国全面建构犯罪人员记录制度的进程，但由于实践执行中缺乏可操作性的细则规范，我国犯罪人员犯罪记录制度发展的速度较为缓慢。而性侵未成年人犯罪人员信息公开制度更是盲区，直到 2016 年浙江省慈溪市人民检察院联合该市法院、公安局、司法局制定出台的《性侵害未成年人犯罪人员信息公开实施办法》（以下简称《信息公开实施办法》）打破了这一空白，对性侵未成年人犯罪人员信息公开制度进行了本土化的初步尝试与有益探索。

被称为中国版"梅根法案"的《信息公开实施办法》规定，对符合条件的实施严重性侵害未成年人行为的犯罪人员，在其刑满释放后或者假释、缓刑期间，通过发文各单位的门户网站、微信公众号、微博等渠道对其个人信息进行公开，方便公众随时查询，警示犯罪，预防未成年人受到性侵害。与此同时，《信息公开实施办法》还对性侵害未成年人犯罪人员信息应当公开的情形和例外条件、公开期限、公开内容、公开途径、公开程序均作出了较为明确的相关规定。[6] 作为我国首次对性侵未成年人犯罪人员信息公开制度构建的有益探索，《信息公开实施办法》一经出台就引发了争议，虽然学界大部分学者对此持支持意见，但也有一些学者对该制度内容设置的合理性及其法理基础产生了质疑，认为其侵犯了公民的隐私权，有违"一事不二罚"原则，并且不利于犯罪人重新回归社会。[7]

（三）对《高风险儿童性犯罪者数据库法》的借鉴

相较于我国对性侵未成年人犯罪人员信息公开制度进行初步尝试的《信息公开实施办法》缺乏统一登记申报规则的辅助，并且管辖范围受地域与时间限制，其仅能公开浙江省慈溪市一个地区新判处的性犯罪者的相关信息，被其他省市判处的性犯罪者与过往的判决都无法进行公开，加拿大《高风险儿童性犯罪者数据库法》则在这些问题上提供了可

---

〔6〕 屠春技、岑瑾. 浙江慈溪：联合公法司出台性侵未成年罪犯信息公开办法. http：//www.jcrb. com/procuratorate/jckx/201605/t20160524_ 1617167. html. 2018-01-23.

〔7〕 姚建龙、刘昊."梅根法案"的中国实践：争议与法理 ［J］. 青少年犯罪问题，2017（2）：16.

供借鉴的细则规范。

首先，就性犯罪记录制度的辅助与配合而言，加拿大《高风险儿童性犯罪者数据库法》并非一部孤立的法案，其法律性质为合并（consolidation）法案，其旨在建立新的国家数据库，涵盖加拿大各地高危儿童性犯罪者现有的信息，而这些信息是根基于加拿大《性犯罪者信息登记法》的性犯罪人登记申报规则之上的，如第 2 条第 1 款（b）项在界定"对儿童实施性侵犯"的定义时明确规定："在加拿大境外对 18 岁以下的未成年人实施罪行，已被或曾经被要求遵守《性罪犯信息登记法》。"

其次，就性犯罪者的隐私权利保障而言，为了对性犯罪者的资格受到前科限制与剥夺时保障其合理权利的行使，一方面加拿大《高风险儿童性犯罪者数据库法》赋予了其被事先通知与交涉的权利，如在第 6 条明确规定"在将第 4 条第 1 款提及的有关犯有对儿童实施性犯罪者以及构成性犯罪高风险者列入数据库名册之前，警监专员必须采取合理的方式通知其相关信息将被纳入数据库之中，被列入者可就此事作出交涉"；另一方面，本法还构建了"申请信息删除"的机制，即犯有对儿童实施性犯罪者以及构成性犯罪高风险者可提出要求删除数据库中信息的书面申请，并在对警监专员的决定不服时，可"在收到决定通知后的 60 日内"，"向联邦法院申请对决定进行司法审查"。

最后，就数据库管理责任主体而言，加拿大《高风险儿童性犯罪者数据库法》明晰了建立与管理的责任主体以及其权利与义务。本法在第 4 条明确了"警监专员必须建立并管理一个可公开访问的数据库"，而这里的"警监专员"即指第 2 条定义中的"加拿大皇家骑警的警监"，在具体执行中也包括"经过警监专员授权的"代为执行的代表，并且规定了其必须履行事先通知、根据删除申请作出决定、定期审查信息等职责，如第 8 条便要求其"在数据库建立后的规定期限内以及在后续的规定时间间隔的，警监专员必须审查数据库中的信息，以确定信息是否仍应保存在数据库中"。当然，同时也赋予其具有不可减损与豁免，如第 9 条规定："本法中的任何规定并不影响另一项国会法律、省议会法或普通法赋予加拿大皇家骑警披露信息的权力。"

《互联网儿童色情报告条例》译评

出台背景及意义

2008 年 9 月起，加拿大联邦政府建立全国性互联网儿童色情制品强制报告制度，以应对近年来频繁出现的儿童在互联网中受色情制品侵犯的事件。2011 年，加拿大总督签署了经国会通过的《关于提供互联网服务的人员对互联网儿童色情制品强制报告法》（An Act Respecting the Mandatory Reporting of Internet Child Pornography by Persons Who Provide an Internet Service）（以下简称《强制报告法》）。该法第 12 条强调："（a）为了实现本法第 2 条的规定，可以指定相应的组织；（b）关于指定组织在根据本法规定接收信息时的职责、职能、活动，包括采取任何的安全措施；（c）关于根据本法第 2 条制作相应的报告；（d）关于根据本法第 3 条发出的通知；（e）关于根据本法第 4 条保存计算机数据所需采取的措施；（f）其他为了实现本法的规定和目的。"随后，加拿大总督根据总检察长的建议和《强制报告法》第 12 条的规定，批准了《互联网儿童色情报告条例》（Internet Child Pornography Reporting Regulations）（以下简称《条例》），后者于 2011 年 12 月 6 日生效。

2017 年 10 月 25 日，加拿大对《条例》进行了修改，其主要涉及两部分：一部分为指定组织的职责、职能和活动；另一部分为互联网服务提供者的义务。前者包含了指定组织在线互联网地址报告系统（online Internet address reporting system）、调查结果分析和交流、记录保留、安全措施、通报部长、利益冲突以及年度报告。而后者则涵盖了服务提供者在报告方法、通报形式和内容、保存数据采用安全措施等方面的规定。

《条例》作为《强制报告法》第 12 条规定之"产品"，大大增加了后者在实践中的适用性。例如，《条例》第 3 条规定，为了接收根据《强制报告法》第 2 条规定所提交的互联网地址报告，指定组织必须建立一个安全的在线系统……第 4 条规定，在收到《强制报告法》第 2 条规定的报告后，指定组织必须尽快确定在所报告的互联网地址中被发现的任何材料里是否含有构成儿童色情制品的材料，这些都为相应条款的具体落实提供了坚实保障。

《条例》第 2 条明确指出，"指定组织为加拿大儿童保护中心"，可见，该中心既为互联网服务提供者和政府机构之间的枢纽，亦是政府机构的助手。《条例》第 4 条（b）项规定，指定组织要以安全的方式向所有相关的加拿大执法机构提交互联网服务提供者所报告的地址，根据（a）项可以确定的任何地理位置的描述，以及其他有助于执法机构调查的任何其他信息。除了作为民间和官方信息传达的桥梁外，指定组织还肩负着在特定的情形下必须采取合理的措施，以及在发生突发事件后及时向部长通报的责任。这些关于指定组织的条款都有助于提高组织自身在办理相应事件时的工作效率。《条例》不仅明确了指定组织的定义及其相关职责，而且对向公众互联网服务提供者作出了具体规定。例如《条例》第 11 条要求互联网服务提供者必须将其所得知的网络中涉及或者可能涉及儿童色情的材料报告给指定组织，并且明确其报告中所应包含的信息，如对构成儿童色情内容的材料说明，服务提供者在何种情况下发现所称的罪行，对于服务提供者所拥有或者控制的任何关于罪行之证据进行的说明等。

《互联网儿童色情报告条例》译文

总督根据总检察长的建议和依据《关于提供互联网服务的人员对互联网儿童色情制品强制报告法》第 12 条，特此颁布《互联网儿童色情报告条例》。

第 1 条　定义

以下定义适用于本条例：

法案系指《关于提供互联网服务的人员对互联网儿童色情制品强制报告法》。

指定组织系指根据本条例第 2 条所提及的组织。

互联网地址系指互联网协议地址或者统一资源定位器。

服务提供者系指向公众提供互联网服务的人士。

第 2 条　指定组织

为了实现法案第 2 条的规定，指定组织为加拿大儿童保护中心。

第 3 条 互联网地址报告系统

为了接收根据法案第 2 条规定所提交的互联网地址报告，指定组织必须建立一个安全的在线系统：

（a）为每个服务提供者分配唯一的标识符，以完成相应的报告；

（b）允许服务提供者只报告网络地址；

（c）向服务提供者发出每份报告的收据，表明分配给报告的事件编号、服务提供者的名称和唯一标识符以及报告的日期和时间。

第 4 条 调查结果的分析和交流

在收到法案第 2 条规定的报告后，指定组织必须尽快确定在所报告的互联网地址中被发现的任何材料里是否含有构成儿童色情制品的材料，如含有：

（a）如条件可能，即确定所报告的互联网地址指向的服务器的地理位置以及包含有疑似儿童色情材料的服务器的地理位置。

（b）以安全的方式向所有相关的加拿大执法机构提供：

（i）所报告的互联网地址；

（ii）指定组织根据（a）项可以确定的地理位置的描述；和

（iii）被指定组织拥有的可能有助于执法机构调查的任何其他信息。

第 5 条 记录留存

根据法案第 2 条所收到的每一份报告必须在收到的两年内，由指定组织保留报告的互联网地址和所收到的第 3 条（c）项下的收据副本。

第 6 条 安全措施

指定组织必须采取合理的措施：

（a）确保其继续有能力履行其在法案下的角色、职能和活动，包括与物理设施的保护和技术基础设施、预防和减轻风险、紧急管理和恢复服务有关的措施；

（b）在履行其职责、职能或活动的过程中，防止其他人未经授权访问由指定组织所获得或产生的任何信息；以及

（c）确保所有人员都有必要的安全检查和培训，以履行法案所规定的指定组织的角色、职能和活动。

第 7 条 突发情况：通知部长

被指定的机构必须在获悉任何危及指定组织履行其作用、职能或事务的事件后，在 24 小时内通知总检察长和公共安全部长和应急准备部长。

第 8 条　利益冲突

指定组织必须采取必要的措施，以避免在法案下的角色、职能和活动引起的利益冲突，并且必须解决所出现的任何此类冲突。

第 9 条　年度报告

指定组织必须在每年 6 月 30 日之前向总检察长和公共安全部长以及应急准备部长提交一份报告，以说明其从上一年 4 月 1 日开始的 12 个月内履行法案所规定的职责和活动情形。报告内容必须包括：

（a）根据法案第 2 条所收到的报告数，以及其中被指定的机构根据第 4 条（b）项向执法机构提供资料的数量；

（b）对指定组织按照第 6 条规定的措施进行说明；

（c）对发生的第 7 条所述的任何事件以及对该事件采取的措施进行说明；

（d）对指定组织根据第 8 条所采取的措施以及任何的利益冲突和其应对措施进行说明；

（e）可能影响被指定的机构目前或将来履行其职责、职能或事务的任何其他信息。

第 10 条　报告方法

为了实现法案第 2 条的规定，服务提供者应当通过第 3 条所述的互联网系统报告网络地址。

第 11 条　通知的形式和内容

为了实现法案第 3 条的规定，服务提供者的通知必须是书面的，并且必须包含以下信息：

（a）服务提供者有合理的理由相信他人正在或已经使用其互联网服务实施儿童色情犯罪；

（b）对构成儿童色情内容的材料说明，包括其格式；

（c）服务提供者在何种情况下发现其所称的罪行，包括发现日期和时间；

（d）对于服务提供者所拥有或者控制的任何有关于罪行的证据进行的说明；和

（e）服务提供者代表的联系信息，以便于实现调查事项的目的。

第 12 条　保存数据的安全措施

根据法案第 4 条规定，要求保存计算机数据的服务提供者必须在一个安全离线位置下保留该数据的副本。

第13条 生效[1]

本条例自法案生效之日起生效，但如果本条例在法案生效之日之后登记的，则在登记的当天生效。

对我国的借鉴

依"国家亲权"理论，国家在危急情况下可化身成儿童之"父母"，秉持"国家亲权"理念，以"儿童福利"为起点，着意国家未来，对每位儿童秉承不抛弃、不放弃的态度，竭尽所能为其健康成长创造更为美好和适宜的生活环境，各国皆然。[2] 加拿大联邦政府通过全国性的互联网儿童色情制品强制报告制度，为儿童营造健康的互联网环境，这不仅能在很大程度上预防和控制互联网儿童色情制品对儿童身心健康成长和合法权益的侵害，亦有助于落实"国家亲权"理念及贯彻"儿童福利"原则。借助《条例》的颁布施行，加拿大联邦政府通过提高强制报告制度在实践层面的可操作性以及引入专业组织（加拿大儿童保护中心），从而构建起一套完整的、从个人到专业组织再到国家介入的强制报告制度。

《条例》所指定的组织通过其建立的安全在线系统接收互联网服务提供的人员关于网络儿童色情制品的报告，并确认这些报告材料中是否涉及儿童色情制品；如若发现并确认，该组织则应及时将相关信息材料报告给相应的执法机构去解决。《条例》还对指定组织的其他职能、职责及活动进行了详细规定，如指定组织必须将收到报告的互联网地址和收据副本保留两年，若遇到影响履行职责的事件，则应在24小时内向相关部长通报，在每年6月30日前还需向相关部长详细地报告上一年度的履职情况。除此之外，《条例》还明确要求指定组织的内部工作人员必须经过安全检查和培训才能上岗工作。关于互联网服务提供者的义务，《条例》第10条规定，为了实现《强制报告法》第2条的规定，服务提供者应当通过第3条所述的互联网系统报告网络地址。《条例》第11条对服务提供者的报告形式和内容亦进行了详细规定。为了实现《强制报告法》第3条的规定，服务提供者的通知必须是书面的，并且必须包含以下信息：（a）服务提供者有合理的理由相信他人正在或已经使用

---

[1] 本条例于2011年12月8日生效。

[2] 张鸿巍. 少年司法的异乡人［M］. 上海：上海三联书店，2017：4.

其互联网服务实施儿童色情犯罪；（b）对构成儿童色情内容的材料说明，包括其格式；（c）服务提供者在何种情况下发现其所称的罪行，包括发现日期和时间；（d）对于服务提供者所拥有或者控制的任何有关于罪行的证据进行的说明；（e）为调查事件所需的服务提供者代表的联系信息。

　　与上述制度有些类似，我国全国人大常委会《关于维护互联网安全的决定》第 7 条中规定："从事互联网业务的单位要依法开展活动，发现互联网上出现违法犯罪行为和有害信息时，要采取措施，停止传输有害信息，并及时向有关机关报告。"我国或可参考加拿大《条例》之规定并适时引入专业组织，以提升互联网儿童色情制品处理能力的专业性，继而落实"儿童最佳利益"原则。我国现行《互联网信息服务管理办法》对上述提供互联网服务人员的报告义务亦作了部分类似规定，其中第 15 条规定，互联网信息服务提供者不得制作、复制、发布、传播有散布淫秽、色情、赌博、暴力、凶杀、恐怖或者教唆犯罪内容的信息。第 16 条规定，若互联网信息服务提供者发现其网站传输的信息明显属于前面所述的，应当立即停止传输，保存有关记录，并向国家有关机关报告。与加拿大《条例》之相关规定相比，《互联网信息服务管理办法》只是明确了互联网服务提供者的报告义务，并未明确规定报告的具体路径、具体形式和所要报告的具体内容。这一原则性规定使得该制度在我国的可操作性不强，如互联网信息服务提供者发现互联网中存在着儿童色情制品，却因缺乏相关规定而找不到报告的适宜路径；或互联网信息服务提供者在具体报告时所需采取的形式因无具体规定，而造成报告内容千差万别。在健全我国互联网儿童色情制品报告制度时，不应笼统地作出原则性规定，可借鉴加拿大《条例》的相关具体制度，对互联网信息服务提供者就互联网儿童色情制品进行报告所要遵照的路径、形式等具体内容作出具有可操作性的规定，如指定互联网信息服务提供者举报儿童色情制品的具体渠道、明确报告的形式等。此外，报告的内容应包括发现时间、网站地址、证据材料、合理理由等，从而最大限度地提高我国互联网儿童色情制品报告制度的运作实效。

省 级 法

阿尔伯塔省《家事法》译评

出台背景及意义

2005 年 10 月 1 日，《家事法》（Family Law Act）于加拿大阿尔伯塔省正式生效。本法作为阿尔伯塔省家事司法的重要组成部分，其目标是构建简易、完整和高效的家事法体系，以促进未成年人及其家庭幸福。本法生效之前，阿尔伯塔省的家事法律由《亲属关系法》（Domestic Relations Act）、《赡养令法》（Maintenance Order Act）、《亲子关系和赡养法》（Parentage and Maintenance Act）、《提高未成年人、青少年及家庭法》（Child，Youth and Family Enhancement Act）以及《省法院法》（Provincial Court Act）中的部分规定等相关法律法规所构成。本法生效后，不仅代替和整合了零散分布的家事法律，并且将其进行更新、完善以及系统编排，从而适应和满足 21 世纪阿尔伯塔省家庭的新变化和新需求。

《家事法》全文共有 7 部分，内容主要涵盖家庭或与家庭相关的权利和义务以及明确家庭关系，包括亲子关系的建立、未成年人的监护和抚养、监护人的职责、配偶之间的相互扶持义务等较为全面的规定。同时，本法格外照顾未成年人享有的合法权益，要求法院在作出涉及未成年人的判决时必须综合考虑各种可能会影响未成年人的因素，其中最为重要的是须符合未成年人最佳利益。如本法在规定中明确指出未成年人最佳利益，包括未成年人的生理、心理和情感幸福，以及未成年人的文化、语言、宗教和精神等内容。如此规定不仅在法律上明确了未成年人最佳利益，而且在司法实践中能切实保障未成年人的合法利益。除此之外，本法还解决了五个主要问题：一是，定义和建立未成年人的亲子关系；二是，未成年人的监护；三是，抚养令和接触令，即以往的监护和探视；四是，与未成年人相处时间的执行；五是，经济抚养令。

另外，加拿大家事法律调查研究机构（Canadian Research Institute

for and the Family）于 2009 年发布一份关于《家事法》自生效以来实施情况的评估。该评估反映，虽然《家事法》在司法实践中能被法院、律师、家事服务提供者以及社会公众良好地运用，但对其的修改也必须提上日程。嗣后，关于本法的修正案被陆续通过，并且内阁决定将《家事法》修正案统一汇编至《家事法律修正法》（Family Law Statutes Amendment Act），后者于 2010 年正式生效。《家事法》修正案主要完善了 4 方面内容：（1）法院管辖；（2）亲子关系的建立；（3）监护、抚养和接触令；（4）抚养义务。尤其在亲子关系的建立方面，为适应社会人工生殖技术的不断发展，修正案在原来规定的基础之上再向前迈出一大步，制定人工生殖（AHR）婴儿的特别规则，明确人工生殖婴儿的亲子关系，以满足越来越多打算通过人工生殖技术繁衍后代的人群的法律需求。

阿尔伯塔省《家事法》译文

在征询阿尔伯塔省立法会的建议和同意下，女王陛下颁布法律如下：

第 1 条　定义

本法中：

（a）申请人系指根据本法提出申请的人员；

（b）出生系指人口统计法中规定的出生，包括其中的死婴；

（b.1）生母系指生育婴儿的人员；

（c）未成年人系指未满 18 岁的人员，第 1 和 3 部分中除外；

（c.1）夫妻系指结婚产生的夫妻关系；

（d）接触令系指根据第 35 条作出的法令；

（e）法院系指皇室法院或省法院，根据具体情况判断；

（f）废除 2010 年第 16 章第 1 条第 2 款；

（g）（外）祖父母系指父母的父母；

（g.1）婚姻包括无效婚姻和可废除婚姻；

（h）部长系指根据《政府组织法》第 16 条规定认定的部长，部长对本法负责；

（i）废除 2010 年第 16 章第 1 条第 2 款；

（j）父母系指根据第 1 条规定中认定为子女父母的人员；

（k）抚养令系指根据第 32 条规定作出的法令；

（l）当事人系指法规中定义的人员；

（m）继父母系指是第 48 条中所描述的人员；

（n） 依存关系系指《成年人依存关系法》中定义的依存关系；

（o） 被告系指侵犯本法中所保护权利的人。

第 2 条 皇室受本法约束

除第 97 条和第 98 条，本法对皇室有约束作用。

第 3 条 法院管辖

（1） 根据本法规定，皇室法院享有本法所有事项的管辖权。

（2） 根据本法规定，省法院享有本法所有事项的管辖权，除下列外：

（a） 作出与第 8.2 条、第 9 条、第 10 条或第 82 条的相关公告；

（b） 废除 2005 年第 10 章第 3 条；

（c） 作出与第 68 条、第 73 条和第 76 条的相关法令；以及

（d） 豁免第 66 条第 3 款（b）项、（d）项、（g）项，第 4 款、第 7 款、第 9 款和第 10 款中所述事项。

（3） 本法中任何规定不得授予省法院与皇室法院同等的强制性管辖，用以在法院中处理国家亲权范围内的事务。

第 4 条 并发程序

（1） 如果当事人根据本法规定提出了申请，当事人不得向本法院或其他法院提出相似的其他申请。

（2） 如果一方当事人提出两个或两个以上的申请，除非另一方当事人同意，否则以第一个提出的申请为准。

（3） 根据本法规定，如果提出的申请提交给不具有该事件全部或部分管辖的法院，该法院应当依法将全部或部分申请移交给其他法院处理。

（4） 根据本法规定提出申请的当事人可以依法向所提交申请的法院提出移交申请至其他法院的请求。

（5） 如果根据本法规定提出的申请递交至法院，而该法院有责任与义务依据法律法规对申请首先作出适当处理的，法院应当根据提议或当事人要求：

（a） 延期申请至判决完另一事件；

（b） 根据法律规定和管辖范围，结合并受理两个或两个以上申请；或

（c） 根据法律规定和管辖范围，将全部或部分申请移交给其他法院。

第 5 条 律师的义务

（1） 根据本法规定提出申请的当事人，其律师有以下义务：

（a）与当事人商讨解决申请事项的可选择方案；以及

（b）将协商过程、调解场所和家事司法服务告知当事人，协助当事人解决相关问题。

（2）根据法规规定，根据本法规定作出并由律师提交至法院的每一份申请，必须包括一份有律师签署的声明书，以此证明律师遵守了第1款规定。

第1部分　建立亲子关系

第5.1条　解释

（1）本部分中：

（a）人工生殖系指一种除性交之外的怀孕方式。

（b）胚胎系指《人类人工生殖法》（加拿大）所定义的胚胎。

（c）人类繁殖材料系指《人类人工生殖法》（加拿大）所定义的人类生殖材料。

（d）代孕妇系指生育人工繁殖婴儿的妇女，而且在怀孕时打算将婴儿交给：

（i）人工生殖过程中所使用的人工生殖材料所属者或者用来培育出胚胎的人工生殖材料所属者；或者

（ii）与（i）目中所指的人员结婚的人员或者与其具有婚姻长久依存关系的人员。

（2）为实现本部分目的，如果婴儿以人工生殖方式出生，该婴儿的受孕视为在人类人工生殖资料的植入过程或胚胎形成过程中出现。

第6条　本部分的适用

本部分不适用于根据《儿童、青少年与家庭促进法》第13条提出的申请。

第7条　亲子关系的规定

（1）为实现阿尔伯塔省法律的目的，个人是其父母的子女。

（2）下所列人员为子女的父母：

（a）除（b）项或（c）项情况外，生母和生父；

（b）如果婴儿以人工生殖方式出生，根据第8.1条规定所认定人员为其父亲或母亲；

（c）根据《儿童、青少年与家庭促进法》规定作出或确认的收养令中被指定为未成年人的父母。

（3）亲子关系及其亲属关系应当根据本部分确定。

（4）如果人员捐赠人类人工材料或胚胎用于人工繁殖，但没有为自己用于人工繁殖的目的，那么其只是进行了一种捐赠行为，并不是因此出生婴儿的父母。

（5）人员与正代孕的代孕妇结婚或者与正代孕的代孕妇具有婚姻长久依存关系的，不是人工生殖婴儿的父亲。

（6）婚内和婚外出生的婴儿一律平等。

第 8 条　亲子关系的推定——生父

（1）为实现第 7 条第 2 款（a）项目的，除非有较高可能的相反事实证明，在下列情况下男子可被推定为子女的生父，并且在法律上认定为子女的父亲：

（a）子女出生时，其已同子女的生母结婚的。

（b）和子女的生母结婚，且生母的婚姻关系在子女出生前的 300 天内由于下列原因结束的：

（i）死亡；

（ii）婚姻无效判决；或

（iii）离婚判决。

（c）在子女出生后与子女生母结婚并且子女承认其为子女父亲的。

（d）从子女出生到子女承认其为子女父亲期间，与子女生母连续同居超过 12 个月的。

（e）与子女生母连续同居超过 12 个月，且在子女出生前 300 天内结束同居的。

（f）在其和生母的共同要求下，根据《人口统计法》规定或根据其他省份或地区的类似法律规定登记为子女父亲的。

（g）由于某种目的，加拿大具有管辖权的法院判决其成为该子女父亲的。

（2）如果根据第 1 款中推定出不止一个男子为一个孩子的父亲，那么不能对亲子关系作出推定。

（3）第 1 款规定不适用于人工生殖的婴儿。

第 8.1 条　人工生殖

（1）在本条和第 8.2 条中：

（a）人类生殖材料的相关规定系指人员用于自己生殖的生殖材料相

关规定；

（b）胚胎的相关规定系指人员用其生殖材料产生的胚胎用于自我生殖目的的相关规定。

（2）如果使用人类生殖材料或只有男方提供精子的胚胎而人工生殖的婴儿：

（a）除（b）项或（c）项情况外，婴儿的父母为生母和该男方。

（b）如果生母为代孕妇，依照第8.2条第6款的规定，其不是婴儿的母亲，该男方是婴儿的父亲且该男方与下列情况中的人：

（i）在代孕妇怀孕时，其与该男方结婚的或与该男方具有婚姻长久依存关系的；以及

（ii）其同意成为人工生殖出生婴儿父母且在婴儿出生前没有撤回同意的。

（c）除非适用第8.2条第9款规定，否则生母是代孕妇且不同意第8.2条中的申请时，其为婴儿的母亲。

（3）如果使用人类生殖材料或只使用女方提供卵子的胚胎而人工生殖的婴儿：

（a）除（b）项或（c）项情况外，婴儿的父母为生母，和

（i）在怀孕时，与生母已经结婚或与生母具有婚姻长久依存关系的人，以及

（ii）同意成为人工生殖出生婴儿父母且在婴儿出生前没有撤回同意的。

（b）如果生母是代孕妇的，按照第8.2条第6款规定，生母不是婴儿的父母，该女方是婴儿的母亲且该女方与下列情况的人：

（i）在怀孕时，其与该妇女已经结婚或与该妇女具有婚姻长久依存关系的人员，以及

（ii）同意成为人工生殖出生婴儿父母且在婴儿出生前没有撤回同意的。

（c）除非适用第8.2条第9款规定，否则生母是代孕妇且不同意第8.2条中的申请时，其为婴儿的母亲。

（4）如果使用人类生殖材料或使用男方和女方共同提供精子和卵子的胚胎而人工生殖出的婴儿：

（a）除（b）项或（c）项情况外，婴儿的父母为生母和该男方；

（b）如果生母是代孕妇的，根据第8.2条第6款规定，生母不是婴儿的父母，该女方和该男方是婴儿的母亲和父亲；

（c）除非适用第8.2条第9款规定，否则生母是代孕妇且不同意第8.2条规定中的申请时，其为婴儿的母亲。

（5）如果不使用第1款（a）项或（b）项规定中所述的人类生殖材料或人员提供的胚胎而人工生殖的婴儿，婴儿的父母为其生母和具有下列情况的人：

（a）在怀孕时，其与生母已经结婚或与生母具有婚姻长久依存关系的人员，以及

（b）同意成为人工生殖出生婴儿父母且在婴儿出生前没有撤回同意的。

（6）除非有事实证明相反，人员与下列情况中的人结婚或者与其具有婚姻长久依存关系的，推定该人员同意成为人工生殖出生婴儿的父母：

（a）第2款规定所述情况下的男方；

（b）第3款规定所述情况下的女方；或

（c）第5款规定所述情况下的生母。

第8.2条　代孕

（1）可以向法院申请以下公告：

（a）代孕妇不是人工生殖代孕儿的母亲；以及

（b）用于人工生殖的人类生殖资料的人员或胚胎的提供者是婴儿的父母。

（2）根据第3款规定，下列人员可以提出第1款规定所述的申请：

（a）代孕妇；

（b）第1款（b）项规定中的人员；

（c）在婴儿出生时已经与第1款（b）项规定中所述之人结婚的人员或者与其具有婚姻长久依存关系的人员。

（3）如果是使用第1款（b）项规定中的男方，女方的人类生殖材料或她们提供的胚胎而人工生殖出的婴儿，男方和女方可以提出第1款所述的申请。

（4）除法院批准更长期限外，第1款规定中的申请必须在婴儿出生30日后提出。

（5）除非法院指令，否则根据法律规定，下列人员必须收到申请通知书：

（a）如果代孕妇提出第1款规定中的申请：

（i）第1款（b）项规定中所述的人；

（ii）除第 3 款规定中的情形，在怀孕时，与第 1 款（b）项规定中所述之人已经结婚的人员或与其具有婚姻长久依存关系的人员；以及

（iii）法院认为其他适合的人。

（b）如果第 1 款（b）项规定中所述的人提出第 1 款规定中的申请：

（i）代孕妇；

（ii）除第 3 款规定情形外，在婴儿出生时已经与第 1 款（b）项中所述之人结婚的人员或者与其具有婚姻长久依存关系的人员；

（iii）如果适用第 3 款规定，则为第 1 款（b）项所述的另一方也可以提出申请；

（iv）法院认为其他合适的人。

（c）在婴儿出生时，已经与第 1 款（b）项中所述之人结婚的人员或者与其具有婚姻长久依存关系的人员提出申请：

（i）第 1 款（b）项中所述的人员；

（ii）代孕妇；以及

（iii）法院认为其他合适的人。

（6）如果法院确知以下情况，法院应当作出公告：

（a）婴儿是使用第 1 款（b）项规定中所述的人类生殖材料或提供的胚胎而人工生殖出生；以及

（b）代孕妇按照法律规定的形式同意申请。

（7）根据第 6 款规定公告为婴儿父母的，以及公告后，根据第 8.1 条规定为婴儿父母的，从婴儿出生之日起即为其父母。

（8）根据代孕妇同意生育的任何协议，为了放弃婴儿而转交给他人的：

（a）不具有法律效力；

（b）不能作为第 6 款（b）项中代孕妇同意的证据；以及

（c）为实现第 8.1 条第 2 款（b）项（ii）目或第 3 款（b）项（ii）目的，可以作为同意的证据。

（9）当发送下列情况时，法院可以放弃第 6 款（b）项中所要求的同意：

（a）代孕妇死亡；或者

（b）经过合理努力寻找代孕妇后，代孕妇仍下落不明的。

（10）如果法院作出第 6 款公告，法院应当在公告中确认第 8.1 条第 2 款（b）项（i）目和（ii）目或第 3 款（b）项（i）目和（ii）目

中所述人的身份，公告后父母身份得以确认。

（11）如果未成年人出生在阿尔伯塔省的，本条规定中的法院享有管辖权。

（12）以下情况不得根据本条规定提出申请：

（a）未成年人被收养的；或者

（b）公告后造成未成年人两对以上父母的。

第9条　与亲子关系相关的公告

（1）如果对第7条第2款（a）项或（b）项中未成年人父母身份有争议或者不确定的，以下人员可以向法院提出公告子女父母身份的申请：

（a）声称是子女父母的人；

（b）声称不是子女父母的人；

（c）子女；

（d）18岁以下子女的父母；

（e）子女的监护人；

（f）看护子女的人。

（2）本条不适用于同意第8.2条规定申请的代孕妇所生育的子女。

（3）如果法院裁决某人是或者不是其子女的父母，法院应当作出相关声明。

（4）如果法院裁决已经死亡的人生前是或不是子女的父母，法院应当作出相关公告。

（5）根据本条规定作出公告时，法院应当实施第8条规定中的适用推定和第8.1条规定中的适用规定。

（6）如果存在以下情况，根据本条规定法院享有管辖权：

（a）未成年人出生于阿尔伯塔省的；或者

（b）未成年人的父母居住在阿尔伯塔省的。

（7）如果存在下列情况，不得根据本条规定提出申请或者作出相关公告：

（a）子女被收养的；或者

（b）公告后造成未成年人有两对以上父母的。

（8）当作出亲子关系公告时，为方便根据《人口统计法》规定的登记，法院应当作出以下一项或更多项法令：

（a）如果申请时子女为18岁以下，指令人口统计登记员根据《人口统计法》第10条规定，登记或修订其儿童姓名；

（b）人口统计登记员在子女出生登记档案中增加父母的儿童姓名；

（c）人口统计登记员在子女出生登记档案中修订亲子关系。

（9）法院根据第 8 款规定作出相关法令时，应当考虑子女的想法和行为。

（10）法院作出某人不是子女父母的公告不影响下列事项：

（a）已经行使和拥有的权利与义务；或者

（b）在公告作出前已经分配的财产利益，法院另有判决除外。

第 10 条　新证据

（1）如果：

（a）法院根据第 9 条规定作出亲子关系公告或驳回亲子关系公告的申请；和

（b）获得了之前审理中没有获得的重大实质性证据，在第 9 条第 1 款规定所述之人的申请中，法院可以确认公告，宣布公告无效或作出关于亲子关系的新公告。

（2）法院没有批准的，人员不得作出有关本条中的公告申请。

（3）根据本条推动提出的申请通知应当告知第 11 条规定中所述之人。

（4）第 1 款规定中宣布无效的亲子关系公告不影响：

（a）已经行使和拥有的权利与义务；或者

（b）在公告无效前，公告中已经分配的财产利益，法院另有判决的除外。

第 11 条　申请通知

（1）下列人员必须根据法律规定，收到第 9 条规定中申请亲子关系公告的通知，法院另有判决的除外：

（a）16 岁以上自称是子女的未成年人；

（b）自称是子女监护人的人员；

（c）看护自称是子女的人员；

（d）自称或者名义上是申请人所了解人的父母的；

（e）法院认为合适的其他人，包括 16 岁以下的未成年人。

（2）在根据本部分规定作出判决之前，法院必须考虑将通知告知根据本条规定不知情的未成年人是否适当。

第 12—13 条　（已废除）

第 14 条　不采纳的证据

根据本部分或第 3 部分提出的申请中所提供的证据，如倾向于表明提供证据的人曾与任何人发生性行为，但根据该省法律，该人是任何其他诉讼中提供证据的当事人，则该证据不得采纳。

第 15 条　血液检测等

（1）根据本部分和第 3 部分规定中申请当事人的要求或提议，法院可以作出法令，准许法令中所列儿童姓名的人进行血液检测、DNA 检测或其他法院认为的必要测试，并且将结果作为证据上交。

（2）法院根据第 1 款作出的法令，可以加上法院任何合适的限制条款或条件。

（3）未经本人同意，不得对其进行检测。

（4）如果由于第 1 款规定中相关法令所列儿童姓名者的年龄或能力限制，不能同意检测的，由其监护人批准同意。

（5）如果第 1 款规定中相关法令所列儿童姓名者或者其监护人不同意法令中所述检测，法院可以从未成年人利益出发，作出在后期诉讼中不损害未成年人利益的合适推定。

第 2 部分　未成年人监护、抚养和接触时间的法令和执行

第 16 条　定义

本部分中：

（a）监护令系指根据第 23 条规定作出的法令；

（b）与未成年人有关的居住场所，系指未成年人短期或长期居住的地方；

（c）提议监护人系指申请或代表其他人申请其为未成年人监护人的人员；

（d）废除 2004 年第 18.1 章第 21 条。

第 17 条　申请的通知

（1）除法院另有指令外，下列人员必须根据法律规定，收到根据本部分规定所提出申请的通知：

（a）每个未成年人的监护人。

（b）根据第 1 节和第 3 节规定申请中的 16 岁及以上子女。

（c）监护令申请时：

（i）每个提议监护人；以及

（ii）《儿童、青少年和家庭促进法》规定的主管，如果

（A）未成年人处于主管的监护下；或者

（B）在申请生效后的任何时候，未成年人受主管监护和保护。

（d）废除 2004 年第 18.1 章第 21 条。

（e）除《儿童、青少年与家庭促进法》中的主管外，法院认为合适的任何人。

（2）在根据本部分规定作出判令之前，法院必须考虑将通知告知根据本条规定不知情的未成年人是否适当。

第18条　未成年人最佳利益

（1）除第20条规定外，进行本部分中的其他诉讼时，法院应当根据未成年人最佳利益处理。

（2）在明确未成年人最佳利益时，法院应当：

（a）尽最大可能保证未成年人的生理、心理和情感安全。

（b）考虑未成年人的所有需求和情况，包括：

（i）未成年人的生理、心理和情感需求，包括未成年人对生活稳定的需求，并考虑未成年人的年龄和成长阶段。

（ii）未成年人的护理史。

（iii）未成年人文化、语言、宗教和精神塑造与继承权。

（iv）未成年人的想法和偏好。

（v）为未成年人护理和抚养提出的计划。

（vi）家庭暴力，包括其对以下事项的影响：

（A）未成年人、家庭和家庭成员的安全；

（B）未成年人的总体幸福感；

（C）参与家庭暴力的人员照顾和满足未成年人需求的能力；以及

（D）作出要求监护人在影响未成年人事项上配合之法令的妥当性。

（vii）以下关系的本质、强度和稳定性：

（A）未成年人和居住在未成年人家中的人员以及其他未成年人生活中重要的人；以及

（B）未成年人与根据本部分规定的法令适用中相关的人。

（viii）根据本部分规定的法令适用中相关人的以下能力和意愿：

（A）照顾和满足未成年人需求；以及

（B）与未成年人相关事项的协商和配合。

（ix）考虑未成年人现任监护人的意见，以及发展和维持未成年人与其他监护人或提议监护人有益关系的好处。

（x）监护人或提议监护人行使监护权利，履行监护义务的能力和意愿。

（xi）与未成年人安全与幸福相关的民事或刑事诉讼。

（3）本条中，家庭暴力包括由家庭或家庭成员引起的或企图引起的，对未成年人或其他家庭或家庭成员造成生理伤害的行为，包括强制监禁或性虐待，或者是使未成年人或其他家庭或家庭成员为自己或其他人安全担忧的行为，但不包括：

（a）看护未成年人的监护人或其他人矫正未成年人错误行为的强制力，但强制力需在合理范围内；或

（b）其他人的保护或自卫行为。

（4）为实现第2款（b）项（vi）目规定，基于较高可能性而判断家庭暴力的存在。

<h2 style="text-align:center">第 1 节　监　护</h2>

第 19 条　受监护的未成年人

（1）未成年人均受监护。

（2）第1款规定不适用于已经成为配偶或成年依存配偶的未成年人。

（3）为实现阿尔伯塔省法律目的，根据本部分规定的未成年人监护人或被指定为未成年人监护人的人员系未成年人的监护人。

第 20 条　未成年人的监护人

（1）本条规定以法院关于未成年人监护的判决为适用条件。

（2）根据本条规定，如果父母满足以下情况，未成年人父母是未成年人的监护人：

（a）父母承认其为未成年人的父母；以及

（b）父母表示出承担未成年人监护职责意愿至少一年内意识到怀孕或未成年人的出生。

（3）为实现本条目的，父母中的一方通过下列方式表示出承担未成年人监护职责意愿：

（a）未成年人出生时与父母中的另一方结婚的。

（b）未成年人出生时成为成年依存配偶，或者未成年人出生后成为父母中另一方的成年依存配偶。

（c）与未成年人父母的另一方达成满足法规要求的协议而成为未成年人监护人的。

（d）未成年人出生后与父母中的另一方结婚的。

（e）在未成年人出生期间，与父母中的另一方连续同居超过12个月以上的。

（f）处于妊娠期的母亲。

（g）人工生殖的未成年人，参照根据第8.1条所规定的未成年人父母确定。

（h）在婴儿出生前300天内，因下列情况父母中的一方婚姻终止，随与其结婚的：

（i）死亡；

（ii）婚姻无效判决；

（iii）离婚判决。

（i）如果父母中的另一方是未成年人的生母，在生母妊娠期间，除法院判决要求外，自愿为生母提供直接或间接的经济或其他支持的。

（j）自愿为未成年人提供直接或间接的经济或其他支持的，法院判决要求的除外。

（k）在根据第6款规定的申请中，法院发现父母表示出承担未成年人监护职责意愿的其他情况。

（4）即使有第2款规定，如果婴儿的出生是由于性侵害导致的，根据本条规定性侵害者没有资格成为其监护人。

（5）为实现第4款目的，无论控诉是否提出、驳回或废除及定罪，法院可以根据第6款规定裁决性侵害的存在。

（6）出于未成年人的父母、监护人或未成年人提出的申请或自身动议，法院可以在本法或《儿童、青少年与家庭促进法》的诉讼中，根据第2款规定确定父母是否满足成为监护人的要求。

（7）根据第6款规定作出决定时，法院应当明确监护人的权利和义务，但是没有根据第32条规定的申请，法院不得变更已明确的权利与义务。

（8）在根据本条规定的申请中，为实现本条目的，法院可以裁决有关人员为未成年人父母，裁决后法院再考虑第一部分的内容。

（9）尽管本条中有相反规定，但本款生效前未成年人监护人的监护不因本条而中断。

第21条　监护的权利、义务与职责

（1）监护人应当按照未成年人最佳利益原则行使监护权利、履行监护义务与职责。

（2）如果未成年人的监护人数超过1个，监护人：

（a）可以各自行使监护权利、履行监护义务和职责，法院另有判决的除外。

（b）其他监护人提出要求的，应当向其他监护人提供行使监护权

利、履行监护义务与职责的相关信息。

（c）在行使监护权利、履行监护义务与职责时，应当尽力与其他监护人配合。

（d）可以对监护权利、义务和职责分配的相关问题达成协议。

（3）若监护人既不是未成年人父母，也不是第48条规定所述继父母，则该监护人没有法律义务以自身经济来源抚养未成年人。

（4）除抚养令限制外，监护人有权：

（a）被告知和获得第5款规定中有关未成年人监护权利、义务和职责相关问题的建议，并作出重要决定；以及

（b）为落实权利与义务，与未成年人进行有效交流。

（5）除法律包括抚养令限制外，监护人承担关于未成年人的以下责任：

（a）培育未成年人的生理、心理和情感成长以及引导未成年人成为独立的成年人；

（b）确保未成年人具有生活必需品，包括医疗护理、食物、衣服以及居住场所。

（6）除法律包括抚养令限制外，监护人可以行使以下权利：

（a）作出与未成年人相关的日常决定，包括未成年人的日常看护以及监管未成年人的日常活动；

（b）决定和变更未成年人的居住场所；

（c）作出关于未成年人教育的决定，包括教育种类、内容和教育场所及参加的课外学校活动；

（d）作出未成年人文化、语言、宗教、精神塑造和继承权的相关决定；

（e）决定未成年人居住对象和交流对象；

（f）决定未成年人是否应当工作，如果应当，决定工作的种类、内容、对象和相关事宜；

（g）同意未成年人的医疗、牙齿和其他健康相关的治疗；

（h）当申请、批准、诉讼或其他事项需要父母或监护人同意时，父母或监护人有权同意或拒绝；

（i）收到并回应法律所要求或授权给父母或监护人接受的通知；

（j）根据《未成年人财产法》和《公共受托人法》规定开始、辩护、和解或解决任何与未成年人相关的诉讼和和解或解决针对未成年人的诉讼；

（k）在紧急情况或监护人因为疾病或其他原因暂时不在场时，可指定一人代表监护人作出处理；

（l）接受第三方当事人与未成年人切身相关的健康、教育或其他信息；

（m）行使承担监护职责必要的其他权利。

（7）行使第6款规定所述权利的监护人，应当根据未成年人逐渐发展的能力行使。

（8）第2款和第4款规定不适用于主管根据《提高未成年人、青少年和家庭法》作出的决定。

第22条　监护遗嘱协议

（1）未成年人父母作为监护人的，监护人可以通过下列方式，在死亡后指定另外的人作为未成年人的监护人：

（a）遗嘱；或

（b）由监护人签署，一位见证人员见证，注有日期的书面文件。

（2）除非未成年人父母通过行为直接或间接地同意，否则根据第1款规定的协议不生效。

（3）除非监护人在第1款规定的遗嘱或文件中直接说明，否则：

（a）监护在监护人死亡后立即生效；而且

（b）如果根据第1款规定指定监护人的人数超过一个的，即使其他监护人拒绝接受协议，任一监护人均可以接受协议。

（4）监护人可以废除根据第1款规定的协议。

（5）根据第1款规定被指定为监护人的，在原监护人死亡后，行使其原有的监护权利、履行监护义务和职责。

（6）如果抚养令中的监护人死亡，但未根据第1款规定指定监护人的，作为未成年人父母的存世监护人，仍受法院法令限制，可以行使法令中分配给已故监护人的监护权利，履行监护义务和职责。

第23条　监护令

（1）针对有下列情况的人员作出的申请，法院可以：

（a）看护未成年人超过6个月的成年人；或者

（b）非未成年人监护人的父母，作出指定其作为未成年人监护人的法令。

（2）如果存在下列情况，法院可以针对未成年人的申请，作出指定未成年人监护人的法令：

（a）未成年人无监护人的；或者

（b）未成年人的所有监护人中，不能或不愿意行使未成年人监护权、履行监护义务或职责的。

（3）法院在审理监护令申请时，应当考虑而且可以要求申请人向法院提供由有资质的人所准备的报告，该报告的内容为指定申请人作为未成年人监护人是否符合未成年人最佳利益原则，也包括提议监护人：

（a）作为监护人是否合适；以及

（b）是否有能力与意愿行使未成年人监护权、履行监护义务与责任。

（4）根据第 5 款规定，居住在阿尔伯塔省的未成年人或提议监护人，才能申请监护令。

（5）如果法院有足够充分的理由确信，法院可以放弃以下要求：

（a）未成年人或提议监护人居住在阿尔伯塔省；或者

（b）根据第 1 款（a）项的申请，申请人必须看护未成年人超过 6 个月。

（6）根据法律法规的规定，法院可以在任何时间自身动议，根据第 21 条第 2 款规定作出监护令指定未成年人监护人，并与其他监护人一起行使监护权，除根据《儿童、青少年和家庭促进法》指定主管外。

（7）法院在作出本节相关监护令或根据第 25 条终止监护令时，通过当事人申请或自身动议作出抚养令。

（8）如果申请的目的为便利未成年人的收养，法院不得根据第 1 款和第 2 款规定作出法令。

（9）为进一步明确监护人，尽管根据第 20 条未成年人的父母一方或双方都为其监护人，但根据本条，法院可以指定一个以上的监护人。

第 24 条　监护的同意

（1）除非有以下人员的同意，否则法院不得作出监护令：

（a）未成年人的每个监护人；

（b）12 岁以上的未成年人；以及

（c）提议监护人。

（2）尽管有第 1 款规定，若有充分的理由，法院可以不取得第 1 款（a）项或（b）项规定所述之人的同意而作出法令。

第 25 条　监护的终止

（1）如果仍有监护人或有可以被指定的监护人以及存在下列情况

时，法院针对监护人或提议监护人的申请，可以作出终止监护人包括申请人监护的法令：

（a）法院确知将终止监护的监护人同意监护的终止；或者

（b）理由足够充分，法院认为必要或需要的情形下。

（2）根据第 1 款规定的关于 12 岁以上未成年人判令，在未得到其同意前，法院不得作出。

（3）尽管有第 2 款规定，如果有足够充分的理由，法院可以在未取得未成年人同意时作出判令。

（4）对于未成年人的申请，如果法院根据第 23 条第 2 款规定作出监护令，在确知监护人无力或无意行使监护权利、履行监护义务与职责时，法院可以进一步作出终止监护人监护的法令。

第 26 条　监护的持续期间

未成年人的监护人持续至：

（a）监护人死亡；

（b）未成年人年满 18 岁；

（c）未成年人成为配偶或成年依存配偶；

（d）根据第 25 条规定终止监护人的监护。

第 27—29 条　（已废除）

第 30 条　监护人决定的复核

（1）本条中，重大决定系指：

（a）涉及未成年人健康或安全的重大危险决定；或

（b）可能对未成年人造成长远影响的决定。

（2）不论有无实行，法院针对监护人的申请或自身动议，可以复核监护人的重大决定，而且可以：

（a）确认、转换或变更此决定；以及

（b）为决定提供建议或指导。

（3）本条规定不适用于根据《儿童、青少年与家庭促进法》规定中主管的决定。

第 31 条　法院对问题的指示

（1）根据法院或第 22 条第 1 款规定中的遗嘱或文件指定的监护人可以向法院申请与未成年人相关问题的指导，且法院可以在认为适当时作出相关法令。

（2）废除 2004 年第 18.1 章第 21 条。

第 2 节　抚养令

第 32 条　抚养令

（1）如果未成年人监护人超过 1 个，而且监护人存在以下情形时，法院可以针对监护人的申请，对行使未成年人监护权利、履行监护义务与职责相关问题作出法令：

（a）在行使未成年人监护权利、履行监护义务与职责时，不能达成一致；以及

（b）如果监护人是其父母，且双方均在世且分开。

（2）抚养令可以包括以下之一或全部内容：

（a）监护人之间监护权利、监护义务与职责的总体和详细分配；

（b）按照时间表分配抚养时间，除非不需要时间表；

（c）对未来关于监护矛盾或抚养安排矛盾的解决方案需经方案涉及人的同意；

（d）法院认为适当的其他规定。

（3）根据法院作出的限制，根据第 2 款（b）项规定分配给监护人的抚养时间是由其专享的。

（4）除非法院有相反判决，否则如果监护权利或义务分配给一位监护人，其他监护人有权对监护人在行使权利和履行义务相互联系的问题上，提出相关要求和得到相关信息。

（5）在本条中，抚养时间系指不管监护人是否在场，直接或间接同意对未成年人进行监护的监护人，有权作出影响未成年人的日常决定，包括对未成年人的日常看护、对未成年人日常活动的监管。

第 33 条　期限和条件

（1）法院可以作出有限期的、无限期的或以具体事件发生为期的抚养令，并且在法院认为适当时可以附上抚养令相关的条款、条件与限制。

（2）无第 1 款规定的总体限制时，法院可以在抚养令的增加条款中，要求变更的监护人或变更未成年人居住场所的监护人在变更前至少 60 日内或法院规定变更作出的具体日期内，告知其他监护人变更信息、变更时间以及变更后新的居住场所。

第 34 条　抚养令的变更

（1）本条中，变更令系指根据第 2 款或第 5 款规定作出的法令。

（2）法院可以针对监护人的申请，作出变更、中止或终止抚养令或

抚养令中部分内容的法令。

（3）在法院作出抚养令相关的变更令之前，法院应当确知从抚养令或最后的变更令作出之日起，未成年人需求和情况的变化；在作出变更令时，法院应当根据第 18 条规定的未成年人最佳利益原则和情况变化进行。

（4）法院可以在变更令中涵盖变更令所需抚养令中的规定。

（5）法院可以针对未成年人或看护未成年人的人员提出的申请，作出变更、中止或终止第 22 条第 6 款所述抚养令或抚养令中部分内容的法令。

第 3 节　接触令

第 35 条　接触令

（1）法院可以对包括监护人在内其他人的申请，作出提供未成年人与非监护人之间的接触令。

（2）根据第 3 款规定，除下列人员之外，任何人不得在没有法院批准通知监护人时，根据本条规定作出申请：

（a）未成年人的父母或监护人；或

（b）继父母。

（3）下列情况下，未成年人的（外）祖父母可以不取得法院的同意根据本条规定作出申请：

（a）监护人是未成年人的父母，而且：

（i）监护人分开居住；或者

（ii）监护人之一已经死亡。

（b）（外）祖父母与未成年人的接触被下列情况阻碍：

（i）监护人的分离；或

（ii）监护人的死亡。

（4）在根据第 3 款规定作出是否批准决定时，法院应当考虑未成年人最佳利益原则，包括：

（a）关系的重要性，如果重要，未成年人和该与未成年人接触的人是否被提议；以及

（b）为便利未成年人与被提议人之间接触而作出判令的必要性。

（5）在法院作出接触令之前，法院应当确知未成年人与被提议人之间的接触符合未成年人最佳利益原则，包括：

（a）如果反对未成年人与提议人之间的接触，未成年人的生理、心理或情感健康是否受损；以及

（b）监护人反对未成年人与提议人之间的接触是否无理。

（6）在接触令中，法院应当以探视、口头或书面交流方式或其他交流方式提供未成年人与提议人之间的接触，并且可以批准法院认为适当的相关事宜。

第 36 条　期限和条件

法院可以作出有限期的、无限期的或以具体事件发生为期的接触令，并且在法院认为适当时可以附上接触令相关的条款、条件与限制。

第 37 条　接触令的变更

（1）本条中，变更令系指根据第 2 款规定作出的法令。

（2）对以下人员提出的申请，法院可以作出变更、中止或终止接触令或接触令中部分内容的法令：

（a）在接触令中获得与未成年人接触批准的；或者

（b）未成年人的监护人。

（3）在法院作出接触令相关的变更令之前，法院应当确知从接触令或最后的变更令作出之日起，未成年人需求和情况的变化；在作出变更令时，法院应当根据第 18 条规定的未成年人最佳利益原则和变化情况进行。

（4）法院可以在变更令中涵盖变更令所需接触令中的规定。

第 4 节　与未成年人相处时间的执行

第 38 条　解释

（1）本条中：

（a）补偿时间系指可以填补否认时间的与未成年人相处时间。

（b）否认时间系指未成年人条款中权利否认时间，包括与未成年人相处后，未送回未成年人的时间。

（c）执行官系指：

（i）《警察法》第 1 条规定的警官；

（ii）根据《国家防卫法》第 156 条委任的人员，或者履行根据《国家防卫法》所制定的条例中规定享有治安官权力的职员；

（iii）根据《警察法》第 42 条规定委任的第一国家警官；或者

（iv）法律法规指定的人员或指定人员种类中的人员。

（d）执行令系指根据第 40 条规定作出的法令。

（e）省外法庭系指批准未成人条款中包括时间的判令且位于阿尔伯塔省外的权威性法院或法庭。

（f）治安法官系指根据《治安法官法》规定的治安法官。

（g）与未成年人相处时间条款系指在确定时间、确定天数、确定日期或确定阶段内，由省外法院作出的与未成年人相处时间的临时规定，包括下列法令之一，但不包括根据《儿童、青少年与家庭促进法》规定作出的法令：

（i）抚养令；

（ii）接触令；

（iii）根据《省法院法》《离婚法》规定或其他相似法律规定作出的授予未成年人监护权或探视权的法令。

（2）为实现第40条第2款（c）项、第6款（b）项和第41条目的，必要的费用包括以下部分：

（a）交通费用；

（b）安置未成年人的费用和确保与未成年人相处时其安全的费用；

（c）工资损失；

（d）法院批准的其他费用。

第39条 不受影响的其他权利

（1）本节规定不影响法律授予的实行、确认、变更或终止未成年人条款中包括时间法令的其他权利或法律救济。

（2）除非法院享有管辖权，否则本节规定不授权法院变更或终止未成年人条款中包括时间法令的解释。

第40条 执行令

（1）根据第5款规定，针对未成年人条款的时间中享有权利人的申请，如果法院确知在申请提出的12个月内拒绝履行的，可以作出适当的执行令。

（2）根据第1款规定执行令可以包括下列规定：

（a）要求被告人给予申请人补偿时间；

（b）要求被告人根据法院判决的形式、数量和情况担保未成年人条款中包括时间法令履行义务的规定；

（c）要求被告人因否认时间而补偿申请人必要费用的规定；

（d）处以被告人否认时间内每天100加元以内的罚金，最高不超过5000加元，且判处90日以内监禁的规定；

（e）因否认时间而处以被告人持续或间断90日以内的监禁，直到未成年人完成移送的规定；

（f）基于被告人否认时间的历史或其他合理充分的证据，如果法院确知否认时间情况会出现的，指令治安法官根据第 44 条规定作出处理的规定；

（g） 指导被告人和申请人单方或双方以法院认为合适的方式，对引导遵守包括与未成人相处时间条款的法令相关问题进行处理。

（3） 只有在法院确知第 2 款的规定均无效的情形下，第 2 款（d）项、（e）项或（f）项中所述的相关规定可以增加执行令。

（4） 如果执行令包括第 2 款（f）项中所述规定，法院应当在其中说明生效的具体时间、天数、日期或期间。

（5） 如果法院认为否认时间是特殊情况下可免除的，法院可以：

（a） 拒绝作出执行令；或者

（b） 在符合第 6 款规定的适当情形下，作出执行令。

（6） 第 5 款（b）项中所述的执行令可以包括以下规定：

（a） 要求被告人给予申请人补偿时间的规定；

（b） 要求被告人因否认时间而补偿申请人必要费用的规定；

（c） 指导被告人和申请人单方或双方以法院认为合适的方式，对引导遵守包括与未成人相处时间条款的法令在内的相关问题进行处理。

第 41 条 行使时间权利失败

如果享有与未成年人相处时间却未能行使权利，且没有合理告知监护人的，法院可以针对监护人的申请，作出要求其因否认时间而补偿监护人必要费用的规定。

第 42 条 执行令的变更

（1） 法院可以针对享有与未成年人相处时间权利的人员提出的申请，作出变更或终止执行令或执行令部分内容的判令。

（2） 如果向具有管辖权的法院提出变更或终止与未成年人相处时间条款包括时间的法令，法院可以变更或终止执行令。

（3） 如果与未成年人相处时间条款包括时间判令的变更引起变更条款与执行令不一致的，与变更后的法令不相符的执行令规定无效。

（4） 如果与未成年人相处时间条款包括时间的法令终止，根据该法令作出的执行令无效。

第 43 条 必须给出的理由

根据第 40 条、第 41 条或第 42 条第 1 款，诉讼中法院应当记录其作出任何法令或决定的理由。

第 44 条 执行官员的协助

（1） 如果执行令中包括第 40 条第 2 款（f）项中的规定，执行官员应当针对申请人的要求和经认证的执行令副本的制作，协助申请人遵守法院作出的指导，并采取合理措施寻找执行令相关的未成年人，将其移送至申请人处。

（2）执行官员被拒绝进入或不能进入场所，而执行官员有充分足够的理由相信在该场所能够找到与执行令相关的未成年人，如果执行官员想要进入该场所的，执行官员可以申请治安官员作出授权其进入该场所并将未成年人送回至申请人处的法院令。

（3）尽管有第1款或第2款规定，但如果执行官员出于未成年人最佳利益原则，在紧急情况下决定不将与执行令相关的未成年人送至申请人处，执行法官可以不将未成年人送至申请人处。

（4）如果治安官员根据第2款规定作出授权进入场所的法令，执行官员可以在合理必要的范围内借助该协助与权力，进入该场所。

（5）第4款规定中的准入只有在晚上八点至九点进行，除非治安官员在第2款规定的判令中另外授权其他时间。

（6）任何人不得因为执行官或根据第4款提供协助的人员，在根据本节授予的权力、在行使或其本意是行使本节授予的权力时，出于善意做出或引起、经批准或授权做出、试图做出或没有做出之任何事情，对其提起诉讼。

第45条 执行官员的报告

（1）执行官员应当根据规定准备一份报告，包括描述与提供协助相关事件和情况的声明。

（2）执行官员准备的报告副本必须可让申请人和被告获得。

（3）第1款所述报告若声称由执行官签署，但无签署证明或签署报告者的公职身份证明的，在之后任何关于与未成年人相处时间条款执行之诉中，可以被采纳为表面证据。

（4）只有在法院批准的条件下，根据第1款规定准备报告的执行官员才能根据本节规定参与诉讼。

第5节 离婚诉讼的效力

第45.1条 离婚诉讼的效力

除非法院在离婚诉讼中根据《离婚法》规定作出临时或最终的监护权和探望权法令，否则法院继续享有作出或变更监护令、抚养令或接触令的管辖权。

第3部分　抚养义务

第46条　定义

本部分中：

（a）成年依存配偶包括先前的成年依存配偶。

（b）子女指的是：

（i）18岁以下人员；或

（ii）根据规定准则所决定的，18岁以上22岁以下的不能离开父母监管的全职学生。

（c）子女抚养协议系指规定第53条规定的协议。

（d）子女抚养令系指除第55.1条至第55.8条规定外，根据第50条规定作出的法令。

（e）规定准则系指根据规定所设立的准则。

（f）配偶或成年依存配偶扶养令系指根据第57条规定作出的法令。

（g）配偶包括前配偶和婚姻中的一方当事人。

（h）抚（扶）养令系指：

（i）未成年人抚养令；或

（ii）配偶或成年依存配偶扶养令，以及根据第84条作出的临时抚（扶）养令。

第1节　未成年人的抚养

第47条　定义

本节中，除第51条第5款规定外，父母包括继父母。

第48条　继父母

（1）满足下列情况的人员可为继父母：

（a）未成年人父母的配偶或曾与未成年人父母有长期依存关系的；

（b）明确表示对待未成年人如同自己子女的明确意愿。

（2）确定是否表示出对待未成年人如同自己子女意愿时，法院可以考虑下列因素：

（a）未成年人年龄。

（b）未成年人与此人关系的持续性。

（c）未成年人与此人关系的本质，包括：

（i）未成年人对此人作为父母的感知；

（ii）此人对未成年人护理、训练、教育和娱乐活动的参与程度；以及

（iii）如果此人与未成年人父母的另一方分开居住，则须考虑与未成年人之间交流的持续性或目的。

（d）此人是否考虑过：

（i）申请未成年人的监护；

（ii）收养未成年人；或

（iii）改变未成年人姓氏使之与其姓氏相同。

（e）此人是否为未成年人提供直接或间接的经济支持。

（f）未成年人与未成年人父母的另一方关系的本质。

（g）法院认为相关的其他因素。

第49条　抚养未成年人的义务

（1）父母有抚养子女的义务。

（2）根据第1款规定的义务不适用于以下未成年人：

（a）成为配偶或成年依存配偶的；或者

（b）18岁以下自愿脱离父母的监管，独立生活的。

（3）如果第2款（b）项规定中未成年人放弃独立生活，重新回到父母的监管下，根据第1款规定的义务继续存在。

（4）第46条（b）项（ii）目中未成年人有对自己的教育作出合理贡献的义务。

第50条　未成年人抚养令

（1）根据本条规定，经以下人员申请，法院可以作出要求父母抚养子女的法令：

（a）未成年人；

（b）未成年人父母中的一方或监护人；

（c）照顾和监管未成年人的人员；或者

（d）如果法院认为该申请符合未成年人最佳利益原则，且得到法院同意的人员。

（2）只有当下列情况出现时，法院才能作出未成年人抚养令：

（a）父母各自分开居住的。

（b）尽管父母没有分开居住，但是：

（i）法院认为父母经历过导致他们将不可能居住在一起的矛盾的；

（ii）当父母一方有能力但没有足够的理由拒绝或忽视为另一方或未

成年人提供生活必需品，如衣物住房的。

（c）未成年人不处于父母的看护之下。

（3）在未成年人抚养令的申请中，法院可以针对被告人的申请，将有义务抚养未成年人的人员加入进诉讼成为当事人。

（4）对于不止一对父母的未成年人，法院可以作出未成年人抚养令。

（5）根据本条规定的申请，法院可以根据第 1 部分第 14 条和第 15 条规定的内容确认父母身份。

（6）根据本条规定的申请，如果超过 2 位宣称为未成年人生父的人员：

（a）法院可根据较高可能性裁决其中之一为未成年人生父；

（b）不能判断生父身份的，为实现本节目的，法院可以裁决其所认为的生父为未成年人的父亲，并且指令他们支付法院认为合适数量的金额给未成年人。

第 51 条 决定未成年人的抚养

（1）法院可以根据规定准则作出未成年人抚养令。

（2）尽管有第 1 款规定，但是如果确知以下情况，法院可以判决不同于根据规定准则决定的金额数量：

（a）法令、判决或书面协议中有关于父母经济义务规定，或本节中直接或间接有利于未成年人的财产移送的特殊规定，或者有利于未成年人的其他特殊规定；以及

（b）规定准则的申请会导致未成年人抚养金额与特殊规定不符合，法院应当记录判决理由。

（3）尽管有第 1 款规定，如果确知抚养未成年人的合理安排已经作出，法院可以在当事人同意时，判决不同于根据规定准则决定的金额数量。

（4）为实现第 3 款目的，判断未成年人抚养的合理安排是否作出时，法院应当考虑该安排是否因为抚养金额与根据规定准则决定的金额数量不一致而完全不合理。

（5）尽管有第 1 款规定，父母抚养未成年人的义务超过继父母抚养未成年人的义务，而且在决定抚养未成年人的金额和持续时间时，继父母必须承担法院规定的下列数量的金额：

（a）根据规定准则确定的金额；

（b）未成年人父母单方或双方应该支付的抚养金额；

（c）继父母与法院判决保护的未成年人之间关系的持续；

（d）法院认为相关的其他因素。

（6）（已废除）

第52条　看护的变更

尽管承担看护未成年人责任的人不是法令或协议当事人，但是未成年人抚养令或抚养协议可以确认承担看护未成年人责任的人必须支付抚养费。

第53条　未成年人抚养协议

（1）未成年人父母的一方可以与下列人员达成书面协议：

（a）未成年人父母的另一方；

（b）父母同意支付抚养费后而照看未成年人的人。

（2）根据第1款规定中的协议不排除申请未成年人抚养令的人。

（3）未成年人抚养令生效后，先前的未成年人抚养协议无效。

第54条　未成年人抚养令或抚养协议的中止

（1）除法院另有法令外，如果未成年人抚养令是在未成年人父母分居情形下作出，但未成年人父母之后又同居的，在父母同居30日后，此抚养令或抚养协议中止。

（2）根据第1款规定未成年人抚养令或抚养协议中止期间，抚养费无须支付。

（3）如果父母再次分居，未成年人抚养令或抚养协议根据第1款规定再次生效。

（4）如果未成年人抚养费支付给未成年人或非未成年人父母的人员，本条不适用。

第55条　未成年人抚养令的终止

（1）除法院另有法令外，未成年人被收养或死亡时，未成年人抚养令终止。

（2）未成年人抚养令的终止不影响本抚养令终止前获得的欠款。

第1.1节　未成年人抚养重新计算项目

第55.1条　定义

本节中，

（a）子女抚养准则系指：

（i）阿尔伯塔省子女抚养准则（AR 147/2005）；

（ii）根据《离婚法》（加拿大）规定的联邦子女抚养准则；或者

（iii）与根据阿尔伯塔省子女抚养准则（AR 147/2005）计算的抚养费相似的其他省的子女抚养准则。

（b）未成年人抚养令系指根据下列法律作出的关于未成年人抚养的法令：

（i）本法；

（ii）《离婚法》（加拿大）；或

（iii）如果此法令根据《跨管辖抚养令法》规定进行登记的，则可以根据其他省的家事法作出法令。

但是，不包括无效的未成年人抚养令，除有管辖权的法院确认外。

（c）主管系指根据第55.11条规定指定重新计算项目的主管；

（d）付款者系指根据抚养令规定，有义务支付抚养费的人；

（e）重新计算金额系指重新计算项目对费用重新计算后的未成年人抚养费金额；

（f）重新计算项目系指根据第55.11条规定设立的未成年人抚养费重新计算项目；

（g）收款者系指根据抚养令，有权接受未成年人抚养费的人。

第55.11条　未成年人抚养费重新计算项目

（1）据此设立的未成年人抚养服务为未成年人抚养重新计算项目。

（2）如果未成年人抚养令符合本节规定中设立的标准，抚养费重新计算项目对下列费用每年重新计算：

（a）根据子女抚养准则适用表计算的未成年人抚养令中指定的抚养费金额；以及

（b）未成年人抚养令中包含一定比例的特殊或非常费用。

（2.1）即使未成年人抚养令指定年度重新计算日期而不是重新计算项目合适的日期，重新计算项目应当根据第2款规定在重新计算项目合适的日期内进行重新计算。

（3）重新计算项目应当根据第2款规定中的相关信息进行重新计算：

（a）根据第55.51条规定，以收入更新的信息为基础；以及

（b）为符合本节规定，须根据本节规定和子女抚养准则规定。

（4）部长可以通过法令指定个人作为重新计算项目的主管。

第55.12条　关于重新计算的补充条款

生效于2015年3月5日，在作出抚养令时，法院应当涵盖根据第55.8条（a.1）项规定要求重新计算的补充条款。

第 55.2 条　登记

（1）付款者和收款者可以申请重新计算项目，未成年人收养令登记于本节规定的陈述中。

（2）未成年人收养令可以根据本节相关规定，废除重新计算项目。

第 55.21 条　禁止重新计算

如果确定重新计算项目对未成年人抚养令中的抚养金额重新计算失误，法院可以指令未成年人抚养令中的抚养金额不需再由重新计算项目人员重新计算。

第 55.3 条　弃权

登记于重新计算项目中的抚养令付款者和收款者可以根据本节的规定，以书面形式同意放弃特殊费用的重新计算。

第 55.31 条　重新计算金额

根据第 55.4 条规定，如果重新计算的金额少于当下规定要求的未成年人抚养费金额，则须重新计算金额。

第 55.4 条　反对权

（1）付款者或收款者如果对重新计算金额有异议，可在收到相关金额信息的 30 日内，向法院提出变更、中止或终止抚养令的申请。

（1.1）根据第 1 款规定提出的申请应当：

（a）声明申请人对重新计算金额有异议；而且

（b）包括与申请相关的重新计算金额的通知书副本。

（2）根据第 1 款规定提出申请时，申请人应当根据本节的相关规定以书面形式通知重新计算项目人员。

（3）如果根据第 1 款规定提出申请且达到了第 1.1 款和第 2 款规定中的要求，在作出确定申请期间，第 55.31 条规定中的操作中止，而且重新计算前的未成年人抚养令继续生效。

（4）如果根据第 1 款规定提出申请，但是在以下情形下，付款者和收款者有义务根据第 55.31 条规定，按照申请提出前的重新计算金额标准支付或接收：

（a）申请被废除；

（b）申请被法院驳回。

（5）为实现本条目的，提出的申请应当包括遵守法院关于申请提出的补充前提或要求。

第 55.41 条　收入信息

（0.1）　在本条和第 55.51 条规定中，其他当事人系指：

（a）　与未成年人抚养令中付款者、收款者相关的人；以及

（b）　与未成年人抚养令中收款者、付款者相关的人。

（1）　为实现规定目的，若付款者和收款者的信息是必要的，付款者和收款者应当根据本节的规定，以本节规定的时间和方式，向重新计算项目提供更新后的收入信息。

（2）　对付款者或收款者根据第 1 款规定所述更新收入信息的要求，不能替代或影响付款者或收款者公开经济信息的义务或获得其经济公开信息的权利。

（3）　如果付款者或收款者未能根据第 1 款的规定，向重新计算项目提供更新后的收入信息，其他当事人可以向重新计算项目提供付款者或收款者更新后的收入信息；而且如果主管认为合适，为实现重新计算目的，重新计算项目可以依赖此信息作出处理。

第 55.5 条　联系信息

付款者和收款者应当按照本节规定的时间和方式，向重新计算项目提供他们当前的联系信息。

第 55.51 条　无更新收入信息的重新计算

（1）　根据第 4 款规定，如果付款者或收款者未能按照第 55.41 条第 1 款中的规定向重新计算项目提供更新后的收入信息，而且存在以下情形，则视为付款者或收款者提供了更新后的收入信息且该信息与第 2 款规定的公开收入一致：

（a）　其他当事人根据 55.41 条第 3 款规定也未能提供相关付款者或收款者更新后的收入信息；或者

（b）　其他当事人根据第 55.41 条第 3 款规定提供了相关付款者或收款者更新后的收入信息，但是主管认为信息不可靠的。

（2）　为实现本节目的，依据情况，付款者或收款者的收入最低为：

（a）　根据生效的《劳动标准法》（阿尔伯塔省），以最高工时最低工资计算，工作 52 周，每周工作 52 小时的金额。

（b）　以下总额：

（i）　付款者或收款者最后一次用于决定未成年人抚养费用金额的收入，不论收入是否：

（A）　由法院法令决定；

（B）由加拿大有管辖权的省内未成年人抚养服务机构准备的，在政府未成年人抚养费重新计算中所规定的；

（C）由先前重新计算项目根据第 55.41 条第 1 款规定要求提供的收入信息或第 55.41 条第 3 款规定中可信收入信息决定的；或者

（D）由先前重新计算项目根据本条所决定的；以及

（ii）等同于根据第 3 款所确定的适用比例在（b）项（i）目中所述的付款者或收款者收入总和的金额。

（3）为实现第 2 款（b）项（ii）目的目的，适用比例应当根据付款者或收款者收入所消耗时间的多少确定，最终根据第 2 款（b）项（i）目规定所述方法决定，详情如下：

（a）如果时间少于 1 年，则为 10%；

（b）如果时间为 1 年以上 2 年以下，则为 13%；

（c）如果时间为 2 年以上 3 年以下，则为 16%；

（d）如果时间为 3 年以上 4 年以下，则为 19%；

（e）如果时间为 4 年以上 5 年以下，则为 22%；

（f）如果经过 5 年以上给清的，则为 25%。

（4）如果根据《离婚法》（加拿大）作出未成年人抚养令，付款者或收款者未能根据第 55 条、第 41 条第 1 款的规定向重新计算项目人员提供更新后的收入信息，而且：

（a）其他当事人根据第 55.41 条第 3 款规定也未能提供相关付款者或收款者更新后的收入信息；或者

（b）其他当事人根据第 55.41 条第 3 款提供了相关付款者或收款者更新后的收入信息，但是主管认为信息不可靠的，主管可以通知的形式为实现重新计算目的，向法院申请关于确定付款者或收款者收入的法令。

第 55.6 条　不得提起诉讼或启动诉讼程序

对于主管或在主管授权或指示下行使或履行本节的权力、职责或职能的任何人士不得提起诉讼或启动诉讼程序，无论是针对其根据本节或条例规定作出的或未作出的或意图作出的或基于善意作出的行为。

第 55.61 条　保密性

（1）根据《信息自由和隐私保护法》第 1 部分规定获取监护记录或重新计算项目监管记录的权利，不得扩大至记录人的私人信息。

（2）尽管有《信息自由和隐私保护法》第 6 条第 1 款规定，但第 1 款规定优先适用。

第 55.7 条　信息的使用和公开

（1）主管不得使用或公开因重新计算项目需要而收集的个人信息，除非信息的使用或公开：

（a）对于重新计算项目的执行是必要的；

（b）根据本法或本条规定授权的；或

（c）实施阿尔伯塔省或加拿大法律所需要的。

（2）尽管《信息自由和隐私保护法》第 6 条第 1 款中有相关的其他规定，但第 1 款依旧生效。

第 55.71 条　服务费用

（1）主管可以根据本节规定对提供的重新计算项目服务，收取服务费用。

（2）根据第 1 款规定，服务费用可以由扶养执行的主管根据《扶养执行法》规定收取费用的方式进行收取。

（3）下列任何费用，主管均不需支付：

（a）为实现本节目的，向主管获取和转交任何记录或信息；或

（b）与根据本节规定要求人员执行的事项有联系的。

第 55.8　条例

省督可以作出以下条例：

（a）重新计算项目和重新计算项目机构的架构、运行、职责和功能的相关规定；

（a.1）与第 55.12 条规定所述的补充条款和如何处理未涵盖补充条款的法令相关的规定；

（b）与将未成年人重新计算项目登记于抚养令的申请和拒绝将重新计算项目登记于抚养令的情形相关的规定；

（c）从重新计算项目中撤出未成年人抚养令要求的相关规定，包括个人撤回未成年人抚养令的相关规定；

（d）与设立未成年人抚养令是否符合由重新计算项目重新计算标准相关的规定；

（e）为实现第 55.31 条目的，规定金额；

（f）与本节中对未成年人抚养协议申请的相关规定，包括设立未成年人抚养协议是否符合重新计算项目重新计算标准相关的规定；

（g）与付款者或收款者同意放弃特殊重新计算的方式或期限相关的规定；

（g.1）与第 55.4 条第 1 款规定中通过向法院提出变更、中止或终

止未成年人抚养令的申请，以反对重新计算金额的程序要求相关的规定，以及与申请内容相关的规定；

（h）根据第55.31条和第55.4条规定，必须提供的通知和重新计算项目通知的相关规定；

（i）根据第55.41条和第55.5条，要求付款者或收款者提供信息的相关规定；

（j）与可以或必须提供信息给重新计算项目的方式和期限相关的规定或重新计算项目提供信息的方式和时间相关的规定；

（k）与重新计算项目可以拒绝重新计算未成年人抚养费的情形相关的规定；

（l）与服务费用的相关规定；

（m）与重新计算项目信息的收集、使用和公开相关的规定，包括主管使用、公开信息的目的；

（n）规定使用到的但没有在本节中规定的条款。

第 2 节　配偶或成年依存配偶的扶养

第 56 条　扶养配偶或成年同性伴侣的义务

根据本节规定，配偶或成年依存配偶间有互相扶养的义务。

第 57 条　配偶或成年依存配偶扶养令

（1）根据本节规定，法院可以针对一方配偶或成年依存配偶的申请，作出要求另一方配偶或成年依存配偶为一方配偶或成年依存配偶提供扶养。

（2）法院只能在下列情况下作出本节中的法令：

（a）如果配偶，

（i）一方或双方根据第83条规定获得不可调解矛盾的公告；

（ii）配偶分开居住；或者

（iii）尽管配偶没有分开居住；

（A）法院认为配偶经历过导致他们将不可能居住在一起的矛盾的；或

（B）当配偶一方有能力但没有足够的理由拒绝或忽视为另一方提供生活必需品，如衣物住房的。

（b）如果成年人依存配偶，

（i）一方或双方根据第83条规定获得不可调解矛盾的公告；

（ii）成年依存配偶分开居住；或者

（iii）尽管成年依存配偶没有分开居住，

（A）法院认为成年依存配偶经历过导致他们将不可能居住在一起

的矛盾的；或

（B）当成年依存配偶一方有能力但没有足够的理由拒绝或忽视为另一方提供生活必需品，如衣物住房的。

第58条　因素

作出配偶或成年依存配偶扶养令时，法院应当考虑：

（a）配偶或成年依存配偶的条件、财产、需求和其他情况，包括：

（i）配偶或成年依存配偶同居时间的长度；

（ii）在他们同居期间，配偶或成年依存配偶各自履行的义务；

（iii）与配偶或成年依存配偶相关的法令或安排。

（b）根据法令有扶养他人义务的配偶或成年依存配偶的法律义务。

（c）与根据法令有扶养义务的配偶或成年依存配偶同居的人而增加家庭开支和提高配偶或成年依存配偶扶养能力的程度。

（d）与根据法令获得扶养的配偶或成年依存配偶同居的人而增加家庭开支和提高配偶或成年依存配偶扶养能力的程度。

第59条　不当行为

作出配偶或成年依存配偶扶养令时，法院不得将配偶或成年依存配偶的不当行为考虑在内，除非此行为：

（a）任意地或不合理地促成、延长或加重扶养需求；或者

（b）任意地或不合理地影响法令中有扶养义务的配偶或成年依存配偶的扶养能力。

第60条　配偶或成年依存配偶扶养令的目的

配偶或成年依存配偶扶养令应当：

（a）由于关系形成或破裂，确认配偶或成年依存配偶之间经济的优势和劣势；

（b）由于根据抚养令或未成年人抚养协议中的抚养义务在配偶或成年依存配偶之间出现不平衡，对配偶或成年依存配偶在经济上对子女抚养义务进行分配；

（c）减轻由于配偶或成年依存配偶之间关系的破裂而造成的经济困难；并且

（d）在可实现范围内，在合理期限里促进配偶或成年依存配偶双方的经济自足。

第61条　未成年人抚养的优先

（1）当法院在处理配偶或成年依存配偶扶养申请和未成年人抚养申

请时，法院应当优先对未成年人抚养申请作出判决。

（2）如果优先作出未成年人抚养判决后，法院不能作出配偶或成年依存配偶扶养令，或者法院作出的扶养令金额少于原应当作出的扶养令金额，法院应当将判决的理由记录在案。

（3）如果优先作出未成年人抚养令后，法院未作出配偶或成年依存配偶扶养令或作出的扶养令金额少于原应当作出的扶养令金额，未成年人抚养令后期的减少或终止包含申请配偶或成年依存配偶扶养或变更配偶或成年依存配偶扶养令相关的变更情形。

第 62 条　配偶或成年依存配偶扶养协议

（1）配偶或成年依存配偶可以达成以下协议：

（a）配偶或成年依存配偶一方同意扶养另一方；或者

（b）配偶或成年依存配偶一方同意免除另一方的扶养义务。

（2）根据第 1 款规定的协议不得违反既存的配偶或成年依存配偶扶养令。

（3）除非法院确知协议不公平且存在以下任一情况，否则不得作出与第 1 款规定不一致的配偶或成年依存配偶扶养令：

（a）质疑协议或协议部分内容的配偶或成年依存配偶签署协议时没有获得独立的法律意见；

（b）制定协议或协议部分内容的配偶在制定协议过程中有阻碍另一方再婚而消除自身障碍的考虑；

（c）成年依存配偶在达成协议后与对方结婚；

（d）由无配偶或成年依存配偶一方扶养的另一方得到了政府的经济扶养。

第 63 条　配偶或成年依存配偶扶养令的终止

（1）除法院另有法令外，在负责扶养的配偶或成年依存配偶的一方死亡时，扶养令终止。

（2）配偶或成年依存配偶扶养令的终止不影响扶养令终止前获得的欠款。

第 3 节　一般扶养事宜

第 64 条　扶养协议的执行

为实现《扶养执行法》的执行目的，未成年人抚养协议或者配偶或成年依存配偶扶养协议必须根据《扶养执行法》规定或批准的形式起草。

第 65 条　经济信息的公开

（1）根据本部分提出的申请，当事人对于另一当事人的书面请求，应当向另一当事人提供决定扶养的必要经济信息。

（2）如果当事人未能满足第 1 款规定中的要求，法院可以：

（a）在作出对当事人不利的推定和判处当事人适当数量罚金的过程中，对扶养申请进行审理；

（b）指令当事人满足第 1 款规定要求；或者

（c）指令当事人的雇员、配偶、上司或其他人为其他当事人或法院单方或双方提供他们所了解和掌握的或档案记载的当事人的经济信息。

（3）如果当事人未能遵守第 2 款（b）项中的法令，法院可以作出如下处理：

（a）驳回当事人部分或全部申请；

（b）判处当事人蔑视法院；

（c）在作出对当事人不利的推定和判处当事人适当数量罚金的过程中，对扶养申请进行审理；

（d）补偿另一方当事人在诉讼中所花的费用。

（4）扶养令作出后，为实现扶养目的，当事人应当书面要求另一方当事人每一公历年向其他当事人提供一次法规规定的决定供养所必需的经济信息。

（5）如果当事人未能满足第 4 款规定的要求，法院可以针对申请作出以下处理：

（a）指令当事人满足第 4 款规定的要求；或者

（b）指令当事人的雇员、配偶、上司或其他人为其他当事人或法院单方或双方提供他们所了解、掌握的或档案记载的当事人的经济信息。

（6）如果当事人未能遵守第 5 款规定中的法令，法院可以单处或并处以下惩罚：

（a）判处当事人蔑视法院；

（b）补偿另一方当事人在诉讼中所花的费用。

（7）在其他人的申请之中，法院可以指令其根据本条规定收到的任何文件均不得被除当事人外的其他人所翻阅，法院另有法令的除外。

（8）根据第 2 款（c）项或第 5 款（b）项规定，由当事人雇员、配偶、上司或其他人提供的经济信息可以作为初步证据。

（9）尽管法律有相关规定，除存在律师和律师的委托权外，本条规定优先适用。

第66条 扶养令的条款与条件

（1）本条中：

（a）为实现第5款目的，生母包括准生母；

（b）接受扶养者指的是寻求或者获得扶养的人。

（2）法院可以作出有限期的、无限期的或以具体事件发生为期的接触令，并且在法院认为适当时可以附上接触令相关的条款、条件与限制。

（3）对第2款规定无一般限制时，法院可以作出以下一个或多个法令：

（a）支付无限期、有限期或以特定事件发生为期的总额或定期支付的金额；

（b）以法院认为合适的条件支付或信托形式持有合适条件的金额；

（c）支付申请日期前的扶养费；

（d）将财产或财产利益终生或一定期限地转交给接受扶养者或者以信托形式让接受扶养者代管或使用；

（e）为了接受扶养者的利益，支付给其他人法令中规定的全部或部分金钱；

（f）对于未成年人抚养令，应当直接将全部或部分抚养费支付给第46条（b）项（i）目定义的未成年人；

（g）法令中的支付由财产征收或其他方式保证。

（4）在扶养令的诉讼中，法院可以发出禁制令，禁止被告人处置财产。

（5）在配偶或成年依存配偶扶养令或未成年人抚养令中，法院可以在其中之一的法令中，指令未成年人生父在下列时间内支付给未成年人生母合理的抚养费：

（a）在婴儿出生前3个月内；

（b）婴儿出生时；和

（c）婴儿出生后一段时期，不论婴儿出生是否为活体。

（6）除非费用产生后两年内提出法令申请，否则不得作出第5款规定中所述费用相关的法令。

（7）根据第3款（d）项规定作出要求移送或传送财产的法令可以授权他人代表当事人进行移送或者传送。

（8）为担保支付而根据3款规定作出征收不动产的法令：

（a）可以采用与财产抵押同样的方式在任何土地登记处登记；

（b）在登记之前，不影响对善意取得的财产利益和价值。

（9）根据第3款（g）项规定作出要求抵押或其他财产担保的法令可以授权其他人代表其进行抵押或财产担保。

（10）根据第3款（g）项规定作出的法令，不履行支付征收财产金额的，法院可以：

（a）指定租金、利息和其他从财产中可得到的其他金钱或财产利益的接收者；

（b）通知完所有财产所有人后，指令出售财产或财产利益；

（c）如果指定了接收者或指令出售，法院可以保管剩余资金，作为未来履行法令中义务的担保；

（d）作出法院认为合适的其他法令。

（11）除非法院另有法令，否则根据本条规定的担保法令只作为担保生效，扶养令中的义务人有及时付款的义务。

第 67 条　定义

（1）在本条和第 68—74 条规定中，家庭住宅系指下列财产：

（a）由配偶或成年依存配偶一方或双方拥有或租赁的财产。

（b）配偶或成年依存配偶在家中的财产。

（c）下列财产：

（i）独立住宅单元的房屋或房屋的一部分；

（ii）作为居住公寓的部分办公场所；

（iii）活动房屋；

（iv）《共有财产法》中定义的居住单元；或者

（v）套间。

（2）在第 73 条和第 74 条规定中，家庭用品系指下列私人财产：

（a）由配偶或成年依存配偶所拥有的；和

（b）由配偶或成年依存配偶或居住在家庭住宅中的未成年人通常使用或享有的，用以满足交通、住房、教育、娱乐、社交或审美要求的。

第 68 条　住宅独占权的规定

（1）根据第 1 节或第 2 节规定作出抚养令时，法院可以将下列法令作为抚养令的一部分：

（a）判决配偶或成年依存配偶享有住宅的独占权；

（b）将配偶或成年依存配偶驱逐出家庭住宅；

（c）阻止配偶或成年依存配偶进入或出现在家庭住宅或家庭住宅附近。

（2）除根据第 1 款规定作出法令外，如果法院认为必要时，可以通过指令给予配偶或成年依存配偶尽可能多的与家庭住宅相关的财产，以便家庭住宅的使用和享有。

（3）根据本条规定法令可以根据情况，在法院认为必要的任何时间内作出。

（4）根据本条规定法令在《市政府法》第 17 部分的意义上不能再细分。

第 69 条　考虑的事项

在行使第 67—76 条规定中的权力时，法院应当注意以下问题：

（a）配偶或成年依存配偶住宅的可用性；

（b）居住在家庭住宅内未成年人的需求；

（c）配偶或成年依存配偶各自的经济地位；

（d）法院作出的与配偶或成年依存配偶的财产或扶养或生活费用相关的法令；以及

（e）与家庭住宅相关的租赁物适用限制或条件。

第 70 条　法令的优先权

尽管后来的法令支持配偶或成年依存配偶处置家庭住宅，但根据第 67—76 条规定作出的法令优先生效。

第 71 条　占有令的登记

（1）如果根据第 68 条规定作出与家庭住宅相关的法令，而且家庭住宅或部分不动产存在下列情形，法院可以在土地业权登记中登记：

（a）由配偶或成年依存配偶拥有；

（b）由配偶或成年依存配偶一方或双方租赁，租期超过 3 年；或者

（c）是配偶或成年依存配偶终身财产的主体。

（2）根据本条规定登记的法令约束配偶或成年依存配偶所有的并在法令中约定范围内所述的房产和利益。

（3）配偶或成年依存配偶只能在获得占有财产的配偶或成年依存配偶的书面同意书或法院法令后，处理另一方的财产或收益。

第 72 条　作为承租人的配偶

如果配偶或成年依存配偶一方或双方以口头或书面形式租赁家庭住宅，而且法院作出将家庭住宅给配偶或成年依存配偶一方的，为实现租

赁目的，此配偶或成年依存配偶为承租人。

第 73 条 家庭用品的专用

（1）根据第 1 节或第 2 节规定作出法令时，法院可以判决配偶或成年依存配偶获得家庭用品的专用权。

（2）根据第 1 款规定，法令可以根据具体条件在法院认为必要的任何时间里作出。

第 74 条 关于家庭用品经济声明的登记

如果法院存在以下情形，当事人应当根据《私有财产担保法》在私人财产登记中登记经济声明：

（a）根据第 68 条规定作出法令且家庭住宅为配偶或成年依存配偶一方或双方所有或租赁的活动，或

（b）根据第 73 条规定作出关于家庭用品的法令。

第 75 条 登记的效力

（1）如果根据第 74 条规定进行了经济声明的登记，那么经济声明：

（a）在登记生效期间，是声明中所述财产所有人（配偶或成年依存配偶）财产利益的通知；

（b）尽管侵犯后来债权人、购买者和抵押者的利益，但从登记之日起仍旧生效。

（2）配偶或成年依存配偶只能在获得占有财产的配偶或成年依存配偶的书面同意书或法院判令后，处理另一方的财产或收益。

第 76 条 判令登记的取消

（1）反对根据第 71 条规定财产登记的，可以向法院提出指令土地业权登记处取消登记的申请。

（2）反对根据第 74 条规定财产登记的，可以向法院提出取消登记的申请。

（3）法院可以在认为必要情形下，根据本条规定作出指令。

第 77 条 抚养令的变更

（1）本条中，变更令系指根据第 2 款规定作出的法令。

（2）法院针对第 3 款规定所述人的申请，可以作出具有追溯力的变更、中止或终止抚养令或部分抚养令内容的法令。

（3）下列人员可以根据第 2 款规定提出申请：

（a）未成年人抚养令中，第 50 条第 1 款规定所述的人；

（b）配偶或成年依存配偶扶养令中，第 57 条第 1 款规定所述的人；

（c）废除 2010 年第 16 章第 1 条第 34 款。

（4）法院作出关于未成年人抚养令的变更令时，必须确知：

（a）因为作出抚养令和最后一次变更令而使情况发生变化，包括规定准则中提供的变化；

（b）掌握了先前审理中未掌握的重大证据，而且在作出变更令时，法院应当考虑情况或证据的变化。

（5）在法院作出相关配偶和成年依存配偶扶养令的变更令时，法院应当确知：

（a）由于作出配偶或成年依存配偶扶养令判令和最后一次变更令而使条件、财产、需求或其他情况发生变化；

（b）掌握了先前审理中未掌握的重大证据，而且在作出变更令时，法院应当考虑情况或证据的变化。

（6）尽管有第 5 款规定，但是，如果配偶或成年依存配偶以有限期或以特定事件发生为期提供扶养的，法院不得对限期外或特定事件发生后提出的申请，作出承担扶养义务的变更令，除非法院确知：

（a）变更令有利于减轻第 5 款（a）项规定所述的由于配偶或成年依存配偶之间关系的破裂而造成的经济困难；

（b）在作出扶养令判令和最后一次变更令时，情况的改变可能会导致作出不同的法令。

（7）法院在判决关于变更抚养令的申请时，应当考虑、追求、使用与判决抚养令申请时同样的因素、同样的目标和同样的方法。

（8）法院可以在变更令中，加入变更令所需抚养令中的内容。

（9）尽管根据《扶养执行法》规定已向皇室法院提交，但法院仍旧可以根据本条规定变更抚养令。

第 78 条　有资格的证人和可强制出庭的证人

尽管有其他法案规定，但在第 1 节的申请中，被告为有资格的证人和可强制出庭的证人；而且，如果作为申请人的证人，被告可以在未得到通知和证人费用或津贴时被反诘问或代表申请人，但是申请人不被被告作为证人的证言所约束。

第 79 条　申请不得合并

根据本部分规定，由主管根据《收入和雇佣抚养法》规定作出的申请不得与除根据第 1 部分规定中亲子声明申请外的申请合并。

第 80 条　扶养令约束不动产

（1）除非扶令另有规定，否则扶养令约束扶养义务人的不动产。

（2）除非扶养协议另有规定，否则扶养协议约束扶养义务人的不动产。

（3）本条生效后，适用于达成的扶养协议。

第 80.1 条　付款者死亡后抚（扶）养义务的变更

（1）本条规定适用于下列情况：

（a）抚（扶）养令或抚（扶）养协议中有抚（扶）养义务；

（b）抚（扶）养令或抚（扶）养协议约束抚（扶）养义务人的不动产；

（c）抚（扶）养义务人死亡。

（2）法院应当针对第 3 款规定所述人的申请，作出变更或终止抚（扶）养令或抚（扶）养协议的法令。

（3）下列人员可以根据第 2 款规定提出申请：

（a）未成年人抚养令或抚养协议中，第 50 条第 1 款中所述的人；

（b）配偶或成年依存配偶扶养令或扶养协议中，第 57 条第 1 款规定所述的人；

（c）抚（扶）养令或抚（扶）养协议中，抚（扶）养义务人的个人代表。

（4）法院根据第 2 款规定作出未成年人抚养令或抚养协议相关判令前，法院应当考虑以下事项：

（a）规定准则；

（b）因为作出未成年人抚养令和最后一次变更令而使未成年人、死者和未成年人父母另一方的条件、财产、需求或其他情况发生变化；

（c）抚（扶）养令或抚（扶）养协议中死者或其遗产抚（扶）养其他人的义务；

（d）根据《遗嘱和继承法》第 5 部分第 2 节规定，抚（扶）养一名或多名家庭成员的债权或潜在债权；

（e）死者财产中可用于抚（扶）养义务的资产；

（f）死亡后，有权获得款项的价值和财产的分配，包括人寿保险收入和生者有权获得的财产；和

（g）法院认为与以上情况相关的其他任何因素。

（5）法院根据第 2 款规定作出关于配偶或成年依存配偶扶养令或扶养协议的法令之前，应当考虑以下情况：

（a）因为作出配偶或成年依存配偶扶养令相关法令和最后一次变更

令而使条件，财产、需求或其他情况发生变化；

（b）抚（扶）养令或抚（扶）养协议中死者或其遗产抚（扶）养的其他人的义务；

（c）根据《遗嘱和继承法》第 5 部分第 2 节规定，抚（扶）养一名或多名家庭成员的债权或潜在债权；

（d）死者财产中可用于抚（扶）养义务的资产；

（e）死亡后，有权获得款项的价值和财产的分配，包括人寿保险收入和生者享有权获得的财产；和

（f）法院认为与以上情况相关的其他任何因素。

（6）除考虑第 5 款规定所述因素外，在法院根据第 2 款规定作出关于配偶或成年依存配偶扶养令或扶养协议的法令之前，应当考虑第 62 条第 3 款规定所述的情况。

（7）第 51 条和第 77 条规定不适用于本条中的申请。

第 81 条　离婚诉讼的效力

（1）在离婚诉讼中，除非法院根据《离婚法》作出与抚（扶）养相关的临时或最终法令，否则法院继续享有作出或变更抚（扶）养令的管辖权。

（2）如果婚姻关系因离婚而终止，而且在离婚诉讼中未能解决抚（扶）养费问题，则根据本部分规定作出的抚（扶）养令在期限内继续生效。

第 82 条　丧葬费用报销申请

法院可以针对申请人提出的未成年人丧葬费用申请，作出要求未成年人父母报销全部或部分费用的法令。

第 3.1 部分　加拿大养老计划

第 82.1 条　定义

本部分中，法律同居伴侣系指加拿大养老计划中规定的法律同居伴侣。

第 82.2 条　关于未调整退休收入的协议

尽管有加拿大养老计划的规定，但是配偶或法律同居伴侣在 1986 年 6 月 4 日及之前达成的书面协议，可以根据此法提供给未调整退休收入的当事人之间的分配界定。

第 4 部分　法院的一般权力

第 83 条　不可调解矛盾的声明

法院可以针对配偶或成年依存配偶单方或双方的申请，作出配偶或成年依存配偶之间无缓和关系之可能的声明。

第 84 条　暂行法令

（1）如果根据本法规定提出法令的申请，法院可以在合适的任何时候，作出中止申请判决救助的暂行法令。

（2）如果根据第 3 部分规定供养令作出第 1 款规定所述的申请，暂行法令须符合法院必须考虑的因素和目标；在需要临时抚养时，必须考虑到可行程度。

第 85 条　同意令或公告

（1）如果根据本法规定申请中的当事人，

（a）对有问题的事项意见一致，以及

（b）同意法令或公告中达成一致的条款，

法院可以使用自由裁量权，不经审理作出法令或公告。

（2）根据第 1 款规定作出的法令或公告与审理后作出的法令和公告具有同等效力和影响。

第 86 条　法院法令中协议条款的合并

如果法院根据本法规定作出法令，法院可以将诉讼中的部分或所有当事人作出的书面协议合并入法令当中。

第 87 条　可采纳证据

根据本法规定的诉讼中，下列为可采纳证据：

（a）在其他诉讼中给出的证据记录；

（b）在其他诉讼中获得的文件和证据；

（c）法院的法令、判决、调查结果或声明。

第 88 条　未能出庭

（1）如果存在以下情形，法院可以在被告人缺席时进行审理并且作出公告、判决或法令：

（a）根据本法规定提出申请，

（b）被告人收到了申请通知；且

（c）被告人未能在审理时出庭。

（2）如果根据第 1 部分规定在申请中根据第 1 款规定作出法令或公告时，被告人可以在法令或公告作出之日起 30 日内，向法院申请重新审理，法院可以：

（a）进行重新审理和对法令或公告进行确认、变更或废除；并

（b）收取法院认为合适的重审费用。

第 89 条　上诉

根据本法规定的诉讼当事人应当根据规定对法院判决提起上诉。

第 90 条　上诉中的法令或公告继续生效

上诉中的法令或公告，在上诉判决期间继续生效，除非作出法令或公告的法院另有判决外。

第 91 条　毫无价值或无理的申请

（1）如果法院确知申请人提出的申请是毫无价值的、无理的，法院可以禁止该申请人在未经法院批准时，不得根据本法规定进一步提出申请。

（2）法院根据第 1 款规定作出批准前，可以附加条款作为批准的条件并且作出法院认为合适的其他法令。

第 92 条　诉讼程序和判决的延期执行

（1）法院可以在开庭前的任何阶段或法院认为合适的任何情况下，决定诉讼程序的延期进行。

（2）法院可以根据本法规定在其认为合适的任何条款或情况下，作出延期执行的法令或公告。

第 93 条　诉讼费用

根据规定，法院可以在开庭前的任何阶段或法院认为合适的情形下，根据本法规定收取相关事项的诉讼费用。

第 94 条　出生前的申请

根据第 1 部分、第 2 部分或者第 3 部分第 1 节规定，未成年人的申请可以在其出生前提出，但是在其出生前法院不审理该申请。

第 95 条　未成年人作为当事人

（1）根据第 2 款规定，如果未成年人根据本法规定为申请的当事人，申请可以由下列人员提出或辩护：

（a）以未成年人名义的未成年人监护人；或者

（b）诉讼代表人或由法院指派代表未成年人进行诉讼的个人。

（2）作为配偶或成年依存配偶的未成年人，在无诉讼代表人介入的情况下，可以根据本法规定提出、申请成为当事人或为本法中的申请辩护。

（3）法院可以根据本法规定在诉讼中的任何时候指派个人代表未成年人的利益。

（4）如果法院根据本条规定指派个人，法院应当在当事人之间分配指派费用；如果合适，也包括未成年人。

第 96 条　代表未成年人的救助令

如果法院确知根据本法规定代表配偶或成年依存配偶作出的救助令也应当代表未成年人作出的，法院可以代表未成年人作出救助令。

第 97 条　纠纷解决

（1）根据本法规定的诉讼中，法院可以在开庭前指派调停者或中立第三方协助解决部分或全部相关事项。

（2）如果法院根据第 1 款规定进行指派，法院应当在当事人之间分配指派费用。

第 98 条　程序和项目

法院可以根据本法规定在诉讼中要求当事人参加规定的程序和项目，并且应当在当事人之间分配程序和项目的相关费用。

第 99 条　秘密审讯

如果符合未成年人最佳利益或促进司法公正原则，法院可以根据本法规定将下列人员排除于诉讼之外：

（a）除诉讼当事人和其律师之外的任何人；以及

（b）未成年人，不论其是否为当事人，但不包括其律师。

第 100 条　公开和传播的禁止令

为实现保护未成年人幸福的目的，法院可以使用自由裁量权，禁止公开或传播诉讼中可能表明未成年人身份的报告。

第 5 部分　其他诉讼

第 101 条　违反婚约

（1）根据第 2 款规定，因违反婚约而提出或采取诉讼依法无效。

（2）对违反婚约而提出诉讼的，只有财产损害可以得到补偿。

第102条　以结婚为目的的赠与

如果以结婚为目的或条件作出赠与，但是婚姻关系未能产生的，在确定接受礼物之人对礼物的权利时，不得考虑是否因赠与人的过错而导致未能结婚。

第103条　不得提出或采取诉讼

（1）以下情况不得提出或采取诉讼：

（a）婚姻权利的恢复；或

（b）因欺骗而结婚。

（2）下列损害赔偿，不得提出或采取诉讼

（a）通奸；或

（b）由于以下原因，配偶或未成年人的服务损失：

（i）配偶或未成年人的怂恿或包庇；或

（ii）未成年人的引诱。

第104条　废除法律人格的统一

（1）除非法令另有规定，否则人员的法律人格与其配偶的法律人格各自独立、互相区别。

（2）已婚人员在各领域应当与未婚人员享有同等的法律资格，尤其是，如同未婚人员一样，对其配偶侵权行为享有诉讼权。

（3）根据第1款和第2款规定，已婚男子和已婚女子享有同样的法律适用，消除普通法或学说中的差异。

第105条　为贷款提供保证权利的废除

妻子必要时可以为丈夫的贷款提供保证的普通法权利在双方离婚后被废除。

第106条　废除默认代理

普通法中，妻子必要时默认代理丈夫负责第三方补偿的推定被废除。

第6部分　条　　例

第107条　条例

（1）省督可以作出以下规定：

（a）为实现本法目的，明确当事人。

（a.1） 根据第 5 条第 2 款规定，律师无须向法院提交声明的情形。

（a.2） 第 20 条第 3 款（c）项规定所述协议。

（b） 废除 2010 年第 6 章第 1 条第 3 款。

（c） 法院可以根据第 23 条第 6 款规定作出监护令的情形。

（d） 为实现第 38 条第 1 款（c）项（iv）目的目的，指定相关人员。

（e） 第 45 条规定所述报告。

（f） 根据本法规定作出未成年人抚养令的准则，且不受限制，如下：

（i） 未成年人抚养令中抚养费的确定方式；

（ii） 作出未成年人抚养令时，自由裁量权适用的情形；

（iii） 指明作出未成年人抚养令的变更令情形；

（iv） 为实现准则申请申请目的，确定收入的方式；

（v） 为实现准则申请目的，法院收取罚金的授权；

（vi） 经济和教育信息出示的要求和无信息出示时的处罚；

（vii） 为实现第 46 条（b）项（ii）目的目的，确定全职学生的构成条件；

（viii） 与实施设立指标目的所必要相关事项的规定。

（f.1） 根据第 65 条规定应当提供的经济信息。

（g） 根据第 89 条规定的上诉。

（h） 根据第 98 条中当事人必须参与的活动或项目。

（i） 根据本法规定申请、审讯和处理的一般程序。

（j） 本法中诉讼所需要的费用。

（k） 根据本法规定申请通知的方式。

（l） 根据本法规定提供法令和其他文件的副本。

（m） 本法目的的形式和使用的相关规定。

（n） 为实现本法或规定目的，定义本法中没有定义的词语。

（o） 为实现本法目的，省督导认为合适的其他事项。

（2） 根据第 1 款（f）项规定作出的规定可以在任何规定、指标、规则或程序中全部或部分使用，包括《离婚法》（加拿大）中的联邦子女抚养准则。

第 7 部分 过渡性条款、相应修订、废除和生效

第 108 条 过渡性条款

（1） 在本条和第 109 条中，旧法系指：

（a）《亲属关系法》。

（b）《抚（扶）养费令法》。

（c）《亲子关系和抚养费法》。

（d）《省法院法》的第 3 部分。

（2）本条中，抚（扶）养费指的是支付给人员、人员子女或双方的抚养费、扶养费或生活费。

（3）尽管旧法被废除，但是根据旧法提出的未处理完诉讼应当按照旧法处理。

（4）尽管有第 3 款规定，但是：

（a）在本条规定生效前根据《亲属关系法》提出的仍未处理完的法定分居诉讼应当如同本法第 83 条规定中不可调和矛盾声明的申请，根据本法继续处理。

（b）本条未生效时根据旧法提出的仍未处理完成的诉讼，在当事人的同意下，应当根据本法继续处理。

（5）《亲属关系法》中亲子关系声明的相应条款继续生效，而且如同本法亲子关系声明一样，可以生效、变更或中止。

（6）根据《亲子关系和抚养费法》规定的亲子关系声明继续生效，而且如同根据本法规定的亲子声明一样，可以生效、变更或中止。

（7）根据《亲属关系法》规定的探视执行令继续生效，而且如同根据第 2 部分第 4 节规定的执行令，可以生效、变更或终止。

（8）根据《亲属关系法》或《省法院法》规定作出的关于未成年人监护或探视令继续生效，而且如同抚养令或接触令，可以生效、变更、中止或者终止。

（9）根据第 8 款规定所述法令可以根据第 13 款规定作出解释，以便如同抚养令或接触令一样生效、变更、中止或者终止。

（10）下列法令相关条款继续生效，而且如同本法中的法令，可以生效、变更、中止或者终止，如果是根据（a）项、（b）项或（c）项规定所述的未成年人抚养令，可以进行重新计算：

（a）根据《亲属关系法》作出的未成年人、配偶或成年依存配偶的扶养令；

（b）根据《亲子关系和抚养费法》作出的未成年人抚养令；

（c）根据《抚（扶）养费令法》作出的未成年人、配偶或其他人员的扶养令。

（10.1）为进一步明确，本法中生效、变更、终止或终止亲子关系和《抚（扶）养费令法》中的判令或声明的审理报告或通知的公开，由本法第 100 条而不是《亲子关系和抚养费法》第 23 条第 3 款所规定。

（11）根据《亲子关系和抚养费法》第 6 条规定作出的协议继续生效，如同根据本法规定的协议一样，可以生效、变更、中止或终止。

（12）（a）根据《亲属关系法》规定的监护人在本条规定生效前根据本法第 2 部分规定继续为监护人；

（b）废除 2004 年第 18.1 章第 21 条。

（13）为实现第 9 款规定目的，省督导可以作出法令解释相关的规定。

第 109 条　过渡性规定

（1）省督导可以作出下列规定：

（a）根据旧法规定中向本法过渡的规定，包括本法中过渡性规定的解释；

（b）解决从旧法到本法的过渡而产生的疑虑、困难、不一致或不能履行的问题。

（2）根据第 1 款规定作出的规定可以对规定中所述范围具有溯及力。

（3）下列情况发生时，废除根据第 1 款规定作出的规定。

（a）增加本法中规定主题的修正案生效；

（b）废除根据第 1 款作出规定的规定生效；

（c）规定生效后两年。

（4）根据第 3 款（b）项或（c）项规定的废除不影响废除前的获得或授予。

第 110 条　本条规定修正《成年依存配偶关系法》，修订法案与该法案合并。

第 111 条　废除 2004 年第 18.1 章第 21 条。

第 112 条　本条规定修正《变更姓名法》，修订法案与这些法案合并。

第 113—114 条　废除 2008 年第 31 章第 64 条。

第 115—122 条　这些条款修正其他法案，修订与这些法案合并。

第 123 条　废除 2004 年第 44.1 章第 50 条。

第 124—128 条　（这些条款修正其他法案，修订法案与这些法案合并）废除。

第 129 条　下列法案被废除：

（a）《亲属关系法》；

（b）《亲属关系修订法》；

（c）《抚（扶）养费令法》；

（d）《亲子关系和抚养费法》。

第 130 条 生效[3]

本法一经公布，立即生效。

对我国的借鉴

阿尔伯塔省《家事法》第 21 条第 1 款明确规定："监护人应当按照未成年人最佳利益原则行使监护权利、履行监护义务与职责。"对比我国《民法总则》第 35 条规定："监护人应当按照最有利于被监护人的原则履行监护职责。"二者在条文表述上并无太大的区别，不同之处在于，《家事法》第 18 条规定了法院在明确未成年人最佳利益时应当考虑的内容，包括尽最大可能保证未成年人的生理、心理和情感安全以及考虑未成年人的所有合理需求。反观我国，最有利于被监护人原则的规定仅仅停留在《民法总则》第 35 条，并无对其内容的进一步明确。而这容易造成司法实践当中出现的问题是，由于最有利于被监护人原则内容的缺失，法官在审理监护诉讼时，对于当事人是否已经有效履行了监护职责的判断拿捏不准。即便依靠法官自由心证作出了判断，但判断的依据和理由也会过于不确定。在完善被监护人权益保障时，可借鉴《家事法》相关规定，从最有利于被监护人的原则进行切入，明确该原则的内容，适用于一切可能影响被监护人的决定和判决，以确保被监护人的利益得以实现。

除此之外，在监护权利内容方面，《家事法》第 21 条第 6 款更是作了更为详细的规定："除法律包括抚养令限制外，监护人可以行使以下权利：（a）作出与未成年人相关的日常决定，包括未成年人的日常看护以及监管未成年人的日常活动；（b）决定和变更未成年人的居住场所；（c）作出关于未成年人教育的决定，包括教育种类、内容和教育场所及参加的课外学校活动；（d）作出未成年人文化、语言、宗教、精神塑造和继承权的相关决定；（e）决定未成年人居住对象和交流对象；（f）决

---

〔3〕 除第 113 条第 4 款、第 5 款及第 114 条第 2 款、第 4 款和第 6 款规定外，其余条款于 2005 年 10 月 1 日公布生效。

定未成年人是否应当工作，如果应当，决定工作的种类、内容、对象和相关事宜；（g）同意未成年人的医疗、牙齿和其他健康相关的治疗；（h）当申请、批准、诉讼或其他事项需要父母或监护人同意时，父母或监护人有权同意或拒绝；（i）收到并回应法律所要求或授权给父母或监护人接受的通知；（j）根据《未成年人财产法》和《公共受托人法》规定开始、辩护、和解或解决任何与未成年人相关的诉讼和和解或解决针对未成年人的诉讼；（k）在紧急情况或监护人因为疾病或其他原因暂时不在场时，可指定一人代表监护人作出处理；（l）接受第三方当事人与未成年人切身相关的健康、教育或其他信息；（m）行使承担监护职责必要的其他权利。"与上述详细的规定形成反差，我国《民法通则》并未对监护人的权利作出过多的规定，与监护人权利有关的规定系"监护人依法履行监护职责产生的权利，受法律保护"。该规定显得过于单薄，且在司法实践当中的适用性也不禁引人怀疑。在规定监护人所享有的权利时，不妨参考《家事法》上述的权利规定模式，采取列举加概括的规定方法，尽可能地明确监护人的权利，促进监护人权利的行使和防止监护人权利的滥用，以最大限度地保障被监护人的权益。

阿尔伯塔省
《儿童、青少年与家庭促进法》译评

出台背景及其意义

阿尔伯塔省《儿童、青少年与家庭促进法》（Child, Youth and Family Enhancement Act）（以下简称《促进法》），其前身为阿尔伯塔省《儿童福利法》（Child Welfare Act）。《促进法》经由阿尔伯塔省议会的建议与同意于 1984 年颁布实施，为适应社会变化的现实需要，其间分别于 1985 年、1988 年、2000 年、2002 年、2003 年、2004 年、2005 年、2008 年、2009 年、2011 年历经了十次针对部分条款的调整与修改。

《促进法》为目前加拿大阿尔伯塔省关于儿童福利与家庭法的统一性法规，条文繁多，内容详尽。全文共有 134 条，分为 5 个部分，分别为：干预服务，收养，居住设施的许可证，通则，过渡、废除与生效。本法囊括了加拿大阿尔伯塔省未成年人及家庭权益保障体系的基础性条款，这些综合性规定不仅涉及层面广泛而且规定得细致，主要涵盖儿童以及青少年的抚养、监护、父母婚姻、干预、安全服务、经济资助等实体与程序性内容。

近年来，作为未成年人议题核心的"儿童最佳利益"（best interests of child）已然成为各国儿童福利法以及家庭法的指导性原则。所谓"儿童最佳利益"，是指基于儿童身心未成熟而尚不足以承担社会责任的现实，为了儿童的健康发展，国家在政策的制定与执行上均以儿童利益最大化为依托，切实向其提供福利。[1]《促进法》亦将维护"儿童最佳利益"作为贯穿整部法律的立足点之依托，其在开篇即明确若儿童需要干预，法院、上诉委员会以及根据本法行使权力或作出决定的所有人，其

---

〔1〕 张鸿巍. 儿童福利视野下的少年司法路径选择〔J〕. 河北法学，2011（12）：49.

必须以儿童最佳利益为原则进行介入。

与其他各国的未成年人权益保障体系相一致,《促进法》从根基上遵循"亲子关系优先"这一基本原则,如其在第 2 条明文规定,家庭是组成社会的基本单位,需要得到支持和保护;家庭有责任照护、监督和抚养儿童,每个儿童应有机会成为家庭中有价值且被需要的成员。一如《联合国少年司法实施最低限度标准规则》(United Nations Standard Minimum Rules for the Administration of Juvenile Justice) 第 18.2 条强调那般,"把孩子与父母隔离开来这种办法当作万不得已的措施"[2],《促进法》在实施"干预服务"时亦规定:"若需使用干预服务以协助家庭照护儿童,在合理可行情形下,应以维护家庭的方式提供其服务,且儿童无须离开原家庭。"此外,《促进法》还规定即使是作出任何关于儿童离开原家庭的决定时,"均应考虑儿童继续留在原家庭、脱离原家庭与回归原家庭的各种风险"。

与此同时,与上文提及的"亲权"法则相互映衬的"国家亲权"(parens patriae) 法则也是构建与维系《促进法》的基石。依"国家亲权"法则,在未成年人的父母未能达成协议或未能充分照料子女时,国家公权机关化身"国家父母"通过干预介入照顾儿童的福利。《促进法》中的"收养服务""家事服务""干预服务""抚养协议""监护令""安全服务令"等诸多规定无不彰显出"国家亲权"的浓郁色彩。如第 7 条关于"紧急抚养"的规定,若负责人确信,在搜寻后仍无法找到儿童监护人、监护人死亡或丧失工作能力情形下,该需要干预儿童需要接受紧急抚养,则负责人可能会指派一个人照护该儿童,直到找到其监护人,或者可为该儿童作出其他令人满意的安排,另负责人可以移送儿童,以让儿童得到抚养。

阿尔伯塔省《儿童、青少年与家庭促进法》译文

谨以尊敬的女王陛下的名义,经由阿尔伯塔省议会的建议与同意,规定若下:

第 1 条　解释

(1) 在本法中:

---

〔2〕 张鸿巍. 少年司法语境下的"国家亲权"法则浅析 [J]. 青少年犯罪问题, 2014 (2): 83.

（a）原住民包括印第安人、梅蒂斯人与因纽特人。

（a.1）收养令具有第 70 条给予该词的含义。

（a.2）收养服务系指根据第 2 部分所提供的任何服务。

（a.3）上诉委员会系指根据第 4 部分设立的上诉委员会。

（a.4）营居群系指《印第安法案》（加拿大）中所指的营居群。

（b）生父系指：

（i）在儿童出生之时，与生母处于婚姻状态；

（ii）由生母所承认的生父；

（iii）由法院宣布为该儿童的生父；

（iv）负责人确信为该儿童的生父的人。

（c）生母系指生下该儿童的女人。

（d）儿童系指未满 18 岁的人，除非另有明确规定，否则包括青少年。

（e）儿童与家庭服务局系指根据《儿童与家庭服务局法》发展或设立的儿童和家庭服务机构。

（f）儿童及青少年问题顾问系指根据《儿童及青少年问题顾问法》第 2 条被任命为儿童及青少年问题顾问的人。

（g）营居群议事会系指《印第安法案》（加拿大）中所指的营居群议事会。

（h）法院系指省法院。

（h.1）抚养人系指《健康信息法》规定的抚养人。

（i）抚养协议系指根据第 9 条或第 57.2 条第 2 款订立的协议。

（j）负责人系指由部长根据本法与《受性侵犯儿童保护法》指定的负责人，且不受上述规定的一般性限制，其中包括根据第 122 条第 2 款订立的协议指定为负责人的人。

（j.1）家庭促进协议系指根据第 8 条或第 57.2 条第 1 款订立的协议。

（j.2）家庭促进服务系指根据家庭协议提供的任何照护服务和根据第 7 条提供的照护。

（k）寄养父母系指经负责人批准成为寄养父母的人。

（l）监护人系指：

（i）根据《家事法》第 2 部分被指派为儿童监护人的人；或

（ii）根据本法作出的协议或法院令中被指派为儿童监护人的人。

（l.1）健康资料系指《健康信息法》中定义的健康资料。

（m）印第安人系指《印第安法案》（加拿大）中定义的印第安人。

（m. 1） 干预服务系指根据本法向儿童或家庭提供的任何服务，包括提供保护性服务，但根据第 2 部分或第 3 部分提供的服务除外。

（m. 2） 婚姻状况包括《成人相互依赖关系法》生效后，该法律所界定的相互依赖的成年伴侣。

（n） 部长系指其根据《政府组织法》第 16 条任命为负责本法的部长。

（o） 治安官系指市政警察局成员、加拿大皇家骑警成员或根据《治安官法》，就本法而言被任命的治安官。

（p） 永久监护协议系指根据第 11 条订立的协议。

（q） 永久监护令系指根据第 34 条作出的永久监护令。

（q. 01） 个人资料系指《资料自由与隐私权保护法》中定义的个人资料。

（q. 1） 废除 2008 年第 31 章第 2 条。

（r） 私人监护令系指根据第 56 条作出的私人监护令。

（s） 保护性服务系指由以下人员向儿童提供的一切服务：

（i） 拥有监护权的负责人；

（ii） 是监督令、临时监护令、永久监护协议或法院令的主体。

（s. 1） 公共机构系指《资料自由与隐私权保护法》定义的公共机构。

（t） 合资格人士系指本法限定的合资格人士。

（t. 1） 保留地系指《印第安法案》（加拿大）所指的保留地。

（u） 安全服务证书系指根据第 43. 1 条签发的安全服务证书。

（v） 安全服务设施系指由部长依据规定指定的安全服务设施。

（w） 安全服务令系指根据第 1 部分第 4 分案作出的安全服务令。

（x） 废除本法 2003 年第 16 章第 3 条。

（x. 1） 废除本法 2008 年第 31 章第 2 条。

（y） 监督令系指根据第 28 条作出的监督令，并包括续期令。

（aa） 废除 2003 年第 16 章第 3 条。

（bb） 临时监护令系指根据第 31 条作出的临时监护令，并包括续期令。

（cc） 青少年系指年满 16 周岁的儿童。

（2） 就本法而言，若有合理理由认为儿童的生存、安全或发展受到以下任何危害时，则该儿童需要法律性干预：

（a） 该儿童已被遗弃或走失；

（b） 该儿童监护人已死亡，且该儿童没有其他监护人；

（c）该儿童监护人忽视该儿童；

（d）该儿童已经或正处于重大危险之中，其受到监护人的身体虐待或性侵犯；

（e）该儿童监护人不能或不愿保护儿童免受身体伤害或性侵犯；

（f）该儿童受到儿童监护人的情感伤害；

（g）该儿童监护人不能或不愿保护儿童免受情感伤害；

（h）该儿童监护人不能或不愿保护该儿童，使其免受残忍的待遇或处罚；

（i）废除 2003 年第 16 章第 3 条。

（2.1）就第 2 款（c）项而言，若监护人有以下行为时，则该儿童被忽视：

（a）不能或不愿为儿童提供生活必需品；

（b）不能或不愿为该儿童取得或准许其获得，保障其健康与福祉所必需的基础医疗、手术或其他治疗条件；

（c）不能或不愿为该儿童提供适当的照护。

（3）就本法而言：

（a）当儿童遭遇以下情况时，则其受到情感伤害：

（i）儿童的精神或情感出现功能或发育受损状况。

（ii）若有合理理由认为该情感伤害是由于：

（A）拒绝接受；

（A1）情绪、社会、认知或生理上的忽视；

（B）缺乏感情或认知刺激；

（C）处于家庭暴力或不和谐家庭环境之中；

（D）不适当的批评、威胁、羞辱、谴责或对儿童的不当期望；

（E）儿童监护人或与儿童同住的人有精神或情感问题；

（F）监护人或与儿童同住的人有酗酒或滥用药物问题。

（b）若由于故意伤害造成儿童身体任何部位出现可见的严重撕裂、挫伤、擦伤、伤疤、骨折、骨损伤、脱臼、扭伤、出血、内脏破裂、烧伤、烫伤、冻伤、意识损害或丧失、身体功能损害或丧失、头发或牙齿的损伤，则儿童遭受身体伤害。

（c）儿童接触或遭受性接触、性活动或性行为，其包括卖淫活动，则儿童遭受性侵犯。

（4）除本法另有规定外，根据本法作出的协议或法院令成为儿童监护人的人，其是《家事法》中的监护人。

（5）就本法而言，若出现以下情况时，儿童由负责人抚养：

（a）该儿童根据第 19 条被捕，且没有被遣送回拥有该儿童抚养权的监护人身边；

（b）该儿童是根据第 21.1 条第 2 款（a）项作出的监护令，或根据第 21.1 条或第 26 条作出的临时羁押令的主体；或

（c）该儿童是抚养协议的主体。

第 2 条　审议事项

若儿童需要干预，法院、上诉委员会以及根据本法行使权力或作出决定的所有人，其必须考虑儿童最佳利益，并且必须考虑以下内容以及其他相关事宜：

（a）家庭是组成社会的基本单位，其需要得到支持和保护；

（b）稳定的长期教养关系对儿童的重要性；

（c）在确保对儿童造成的身心伤害最小的条件下，提供儿童所需的干预服务；

（d）具有独立思考能力的儿童有权在自身事宜上表达意见，决策人应考虑儿童的自身意见；

（e）家庭有责任照护、监督和抚养儿童，每个儿童应有机会成为有价值且被需要的家庭成员，为此：

（i）若需使用干预服务以协助儿童家属照护儿童，在合理可行的情形下，应以维护家庭的方式提供服务，且儿童无须离开原家庭，以及

（ii）只有在使用其他破坏性较小的措施仍无法保障儿童的生存、安全或发展情形下，儿童须离开原家庭；

（f）除第（e）项和（g）项另有规定外，若儿童面临家庭暴力，则应维护被虐待家属，向家庭提供干预服务，且无须剥夺被虐待家属的抚养权；

（g）任何关于儿童离开原家庭的决定，应考虑儿童所受伤害，即对比儿童继续留在原家庭生活、脱离原家庭与回归原家庭的各种风险；

（h）若不与保护申请干预儿童的生存、安全与发展相违背，且有条件提供适当的社区服务，则应将儿童或儿童的家属转交社区，由社区提供服务，以支持和保护家庭，且根据本法无须进行其他干预服务；

（i）关于将儿童安置在儿童家庭以外的安置点的决定，应考虑：

（i）将儿童安置在其大家庭中的益处，

（ii）将儿童安置在尽可能靠近儿童原家庭社区的安置点的益处，

（iii）将儿童安置在尊重该儿童的家庭、文化、社会和宗教遗产的

安置点的益处，

（iv）将儿童安置在能够提供稳定的长期照护关系的安置点的益处，

（v）儿童的心理、情感和身体需求，儿童的心理、情感和身体发育阶段，以及

（vi）推荐的安置点是否适合儿童；

（j）提供干预服务旨在补救或缓和导致儿童需要干预的情形；

（k）干预服务是通过协作和多学科方法提供的最有效的方法；

（l）根据本法，应为受照护儿童提供适当的照护，应满足其合理的需求，且符合社区标准和现有资源情况；

（m）根据本法，制定关于受照护儿童的照护计划时应考虑：

（i）处理儿童对稳定且长期的持续性照护关系的需求，以及

（ii）在其为青少年的情形下，需解决其向独立和成年过渡的需求；

（n）根据本法，负责照护儿童的人应努力使该儿童了解其家庭、文化、社会和宗教遗产；

（o）制定或实施影响儿童的决定不应有任何不合理拖延；

（p）若该儿童为原住民儿童，应尊重原住民文化、遗产、精神信仰和传统的独特性，并考虑到保护该儿童文化认同感的重要性。

第2.1条　程序性权利

根据本法，负责人应在适当时告知其程序性权利。

第3条　废除2011年第C-11.5章第26条

第3.1条　纠纷替代解决方式

（1）除另有规定外，儿童、儿童监护人、负责人认为与儿童有重要联系之人和经协议认同的负责人可按照规定订立纠纷替代解决方式，以处理负责人作出的关于未成年人的一切决定。

（2）在纠纷替代解决方式协议过程中，所有口头提供资料均为机密资料，是提供该资料的人享有保密特权的资料，在此过程中产生的所有文件和记录均为机密，其为创建人的特权文件与记录。

（3）任何人不得披露或被迫披露第2款所述的文件、记录或资料，但以下情况除外：

（a）经所有纠纷替代解决方式协议参与人的同意；

（b）若根据本法，制定或执行该协议需要进行披露；

（c）若该披露是依据法院令所行使，该法院令经由全体当事人向法院申请同意的；

（d）该披露在保护儿童的生存、安全或发展的规定范围内；

（e）出于第4条要求披露的目的。

（4）若第2款或第3款与《资料自由与隐私保护法》之间存在冲突或不一致，则以第2款或第3款为准。

（5）对于执行本条中的纠纷替代解决方式的人，不得对其有关纠纷替代解决方式的任何作为和不作为行为提起诉讼，除非证明某人存在恶意行为，且该行为没有合理的、相当的理由。

第1部分　干预服务

第1节　前期事项

第4条　报告需要帮助的儿童

（1）任何人若有合理的、可成立的根据认为儿童需干预，应立即向负责人报告。

（1.1）根据《青少年刑事司法法》第35条接收的转送被视为是根据第1款作出的报告。

（2）即使有关其建立信仰的资料需保密，且根据任何其他法律禁止被披露，但第1款仍适用。

（3）本节不适用于因律师与客户关系而有特权的资料。

（4）除非该报告存在恶意，或无合理的、可成立的根据，否则依照本条不得对报告，包括报告第3款提及资料的报告人行为，提起诉讼。

（5）除本法规定的其他任何惩罚外，若负责人有合理的、可成立的根据，相信当事人不遵守第1款的规定，而当事人已根据职业管理法条例注册成功的，负责人应当向该专业或职业有关管理机构告知其不符合规定。

（6）任何人不遵从第1款的规定，即属犯罪，可处不超过2000加元的罚款，若缺欠罚金则处6个月以下监禁。

第5条　治安官

若治安官有合理的、可成立的根据，根据加拿大国会法案认为该儿童犯罪，同时该儿童未满12岁时，该治安官可向负责人报告此事项。

第6条　负责人职责

（1）若负责人收到以下形式资料：

（a）干预服务请求，

（b）根据第4条或第5条提交的报告，或

（c）其他任何表明儿童可能需要干预的声明或证据，

负责人必须调查儿童的干预需求，除非负责人确信该资料为恶意提供、无事实依据，或者其无合理的、可成立的根据。

（2）在调查过程中，若负责人认为有必要，负责人可以移送儿童到任何地方，以完成调查。

（3）若在第1款所述调查后，负责人认为该儿童需要干预时，

（a）负责人必须，

（i）若负责人确信，依照本法向该儿童或该儿童家庭提供家庭服务与儿童的干预需求相符合，负责人可采取该行动；

（ii）若负责人确信儿童的干预需求无法根据（i）项得到满足时，则根据本法应采取负责人认为适当的任何行动，包括根据本法提供的保护性服务。

（b）若负责人确信，儿童的干预需求与将该儿童转送给拥有该儿童抚养权之人或有能力临时照护该儿童之人相符合时，负责人可采取该行动。

（4）若向儿童或儿童家庭提供家庭服务，则提供服务的人或组织的成员必须向负责人报告任何可能需负责人对该儿童进一步调查的事项。

第7条　紧急抚养

（1）若负责人确信，在搜寻后仍无法找到儿童监护人、监护人死亡或丧失工作能力情形下，该需要干预儿童需要接受紧急抚养，则负责人可能会指派一个人照护该儿童，直到找到其监护人，或者可为该儿童作出其他令人满意的安排，另负责人可以移送儿童，以让儿童得到抚养。

（2）为照护在住所内被发现的儿童，第1款中的受指派人可有若下行为：

（a）进入该住所；

（b）住在该住所；

（c）在该住所进行正常的家务活动，其为必需的照护儿童的活动；

（d）对居住在该住所的所有儿童行使合理控制权。

（3）第1款中的受指派人对该住处的儿童的照护不超过10天。

（4）第1款中的受指派人在履行第2款职责的过程中，不会向该受

指派人附加任何责任，并且任何协助该人履行职责的负责人不应未经所有人或占用人同意，进入和占领该住所。

第 2 节　协　　议

第 8 条　家庭促进协议

（1）若负责人遇到以下情况时，负责人可按照规定形式与儿童监护人、经监护人明示或暗示同意拥有该权利的人、由法院令或协议规定拥有该权利的人或经由负责人同意、向家庭或儿童提供服务的拥有儿童抚养权的人签订协议：

（a）该儿童需要干预；

（b）由于提供了服务，若视情况儿童仍在其监护人或拥有儿童抚养权的人身边，该儿童的生存、安全或发展得到了充分的保护。

（2）废除 2003 年第 16 章第 13 条。

第 9 条　抚养协议

除第 33 条另有规定外，若负责人认为出现以下情况时，负责人可按照规定形式与儿童监护人订立协议，该协议条款规定监护权属于负责人，其期限不超过 6 个月：

（a）该儿童需要干预；

（b）若儿童仍然在其监护人身边，无法充分保护儿童的生存、安全或发展。

第 10 条　抚养协议条款

监护人与负责人之间的抚养协议应包括以下限定条款：

（a）照护儿童的计划，包括对其提供服务的描述；

（b）提供该儿童监护人或任何其他人对儿童的访问或其他探视途径；以及

（c）将监护人权利委托给负责人的限度；

（d）废除 2003 年第 16 章第 15 条。

第 11 条　永久监护协议

（1）若儿童监护人中至少一名的实际监护少于 6 个月，则该儿童的所有监护人与负责人可按照规定形式订立永久性监护协议，由负责人取得该儿童的监护权。

（2）当根据本条作出协议时：

（a）协议签订后即刻生效，所有监护人的监护权终止；

（b）该协议对所有在协议订立时不是该儿童监护人的父母具有约束力，不论该家长是否有该协议的通知；

（c）负责人在任何目的下都被视为该儿童的唯一监护人；

（d）该协议仅能根据第 12 条、第 13 条、第 35 条或第 40 条第 2 款被终止。

第 12 条　永久监护协议的终止

（1）根据第 11 条订立永久性监护协议的监护人，可在协议签订日期起 10 天内，以书面形式要求教导人终止协议，并将作为协议主体的儿童返回该监护人。

（2）除第 3 款另有规定外，负责人收到监护人根据第 1 款提出的要求后，应当通知签订永久监护协议的其他所有监护人，并在收到该请求的 48 小时内，或在其他由负责人与提出请求的监护人商定的时间内，将该儿童返回依照第 1 款提出请求的拥有抚养权的监护人。

（3）永久性监护协议在 48 小时或根据第 2 款商定的其他任何期限届满时终止。

（4）负责人有合理的、可成立的根据认为，根据本条终止永久监护协议将使作为协议主体的儿童需要干预时，负责人应：

（a）根据第 8 条或第 9 条订立协议；或

（b）根据第 3 节，按照规定形式向法院申请法院令。

第 13 条　申请终止协议法院令

（1）宣称是儿童父母的人，该儿童是第 11 条中订立的永久监护协议的主体的，可在协议签订日期起 10 天内按照规定形式向法院申请终止协议。

（2）第 1 款的申请人，应当将申请聆讯的性质、时间及地点至少提前一天通知以下主体：

（a）负责人；以及

（b）在永久监护协议订立之前的该儿童监护人。

（3）第 23 条第 5 款及第 6 款适用于根据本条提出的申请。

（4）法院可将根据本条提出的申请的聆讯延期，延期时间在 15 天或由当事方同意的较长时间内。

（5）若法院确信该申请人为该儿童的父母，法院可终止永久监护协议，并执行以下一项或多项规定：

（a）宣布申请人是该儿童的父母；

（b）当法院确认存在以下条件时，将指派申请人为该儿童监护人：

（i）申请人有能力并愿意承担监护该儿童的责任，

（ii）该申请人被指派为监护人符合该儿童最佳利益；

（c）当法院确认存在以下条件时，该儿童由拥有抚养权的监护人抚养：

（i）监护人有能力并愿意承担监护儿童的责任，

（ii）监护人承担该儿童监护责任符合儿童最佳利益。

（6）当法院依照第 5 款作出法院令时：

（a）所有在永久监护协议订立前拥有监护权的监护人，其监护权恢复生效；

（b）负责人对儿童的监护权被终止；

（c）若任何人根据第 5 款（b）项被指派为监护人，则该人是该儿童的其他任何监护人的平等监护人。

（7）若法院根据第 5 款（b）项作出法院令后，若出现以下情况，则可再作进一步法院令，以终止该儿童的其他监护人的监护权：

（a）法院确信该儿童的其他监护人同意终止时；或

（b）法院认为这样做确有必要或确实可取。

（8）在申请人向负责人送达根据本条作出的法院令的副本后，该法院令立即生效。

第 14 条　探望协议

（1）负责人可按照规定的形式与以下主体订立协议：

（a）儿童监护人，该儿童是临时监护令的主体的；或

（b）任一与儿童有重大关系的人，该儿童是临时监护令的主体的。

（2）协议可以包括以下内容：

（a）提供该儿童监护人或与该儿童有重大关系的人对儿童的访问或其他探视途径；

（b）负责人与监护人商讨有关影响儿童事宜的条件（如果有）；

（c）废除 2003 年第 16 章第 17 条；

（d）与该儿童的监护权有关的其他一切事宜。

（3）若未经该儿童同意，第 1 款（b）项中有关年满 12 岁的儿童的协议不得成立。

第 15 条　未成年父母

未满 18 岁的人根据本法所订立的任何协议，如同该人已满 18 岁一样有效。

第 3 节　法院令

第 16 条　申请监督令

（1）当负责人认为出现以下情况时，负责人可根据第 28 条，按照规定形式向法院申请法院令，该法院令授予负责人对该儿童及与该儿童一同居住的人的监督权：

（a）儿童需要干预；

（b）为保护儿童的生存、安全或发展，有必要对儿童及与该儿童同住的人进行监督；

（c）有合理的、可成立的根据认为，监督的实行将使儿童的生存、安全或发展得到充分保护。

（2）若负责人根据第 1 款提出申请，则负责人应当纳入有关监督条款的申请推荐。

第 17 条　申请临时监护权

若负责人认为出现以下情况，负责人可根据第 31 条向法院申请临时监护令：

（a）儿童需要干预；和

（b）若儿童在监护人身边时，无法充分保护儿童的生存、安全或发展，期许在合理的时间内，儿童可被归还给儿童监护人，或若儿童年满16 岁，该儿童可独立生活。

第 18 条　永久监护权申请

（1）若负责人认为出现以下情况，负责人可根据第 34 条关于儿童的部分，按照规定形式向法院申请永久监护令：

（a）儿童需要干预，或其为临时监护令的主体；

（b）若儿童仍然在负责人以外的监护人身边时，或被归还给负责人以外的监护人后，儿童的生存、安全或发展不能得到充分保护；以及

（c）不期许在合理的时间内儿童能够或应该被归还给儿童监护人。

（2）废除 2003 年第 16 章第 19 条。

第 19 条　扣留令

（1）若负责人有合理的、可成立的根据认为该儿童需要干预，则负责人可向法院法官提出单方面申请；或者若没有适当的法官，则可向地方治安官提出申请，该法院令有以下效力：

（a）授权负责人扣留该儿童，或

（b）若法官或司法人员确信可在某地方或处所内找到该儿童，则可下令授权该法官、法院令中指定的任何人或任何要求协助的治安官在必要时强行进入某地方或处所内，行使搜查和扣留该儿童的权力。

（2）若：

（a）由负责人根据第2节或本节抚养儿童，未经负责人同意，离开或被迫离开负责人的抚养，

（b）负责人有合理的、可成立的根据认为可在某地方或处所找到该儿童，

负责人可向法院法官单方申请第3款中的法院令，或者若没有适当的法官，则可向地方治安官提出申请。

（3）法院法官或地方治安官若有合理的、可成立的根据认为可在某地方或某处所找到该儿童，则可下令授权该法官、法院令中指定的任何人或任何要求协助的治安官在必要时强行进入该法院令所指明的地方或处所，搜查和移送该儿童，以将该儿童交回负责人处抚养。

（4）若负责人有合理的、可成立的根据认为可在某个地方或处所找到第2款所述儿童，且由于第3款或第5款获得法院令所需时间导致该儿童的生命健康处于严重且紧迫的威胁之中，则负责人在必要时，为第3款所指明目的，可强行进入该地方或处所。

（5）若负责人认为，其亲自出庭向法官或地方治安官申请第1款或第2款的法院令是不切实际的，则负责人可通过电话或其他通信方式向法院法官或地方治安官提出申请。

（6）通过电话或其他通信方式申请的法院令资料要经过宣誓，并由法官或司法人员逐字记录。法官或司法人员应尽快核实记录或记录副本的时间、日期和内容，再将记录或记录副本交由法院书记官员处备案。

（7）就第6款而言，可通过电话或其他通信方式作出宣誓。

（8）通过电话或其他通信方式提交的资料应包括以下内容：

（a）导致负责人无法亲自出庭向法官或地方治安官申请法院令情形的说明；

（b）儿童的身份（如果已知）；

（c）就根据第1款提出的申请而言，陈述负责人认为该儿童需要干预的理由；

（d）就根据第2款提出的申请而言，陈述该负责人拥有该儿童的抚养权的依据和该负责人认为可在某地或某住所能够找到该儿童的根据；

（e）陈述负责人认为可在某地或某住所能够找到该儿童的根据；

（f）陈述负责人所已知有关该儿童的任何事先根据本条提出的法院令申请。

（9）第5款所述的法院法官或地方治安官，确信以下通过电话或其他通信方式提出的申请：

（a）符合第8款的要求，以及

（b）表明无法亲自出庭参与根据第1款或第2款提出的申请的合理根据，

可以作出法院令，授予该负责人搜查和扣留权，该授权与第1款或第2款作出的法院令授权相同。

（10）若法院法官或地方治安官根据第9款作出法院令，则：

（a）法官或司法人员应按照规定形式填写并签署法院令，在封面注明签订时间、日期和地点；

（b）负责人需根据法官或司法人员的指示，按照规定形式填写该法院令，并在封面注明作出该法院令的法官或司法人员的姓名和签订的时间、日期和地点，该法院令一式两份，以传真方式送达；

（c）法官或司法人员在作出法院令后，应当在可行范围内尽快将该法院令交由法院书记官员处备案。

（11）不得仅因负责人没有表明无法亲自出庭进行申请的合理根据，而对通过电话或其他通信方式作出的法院令提出质疑。

（12）尽管有第1款的规定，但当出现以下情况时，负责人或治安官有合理的、可成立的根据认为儿童的生命健康处于严重且紧迫的危险中，负责人或治安官可在无法院令批准的情形下扣留该儿童：

（a）该儿童被遗弃、走失或没有监护人；

（b）该儿童离开拥有抚养权的监护人，未经监护人同意并且因此监护人无法向该儿童提供生活必需品的；

（c）儿童已有或有相当大的风险受到身体伤害或性虐待。

（13）根据第12款被授权扣留儿童的人，可在必要时强行进入某地方或处所内，搜查该儿童；有合理的、可成立的根据认为可在某地方或处所找到该儿童的人，可在无法院令授权情况下，采取同样行动。

（14）尽管有第1款的规定，若负责人或治安官有合理的、可成立的根据认为，该儿童未经监护人同意离开或脱离拥有抚养权的监护人，负责人或治安官可在无法院令授权情况下扣留该儿童。

第19.1条　跨省扣留

若通常居住于阿尔伯塔省的儿童在另一省依照在该省儿童福利法被

扣留，并由该省儿童福利机构的负责人抚养，该儿童应被视为在该日根据第 19 条被扣留。

第 20 条　扣留通知

（1）若儿童被扣留，负责人应通知该儿童监护人：

（a）该儿童已被扣留；

（b）负责人若有根据第 43.1 条第 1 款限制该儿童的意图，应告知监护人；

（c）负责人若有根据第 43.1 条第 3 款申请法院令的意图，应告知监护人。

（2）根据第 1 款发出的通知可采用任何方法，可以是口头或书面形式。

（3）根据第 1 款发出的通知应当包括：扣留理由的陈述及阿尔伯塔省法律援助协会的最新电话号码。

（4）若负责人经合理努力后，仍无法按照本条发出通知，则本法的程序效力不受影响。

第 21 条　扣留后法院申请

（1）若儿童为第 19 条中的被扣留儿童，且被扣留后 2 天内，没有被遣送回拥有该儿童抚养权的监护人身边，或在该儿童为外省常住儿童，其由拥有该儿童抚养权的外省儿童福利机构安置时，负责人按照规定形式向法院申请以下法院令：

（a）监督令；

（b）临时或永久性监护令；

（c）将儿童遣送回拥有该儿童抚养权的监护人身边的法院令；或

（d）在该儿童为外省常住儿童时，授权拥有该儿童抚养权的外省儿童福利机构安置该儿童的法院令。

（2）废除修改章程 2000 年第 26（增补）章第 11 条。

（3）应在儿童被捕后 10 日内举行第 1 款中的申请聆讯。

（3.1）尽管有第 23 条第 4 款的规定，应当在举行根据第 1 款提出的申请聆讯至少两日前，送达该聆讯通知。

（4）若：

（a）儿童被遣送回拥有该儿童抚养权的监护人身边，或在该儿童为本省常住儿童，其由拥有该儿童抚养权的本省儿童福利机构照护时；或

（b）就儿童已订立家庭促进协议或监护协议，

在第 3 款所述期限届满之前，可在原定举行聆讯的日期前，撤回根据第 1 款提出的申请。

（5）—（10）废除 2003 年第 16 章第 22 条。

（11）在聆讯根据本条提出的申请时，法院可以：

（a）若不认为该儿童需要干预，则可令该负责人将该儿童遣返回拥有该儿童抚养权的监护人身边；或

（b）若确信该儿童需要干预，则可按照本节，作出一切有关该儿童的法院令。

第 21.1 条　初始抚养权

（1）若负责人依照第 21 条第 1 款（b）项，向法院申请临时监护权或永久监护权，则该负责人亦应当申请抚养令，直至临时监护令或永久监护令的申请被撤回或处理。

（2）在聆讯根据本条提出的抚养权的申请期间，法院应：

（a）下令使该儿童与拥有抚养权的负责人一起生活；或

（b）下令将该儿童遣返回拥有该儿童抚养权的监护人身边，直至负责人的临时监护令或永久监护令申请被撤回或处理。

（3）若根据第 2 款（a）项作出法院令，法院可：

（a）规定包括该儿童监护人或与该儿童有重大关系的人对该儿童的探视条款；以及

（b）在处理临时监护令的申请时，对该儿童、该儿童监护人及所有拥有该儿童抚养权的人作出评估。

（4）尽管有第 26 条的规定，但根据第 1 款提出的申请：

（a）是概要性质的；

（b）除非当事人同意延长押后期限，否则每次延期不得超过 14 天，但是本条款下的总延期不得超过 42 天。

（5）若法院根据第 4 款延期聆讯，则必须作出临时法院令，规定该儿童的抚养权，也可包括对该儿童的探视条款。

（5.1）若法院认为适当，则可通过视频会议，听取第 4 款中的延期提议。

（6）废除 2008 年第 31 章第 7 条。

第 22 条　扣留后的抚养

儿童被捕后，负责人拥有该儿童的专属抚养权，其有义务照护并抚养该儿童，并对其健康负责，直至该负责人已将该儿童遣送回拥有该儿

童抚养权的监护人身边，或第 21 条中的申请已被处理。

第 22.1 条　扣留后的医疗保障

（1）若被扣留儿童监护人，无法或不愿为儿童提供必要的、由医生或牙医推荐的内科、外科、牙科或其他矫正治疗，则负责人有权向该儿童提供推荐的任何治疗方法。

（2）若被扣留儿童监护人，不同意该儿童接受医生或牙医推荐的内科、外科、牙科或其他矫正治疗，则负责人必须向法院申请法院令，以批准该治疗。

（3）尽管有第 23 条第 4 款，但有关依照第 2 款所作之申请聆讯的日期、时间及地点的通知，必须至少在举行聆讯前一天送达。

（4）负责人可根据第 19 条第 5—10 款，通过电话或其他通信方式向法院法官提出申请，而在此情况下，第 19 条第 11 款适用于此法院令。

（5）若法院确信该治疗符合儿童最佳利益，则尽管该儿童监护人不同意该儿童接受治疗，但法院可批准该治疗。

（6）若法院依照本条作出治疗授权，则除非法院另有法院令，否则即使负责人不再拥有儿童的抚养权或监护权，此授权的效力仍延伸至治疗完成。

（7）若依照本条所作的法院令对儿童进行治疗时，仅该儿童监护人不同意接受治疗时，治疗人仍对该儿童的治疗承担责任。

第 22.2 条　监护下的医疗保障

（1）若作为临时监护令、永久监护协议或法院令主体的儿童，拒绝接受医生或牙医推荐的内科、外科、牙科或其他矫正治疗，则负责人必须向法院申请法院令，以批准该治疗。

（2）尽管有第 23 条第 4 款，但有关依照第 1 款所作之申请聆讯的日期、时间及地点的通知，必须至少在举行聆讯前一天送达。

（3）若法院依照本条作出治疗授权，则除非法院另有法院令，否则即使负责人不再拥有儿童的抚养权或监护权，此授权的效力仍延伸至治疗完成。

（4）若依照本条所作的法院令对儿童进行治疗时，仅该儿童监护人不同意接受治疗时，治疗人仍对该儿童的治疗承担责任。

第 23 条　申请通知

（1）申请人应依照本节通知以下对象，每次聆讯的性质、日期、时间和地点：

（a）儿童的所有监护人；

（b）若申请人不是负责人，应通知负责人；

（c）若该儿童年满 12 岁，应通知该儿童；

（d）若在此申请前，寄养父母持续照护该儿童超过 6 个月，应通知该儿童的寄养父母；以及

（e）若在儿童被捕后，有任何人在此申请前，持续照护该儿童超过 6 个月，应通知该人。

（2）申请人应将根据第 1 款发出的通知，亲自送达给以下人员：

（a）儿童的所有监护人；

（b）该儿童，若其年满 12 周岁。

（3）申请人可将根据第 1 款发出的通知，以邮件方式送达给以下人员：

（a）负责人；

（b）寄养父母；

（c）在儿童被捕后，照护该儿童的人。

（4）根据第 1 款发出的通知，应至少在举行聆讯前五天送达。

（5）若法院认为适当，在举行申请聆讯之前的任何时间，处理申请人的单方面申请时，法院可以进行下列任何一项：

（a）批准送达法律通知，通过挂号邮件或任何其他替代方式送达；

（b）根据（a）项作出法院令，延长或缩短送达通知的时间；

（c）根据（a）项作出法院令，延长聆讯举办时间；

（d）批准将该通知送达给依照《成人监护及委托法》关于监护人的规定而任命的监护人，而不是儿童监护人；

（e）批准给予较短的通知期；

（f）免除负责人以外的任何人的通知送达。

（6）无论第 5 款中是否作出批准，法院可在聆讯时进行以下任何一项：

（a）在适当情形下，批准其认为适当形式的送达通知；

（b）在充分通知情形下，批准缩短期限；

（c）免除向负责人以外的任何人送达通知。

第 24 条　聆讯排除

（1）除第 2 款另有规定外，当法院确信：

（a）提交给法院的证据或资料，可能严重伤害或严重危害作为聆讯

主体的儿童或在聆讯中作为证人的儿童，

（b）将任何或全部公众人士排除在法院之外符合公共道德、维持秩序或适当的司法管理的要求，

法院若认为任何人的存在对进行法律程序是没有必要的，则法院可拒绝其参与全部或部分诉讼程序，包括该儿童监护人或该儿童。

（2）法院不得拒绝负责人或任何一方的律师参与。

（3）在依照本节开展的聆讯开始时，法院应当通知提出申请的各方人，并根据第 1 款排除有关人员的参与。

第 25 条　废除 2003 年第 16 章第 27 条

第 26 条　延期

（1）法院可依照本节，将聆讯延期，延期不超过 42 天，或由法院酌情决定进行较长延期。

（2）若法院暂停聆讯，在延迟期间，法院必须作出抚养或探视聆讯的儿童主体的临时法院令。

（3）本条不适用于根据第 21.1 条作出的聆讯延期。

第 27 条　法院的一般性权利

在根据本节进行聆讯后，若法院确信该法院令适当，即使没有对该法院令提出申请，法院亦有权可根据本节或第 4 节作出法院令。

第 28 条　监督令

（1）法院若确信出现以下情况，则可作出监督令，其期限不超过 6 个月：

（a）该儿童需要干预；以及

（b）为充分保护儿童的生存、安全或发展，必须对儿童及与儿童同住的人进行强制性监督，并确保该人遵守该法院令的规定。

（2）法院在根据本条作出法院令之前，应考虑负责人对监督条款的建议。

（3）监督令应当：

（a）要求负责人监督儿童住所内的儿童，以及

（b）列出合理的条款，其中包括：

（i）负责人对该住所的访问频率，

（ii）对儿童及所有与儿童同住的人的评估和治疗，以及

（iii）法院认为必要的任何条款。

第 29 条　违反监督令

（1）若法院确信监护人或其他与儿童同住的人没有遵守监督令的规定，法院在处理负责人按照规定形式提出的申请时，在没有进一步审理关于儿童需要干预的证据的情形下，法院可：

（a）续发、更改或延长监督令；或

（b）就该儿童作出临时监护令或永久监护令。

（2）第 23 条适用于根据第 1 款送达申请聆讯的时间和地点的通知书。

第 30 条　禁止令

（1）若儿童已根据第 19 条被扣留，或为监督令、临时或永久监护令的主体，而负责人有合理的、可成立的根据认为，某人曾对该儿童进行身体、精神伤害或性虐待，或可能对该儿童进行身体、精神伤害或性虐待，或者诱导该儿童卖淫，负责人可向王座法院申请下列任一项或两项法院令：

（a）禁止该人与该儿童同住的法院令；

（b）禁止该人与该儿童接触或以任何方式与该儿童交往的法院令。

（2）王座法院可根据本款作出法院令，该法院令期限不超过 6 个月。

（3）若王座法院根据本条作出法院令以限制该儿童的父母，则法院可以作出进一步的法院令，指示该父母为该儿童而作出的出资、财务或其他以支付抚养费。

（4）受限制令的人可向王庭法院申请复审该法院令。

（5）在聆讯根据第 4 款作出的申请时，王庭法院可继续、更改或终止该法院令。

第 31 条　临时监护令

（1）若法院确信出现以下情况，可作出法院令，指派一名负责人成为儿童监护人：

（a）该儿童需要干预；以及

（b）若儿童仍然在该儿童监护人身边，儿童的生存、安全或发展不能得到充分保护，期许在合理的时间内，儿童可被归还给儿童监护人，或若儿童年满 16 岁，该儿童可独立生活。

（2）若法院根据第 1 款作出法院令，负责人与儿童的其他监护人成为共同监护人，除第 4 款另有法院令外，负责人可行使作为儿童监护人的全部权利，以排除其他监护人，除非有关第 2 部分第 1 项中的诉讼。

（3）废除 2003 年第 16 章第 32 条。

（4）在作出临时监护令时或该效力期内的任何时间，法院在处理负责人、儿童监护人、年满 12 岁的儿童或其他与儿童有重大关系的其他人提出的申请时，在认定事项不能通过协议解决或者协议条款没有得到遵守的情形下，考虑负责人的建议后，可以作出法院令，限定以下内容：

（a）提供对儿童、该儿童监护人或与该儿童有重大关系的人的探视途径，

（b）有关影响儿童事宜的条件必须由负责人与监护人商讨；

（c）若负责人提出建议，则儿童、监护人或两者一同参与治疗或补救方案；以及

（d）法院认为必要的其他任何条款。

（5）未经年满 12 岁的儿童同意，不得根据第 4 条（a）项作出法院令提供与该儿童有重大关系的人对该儿童的访问途径。

（6）本条中的法院令可以规定，除负责人以外的监护人或将要拥有儿童抚养权的任何人，其应在临时监护令到期之前提交评估报告，以协助负责人或法院在法院令到期或终止时，视情况决定监护人或其他人是否适宜享有儿童的抚养权。

（7）在根据第 6 款作出法院令前，法院应当考虑负责人关于评估的建议。

第 31.1—31.2 条　废除 2003 年第 16 章第 33 条

第 32 条　复审监督令或临时监护令

（1）若儿童是监督令或临时监护令的主体，且有关法院令的上诉期已经到期：

（b）负责人，在法院令期限内的任何时间，或

（b）儿童监护人，或已满 12 岁的儿童，在法院令期限内，

　按照规定形式向法院申请续发、更改或终止原有法院令，或根据第 28 条、第 31 条或第 34 条作出新的法院令。

（2）法院在复审根据本条作出的法院令时，可考虑其认为有关的事宜，并应考虑以下事项：

（a）导致儿童需要干预情形是否有所改变；

（b）提供给儿童或家庭的干预服务；

（c）废除 2008 年第 31 章第 9 条；

（d）除负责人以外的监护人是否遵守了该法院令。

（3）除非法院确信其他法院令符合儿童最佳利益，否则尽管有第23条第4款，法院仍应当延长原有法院令的有效期，以待根据本条处理该申请。

第33条 负责人累计照护时间

（1）就本条而言，当儿童为以下一项或多于一项的主体时，儿童受到负责人的照护：

（a）根据第9条或第57.2条第2款订立的抚养协议；

（b）根据第21.1条第2款（a）项作出的抚养令；

（c）根据第3款、第29条第1款（b）项或第31条作出的临时监护令；

（d）根据第32条第3款作出的延期临时监护令；

（e）根据第26条第2款作出的临时法院令，授予负责人抚养权。

（2）负责人照护该儿童的累计时间不得超过：

（a）若儿童不满6岁，则为9个月；

（b）若儿童年满6岁，或者若儿童在负责人照护期间年满6岁，则为12个月。

（3）若负责人照护该儿童的累计时间已达到第2款就该儿童所订的最高限额，当法院确信出现以下情况时，则尽管有第2款的规定，法院仍可作出临时监护令，期限不超过6个月：

（a）有充足的理由这样做；而且

（b）期许在法院令期限内，儿童可能会被送回拥有抚养权的监护人的身边。

（4）第2款的计算不得包括以下内容：

（a）若有至少5年的时间，该儿童不处于负责人的照护中，或该儿童不是永久监护协议或法院令的对象，那么在该时期之前，该儿童由负责人照护的任何时间；

（b）若儿童是收养令或私人监护令的主体，则在该法院令作出之前，该儿童由负责人照护的任何时间。

（5）尽管有第2款规定，当法院延期聆讯永久监护权的申请时，除非确信该申请符合儿童最佳利益，否则法院应在处理该申请之前，应向一名负责人作出临时法院令，授予其监护权。

（6）根据第5款作出的法院令可提供对该儿童的探视。

第 34 条　永久监护令

（1）处理由负责人根据本节提出的申请时，若法院确信出现以下情况，则法院可以作出永久监护令，指派该负责人为该儿童监护人：

（a）儿童需要干预，或其为临时监护令的主体；

（b）若儿童仍然在监护人身边，或被归还给负责人以外的监护人，儿童的生存、安全或发展不能得到充分保护；

（c）不期许在合理的时间内儿童能够或应该被归还给儿童监护人。

（2）—（3）废除 2003 年第 16 章第 36 条。

（4）如果法院作出永久性的监护令，则负责人是该儿童的唯一监护人，公共受托人是儿童财产的唯一受托人。

（5）负责人应按要求向公共受托人发送永久监护令的副本。

（6）—（7）废除。

（8）在作出永久监护令时，或在法院令期限内的任何时间，处理负责人、儿童的前监护人、年满 12 岁儿童或其他与该儿童有重大关系的人的申请时，法院应订立提供儿童与其前监护人或其他人之间的探视法院令。

（9）未经年满 12 岁儿童的同意，不得根据第 8 款作出与该儿童有关的法院令。

（10）负责人可按照规定的形式与以下主体订立协议：

（a）临时监护令儿童主体的前监护人；或

（b）任何与临时监护令儿童主体有重大关系的人。

（11）根据第 10 款（b）项作出的有关年满 12 岁儿童的任何协议，均不得在该儿童未同意情形下订立。

（12）除非法院确认依照第 8 款作出的探视法院令不会妨碍儿童的收养，否则法院不得作出该法院令。

（13）若根据第 8 款作出法院令，则负责人、年满 12 岁儿童或该法院令准许探视的人应向法院申请复审法院令。

（14）法院聆讯根据第 13 款提出的申请后，可继续、更改或终止原来的法院令。

第 35 条　终止永久监护协议或法院令

（1）当儿童是永久性监护协议或法院令的主体，在该协议或法院令订立之前，若负责人确信该儿童应该归还给拥有该儿童的监护权的监护人，负责人可以向法院申请终止永久监护协议或法院令的法院令。

（2）（废除）

第 36—37 条　　（废除）

第 38 条　父母婚姻

当儿童是永久性监护协议或法院令的主体，且随后该儿童的生母和生父与对方结婚，则该儿童的生父被视为已在结婚日期之前，发给或送达通知给了所有需要发给或送达通知的该儿童监护人。

第 39 条　监护权

当儿童由负责人抚养，或为临时或永久监护令或永久监护协议的主体时，监督令和负责人对儿童的监护权优先于未根据本法作出的有关抚养权、探视权、接触权，亲子时间或儿童居住地的任何法院令所赋予的权利，无论该法院令：

（a）是否被授予根据本法案进行的诉讼的一方；

（b）在以下情况之前或之后被授予：

（i）该儿童由负责人抚养，

（ii）作出监督令、临时或永久的监护令，

（iii）履行永久监护协议。

第 40 条　法庭令持续时间

（1）临时监护令一直有效到：

（a）法院令到期或由法院终止；

（a.1）就该儿童作出私人监护令，

（b）该儿童年满 18 岁，

（c）该儿童结婚，

不论以上任何一项先发生。

（2）永久监护协议或法院令一直有效到：

（a）该协议或法院令由法院终止，

（b）就该儿童作出私人监护令，

（c）订立有关儿童的收养令，

（d）该儿童年满 18 岁，

（e）该儿童结婚，

不论以上任何一项先发生。

第 41 条　　（废除）

第 42 条　儿童死亡

（1）当永久监护协议或法院令的儿童主体死亡时，负责人可：

（a）同意对儿童尸体进行解剖；

（b）安排儿童尸体的埋葬或其他处置。

（2）当临时监护令的儿童主体死亡时，若出现以下情况，负责人可安排儿童尸体的埋葬或其他处置：

（a）在合理的时间内，负责人无法找到儿童的其他监护人；或者

（b）该儿童的其他监护人无法支付该儿童尸体的埋葬或其他处置费。

第4节　安全服务

第43条　（废除）

第43.1条　安全服务证书

（1）除第2款另有规定外，当儿童：

（a）除根据第57.2条第2款所订立的抚养协议的主体青少年外，正由负责人抚养，

（b）是监管令、临时监护令、永久监护协议或法院令的主体，或

（c）是根据第8条订立的家庭促进协议的主体，而负责人有合理的、可成立的根据认为，

（d）该儿童处于对自身或其他人构成直接危险的状况，

（e）为了稳定和评估该儿童，有必要限制该儿童，

（f）干涉性较小的措施不足以充分减少危险，

负责人可按照规定的形式与以下主体签发安全服务证书，在签发时，主管可以移送该儿童，并可以在儿童被移送过程中，扣留儿童到安全服务设施处，并可将儿童限制在安全服务设施处。

（2）当儿童为监管令、根据第9条订立的抚养协议或根据第8条订立的家庭促进协议的主体时，未经该儿童监护人书面同意，负责人不得签发安全服务证书。

（3）若负责人依据第1款限制儿童，

（a）负责人必须在限制后3天内出庭，说明为何签发该证明；

（b）若有需要，负责人亦可按照规定的形式为该儿童申请进一步的安全服务令，为期不超过7天：

（i）稳定该儿童，或

（ii）评估该儿童，并按照规定的形式制定服务计划。

（3.1）若法院认为适当，法院则可通过视频会议，聆讯依照第3款作出的安全服务的说明理由和申请。

（3.2）若负责人认为，其亲自在法官或地方治安官面前作出以下行为是不切实际的：

（a）按照第3款（a）项说明理由，或

（b）根据第3款（b）项申请法院令，

负责人可按照第43.2条的规定，通过电话或其他通信方式向法院法官说明理由和提出申请。

（4）若负责人依照第1款限制儿童，当监护人同意签发安全服务证明，则在该证明书签发后1天内，该负责人必须为该儿童及监护人提供：

（a）安全服务证明书副本，其说明限制理由及证明持续时间；

（b）通知根据第3款（a）项举行的为说明原因的出庭日期、时间及地点；以及

（c）若有，根据第3款（b）项申请进一步限制的期限。

（5）安全服务证书或法院令充分授予任何人将儿童限制在安全服务设施内。

（6）根据第3款提出的申请，可由法院法官、王座法院法官或地方治安官聆讯。

（7）根据第3款聆讯申请的法官或地方治安官，如果法官或地主治安官为以下目的，确信进一步的限制是必要的，可以对儿童作出期限不超过7天的安全服务令：

（i）稳定该儿童，或

（ii）评估该儿童，并按照规定的形式制订服务计划。

（8）若法官或地方治安官根据第7款作出安全服务令，则负责人必须：

（a）在授予后1天内，向儿童提供安全服务法院令的副本；

（b）以口头或书面方式，立即通知该儿童监护人。

第43.2条 通过电话或其他通信方式申请安全服务令

（1）若负责人按照第43.2条的规定，通过电话或其他通信方式向法院法官说明理由和提出申请，则申请和说明理由所依据的资料应当经过宣誓，并由法院法官逐字记录。法院法官应尽快核实记录或记录副本的时间、日期和内容，再将记录或记录副本交由法院书记官员处备案。

（2）就第1款而言，可通过电话或其他通信方式宣誓。

（3）通过电话或其他通信方式提交的资料必须包括一份情况说明，说明无法亲自到法官或地方治安官面前的原因。

（4）若法官确信通过电话或其他通信方式提出的申请符合第 3 款的规定，则第 1 款所述的法院法官可根据第 43.1 条作出法院令。

（5）若法院法官根据第 4 款作出法院令：

（a）法官应按照规定形式填写并签署法院令，在封面注明签订的时间、日期和地点；

（b）负责人需根据法官或司法人员的指示，按照规定形式填写该法院令，并在封面注明作出该法院令的法官的姓名和签订的时间、日期和地点，该法院令一式两份，以传真方式送达；

（c）法官在作出法院令后，应当在可行范围内尽快将该法院令交由法院书记官员处备案。

（6）不得仅因负责人没有表明无法亲自出庭进行申请的合理根据，而对通过电话或其他通信方式作出的法院令提出质疑。

第 44 条　安全服务令

（1）当儿童：

（a）除根据第 57.2 条第 2 款订立的抚养协议的主体青少年外，正由负责人抚养，

（b）是监管令、临时监护令、永久监护协议或法院令的主体，或

（c）是根据第 8 条订立的家庭促进协议的主体，

申请人可向法院单方面申请安全服务令。

（2）若法官确信出现以下情况，可对儿童作出期限不超过 5 天的安全服务令：

（a）该儿童处于对自身或其他人构成直接危险的状况；

（b）为了稳定和评估该儿童，有必要限制该儿童；以及

（c）干涉性较小的措施不足以充分减少危险。

（3）若法官根据第 2 款授予安全服务令，则负责人必须：

（a）在授予后 1 天内，向儿童提供安全服务法院令的副本；

（b）以口头或书面方式，立即通知该儿童监护人。

（4）在根据第 2 款授予的安全服务令终止前，负责人可按照规定的形式为该儿童申请进一步的安全服务令，而若法院认为为以下目的，确信进一步限制是必要的，法院可增加安全服务令的期限不超过 5 天：

（a）稳定该儿童；或

（b）评估该儿童，并按照规定的形式制定服务计划。

（5）负责人必须至少在举行申请聆讯前一天，向儿童及监护人送达

根据第 4 款提出的申请聆讯的日期、时间及地点。

（6）若法院认为适当，在举行根据第 4 款提出的申请聆讯之前的任何时间，法院可在处理负责人的单方面申请时，进行下列任何一项：

（a）批准送达法律通知，通过挂号邮件或任何其他替代方式送达；

（b）若根据（a）项作出法院令，延长或缩短送达通知的时间；

（c）若根据（a）项作出法院令，延长聆讯举办时间；

（d）批准将该通知送达给依照《受抚养的成人法》关于监护人的规定而任命的监护人，而不是儿童监护人；

（e）批准给予较短的通知期；

（f）免除向任何人送达通知。

（6.1）无论第 6 款中是否作出批准，法院可在举行依照第 4 款提出的申请聆讯时进行以下任何一项工作：

（a）在适当情形下，批准其认为适当的形式送达通知；

（b）在充分通知情形下，批准缩短期限；

（c）免除向任何人送达通知。

（7）负责人必须详述，按照安全服务令，被限制儿童所在的安全服务设施。

（8）安全服务令充分授权任何人将儿童限制在安全服务设施内。

（9）若法院作出安全服务令，则法院应：

（a）告知该儿童这样做的原因。

（b）向该儿童、该儿童监护人及该儿童的律师（若有的话）提供该法院令的副本及书面陈述，说明：

（i）限制原因；

（ii）限制的期限和终止的日期；

（iii）该法院令可在该儿童、该儿童监护人或负责人的申请下进行复审或上诉；

（iv）该儿童可从安全服务设施的负责人处，取得规定形式的复审申请表的副本；以及

（v）在向法院作出的任何申请中，律师可代表该儿童；

（vi）废除 2008 年第 31 章第 13 条。

（c）向儿童提供书面陈述，说明儿童及青少年问题顾问的地址和电话号码。

（d）向儿童监护人提供书面陈述，说明最近的法律援助协会办公室的地址和电话号码。

第 44.1 条　第 43.1 条及第 44 条法院令的续期

（1）根据第 43.1 条或第 44 条授予的安全服务令，负责人可按照除第 4 款外的第 44 条的申请程序，按规定形式提出续期申请，续期不超过 20 天。

（2）根据本条、第 43.1 条及第 44 条，安全服务设施内的儿童被限制的总时间不得超过连续 30 天。

（3）尽管有第 2 款的规定，但当该儿童不再由负责人抚养，或该儿童不再是监管令、临时监护令、永久监护协议或法院令、根据第 8 条订立的家庭促进协议的主体，则安全服务设施中对该儿童的限制立即终止。

第 44.2 条　程序排除

（1）除第 2 款另有规定外，若法院确信：

（a）提交给法院的证据或资料可能严重伤害或严重危害作为聆讯主体的儿童或在聆讯中作为证人的儿童，

（b）将任何或全部公众人士排除在法院之外，符合公共道德、维持秩序或适当的司法管理的要求，

若认为任何人的存在对进行法律程序是没有必要的，则法院可拒绝其参与全部或部分诉讼程序，包括该儿童监护人或该儿童。

（2）法院不得拒绝负责人或任何一方的律师参与聆讯。

（3）依照本节开展的聆讯开始时，法院应当通知提出申请的各方，并根据第 1 款拒绝相关人士参与聆讯。

第 45 条　安全处理设备

（1）安全服务证明书或法院令充分授权任何地方治安官或负责人扣留指定儿童，将其移送到负责人指定的安全服务设施处，当该儿童被移送到安全服务设施处时，扣留该儿童。

（2）在签发安全服务证明书或法院令时，若儿童已不在该设施内居住，则负责人指定的安全服务设施的主管人必须让儿童进入安全服务设施，安全服务设施的人负责确保：

（a）按照规定的这类服务标准，为该儿童提供稳定该儿童的服务；

（b）对所制定的儿童服务计划进行评估；

（c）提供给儿童的安全水平满足儿童被限制的合理要求。

第 46 条　移送

当安全服务证明书或法院令中指定的儿童在安全服务设施中时，负

责人可以将该儿童移送到另一个安全服务设施，并且在儿童被移送时，该证书或法院令充分授权治安官、负责人和安全服务设施的工作人员扣留该儿童。

第47条 外出许可

在安全服务证明书或法院令有效期内，负责人根据其认为必要的任何条款和条件，可以出于医疗、人道主义或康复原因，同意该儿童的外出许可，允许其离开安全服务设施。

第48条 搜查及扣留令

（1）当儿童是安全服务证明书或法院令的主体时：

（a）在未同意其外出许可时，离开安全服务设施，或者

（b）依照外出许可离开安全服务设施，但在外出许可规定时间内未能按时返回，

负责人可以扣留并移送该儿童，或授权治安官或其他任何人扣留并移送该儿童，并在儿童被移送时，扣留儿童到安全服务设施处。

（2）若负责人有合理的、可成立的根据认为，安全服务证明书或法院令的儿童主体：

（a）在未同意其外出许可时，离开了安全服务设施，或者

（b）依照外出许可离开了安全服务设施，但在外出许可规定时间内未能返回，

其可向法院法官申请法院令；若没有适当的法官，则可向地方治安官申请法院令，授权负责人、法院令中指定的人或被要求协助的治安官，进入法院令中指定的地点或处所，必要时强行进入，以便搜查、扣留和移送儿童到安全服务设施处，并在该儿童被移送到安全服务设施处时，扣留该儿童。

（3）若法官或司法人员确信可在法院令指定的地方或处所内找到该儿童，则依照本条作出法院令。

（4）若负责人认为，其亲自出庭向法官或地方治安官申请第1款的法院令是不切实际的，则负责人可通过电话或其他通信方式向法院法官或地方治安官提出申请。

（5）通过电话或其他通信方式申请的法院令资料需作出宣誓，并由法官或司法人员逐字记录。法官或司法人员应在可行范围内尽快核实记录或记录副本的时间、日期和内容，并交由法院书记官员处备案。

（6）就第 5 款而言，可通过电话或其他通信方式作出宣誓。

（7）通过电话或其他通信方式提交的资料应包括以下内容：

（a）导致负责人无法亲自出庭向法官或地方治安官申请法院令情形的说明；

（b）陈述负责人确信该儿童是安全服务证明或法院令的主体；

（c）在无外出许可情形下，离开了安全服务设施；

（d）未在规定时间内，返回安全服务设施；

（e）陈述负责人认为可在某地或某住所能够找到该儿童的根据；

（f）陈述负责人所已知的有关该儿童的任何事先根据本条提出的法院令申请。

（8）第 4 款所述的法院法官或地方治安官，确信以下通过电话或其他通信方式提出的申请：

（a）符合第 7 款的要求，以及

（b）表明无法亲自出庭参与根据第 2 款提出的申请的合理根据，

可以作出法院令，授予该负责人搜查和扣留权，该授权与第 2 款作出的法院令授权相同。

（9）若法院法官或地方治安官根据第 8 款作出法院令，

（a）法官或治安官应按照规定形式填写并签署法院令，在封面注明签订时间、日期和地点。

（b）负责人需根据法官或治安官的指示，按照规定形式填写该法院令，并在封面注明作出该法院令的法官或治安官的姓名和签订的时间、日期和地点，该法院令一式两份，以传真方式送达。

（c）法官或治安官在作出法院令后，应当在可行范围内尽快将该法院令交由法院书记官员处备案。

（10）不得仅因负责人没有表明无法亲自出庭进行第 2 款申请的合理根据，而对通过电话或其他电信方式作出的法院令提出质疑。

（11）若当负责人、治安官或根据第 1 款授权扣留儿童的其他合理的、可成立的根据认为：

（a）可在某地方或处所找到该儿童，且

（b）由于第 2 款或第 4 款获得法院令所需时间导致该儿童的生命健康处于严重且紧迫的威胁之中，

则负责人、治安官或其他人可在无法院令授权情形下，必要时强行进入该地方或处所，并为移送该儿童到安全服务设施处，搜查和移送该儿童，且在该儿童被移送到安全服务设施处时，扣留该儿童。

第49条 复审

（1）若有关儿童的安全服务令已作出，则该儿童监护人或负责人可以按照规定形式向法院申请复审该法院令。

（2）可由以下人员提出复审安全服务令申请：

（a）在该法院令生效期间及该法院令续期内的任何时间，由负责人提出；或

（b）由作为安全服务令的主体的儿童或儿童监护人提出，在法院令生效期间可提出一次，在法院令续期内同样可提出一次。

（3）复核聆讯应在向法院提出申请后 3 日内，或在法院指示的其他任何期限内举行。

（4）若负责人不是申请人，则法院书记官应将该申请通知负责人。

（5）申请人应当以挂号邮件或法院批准的任何其他方式，向以下人员送达申请的聆讯日期、时间及地点：

（a）该儿童，

（b）若负责人不是儿童监护人时，则应通知该儿童监护人，

（c）该儿童所在的安全服务设施的主管人，

必须至少在举行聆讯前一天送达。

（6）若法院认为适当，在举行申请聆讯之前的任何时间，法院可在处理负责人的单方面申请时，进行下列任何一项：

（a）通过挂号邮件或任何其他形式的送达通知替代方式，授权单方面的法律服务；

（b）若根据（a）项作出法院令，延长或缩短送达通知的时间；

（c）若根据（a）项作出法院令，延长聆讯举办时间；

（d）批准将该通知送达给依照《受抚养的成人法》关于监护人的规定而任命的监护人，而不是儿童监护人；

（e）授权给予较短的通知期；

（f）免除任何人的通知送达。

（7）无论是否根据第 6 款作出批准，法院可在举行申请聆讯时进行以下任何一项工作：

（a）在适当情形下，批准其认为适当的形式送达通知；

（b）在充分通知情形下，批准缩短期限；

（c）免除任何人的通知送达。

第50条 复审法院令

（1）法院在聆讯复审安全服务令申请后，可依照第 44 条作出法院

令，以继续、更改或终止原来的法院令。

（2）根据第 1 款作出的法院令不得延长被复审的安全服务令的有效期。

（3）负责人应当向该儿童、该儿童监护人、该儿童的律师（若有的话）及该儿童所在的安全服务设施的主管人提供根据第 1 款作出的法院令的副本。

第 51 条　限制延期及延长

（1）法院可将根据第 43.1 条、第 44 条、第 44.1 条或第 49 条提出的申请聆讯延期：

（a）经申请方同意；或

（b）若法院确信，为取得证据，促进其决定是否作出、确认、变更或终止安全服务令，有必要延期。

（1.1）地方治安官在以下情况下，可将根据第 43.1 条第 3 款提出的申请聆讯延期：

（a）经申请方同意；或

（b）若地方治安官确信，为取得证据，促进其决定是否签发安全服务令，有必要延期。

（2）除非法院确信其他法院令符合儿童最佳利益，否则法院应当在根据第 44 条或第 44.1 条提出的申请进行聆讯之前，视具体情况，就根据本法限制的儿童进行延长。

（3）在计算根据第 43.1 条、第 44 条、第 44.1 条或第 49 条提出的申请的延期天数时，若在延期时，儿童被限制在安全服务设施内，则其延期天数应包括聆讯时作出法院令的时间。

第 5 节　私人监护

第 52 条　私人监护权

（1）任何成年人均可为由负责人抚养的儿童，或临时监护令、永久监护协议或法院令的儿童主体，按照规定形式向法院申请私人监护令。

（1.1）根据第 1 款提出的申请，必须由有资格人士根据规定形式，准备一份包括以下条款的家庭研究报告：

（a）申请人是否适合担任监护人；

（b）申请人作为监护人承担对儿童的责任的能力和意愿；以及

（c）指派申请人成为儿童监护人是否符合儿童最佳利益。

（1.2）若儿童是永久监护协议或法院令的主体，则第 1.1 款要求的报告必须由负责人准备。

（1.3）若申请人有理由认为该儿童是原住民儿童，则根据第 1 款提出的申请必须包括根据规定制定的文化联系计划，该计划处理如何培养该儿童与原住民文化、遗产、精神信仰和传统的联系，保留儿童的文化认同感。

（2）若负责人代表申请人，根据第 1 款提出申请，需：

（a）申请人书面同意；

（b）负责人认为该儿童由申请人监护符合儿童最佳利益。

（3）—（5）废除。

第 53 条　通知

（1）若依照本条以下主体有需要，则申请人应当在聆讯日期至少 30 天前向以下主体送达通知，即按照第 52 条提出的申请聆讯的性质、日期、时间和地点，则需同时附上第 52 条第 1.1 款所述的报告副本，及第 52 条第 1.3 款所述的文化联系计划的副本：

（a）儿童监护人；

（b）该儿童，若其年满 12 岁；

（c）负责人，若其不是监护人。

（2）若法院认为适当，法院可：

（a）法院令替换或从法律上取消送达该申请的通知，即若依照本条有人有需要，送达第 52 条第 1.1 款所述的报告副本，及第 52 条第 1.3 款所述的文化联系计划的副本；

（b）缩短根据第 1 款所规定的送达期限；或

（c）免除对负责人以外的任何人的通知送达。

第 54 条　　（废除）

第 55 条　同意监护

（1）私人监护令不得在未按规定形式和未经以下人员同意时作出：

（a）儿童监护人；

（b）该儿童，若其年满 12 岁；

（c）负责人，若其不是监护人。

（2）尽管有第 1 款，但法院认为此法院令符合儿童最佳利益时，可在未经以下人员同意时作出法院令：

（a）负责人以外的监护人；

（b）该儿童；或

（c）负责人，除非负责人是该儿童监护人。

（3）在任何省或地区执行的，按照其规定形式作出的监护权同意书，与按照本法规定形式作出的监护权同意书具有同等效力。

第 56 条　私人监护令

（1）当确信：

（a）申请人能够且愿意作为监护人承担对儿童的责任，

（b）此法院令符合儿童最佳利益，

（c）聆讯前，申请人已照护该儿童至少连续 3 个月，

法院可作出私人监护令，指派该申请人成为该儿童监护人。

（1.01）若法院认为此法院令符合儿童最佳利益，可取消第 1 款（c）项要求。

（1.1）根据第 1 款作出法院令时，法院可以纳入有关抚养和联系儿童的条款。

（1.2）根据第 1 款法院令指派原住民儿童监护人时，法院应通知监护人履行第 57.01 条所规定的监护人义务。

（2）法院书记官应当向以下人员提供根据第 1 款作出的法院令的核证副本：

（a）申请人；

（b）在作出法院令前的儿童监护人；

（c）该儿童，若其年满 12 岁；

（d）负责人，若其在作出法院令前不是该儿童监护人。

第 56.1 条　经济资助

（1）负责人可按照规定向儿童的私人监护人提供经济资助，在作出私人监护令时，该儿童曾是永久监护协议或法院令的主体。

（2）负责人可不时复审经济资助，并可按规定更改或终止经济资助。

第 56.2 条　复审有关联系条款的法院令

（1）若根据第 56 条作出的法院令包括关于与儿童联系的条款，则以下人员可按照规定形式向法院申请复核条款：

（a）该儿童，若其年满 12 岁；

（b）根据该法院令已授权与该儿童联系的人；

（c）儿童监护人；

（d）与儿童有重大关系的人。

（2）申请人应当以挂号邮件或法院批准的任何其他方式，必须至

少在举行聆讯前 15 天向以下人员送达申请聆讯的日期、时间及地点通知。

（a）该儿童，若其年满 12 岁；

（b）根据该法院令已授权与该儿童联系的人，若该人不是申请人；

（c）儿童监护人。

（3）若法院认为适当，法院可：

（a）法院令替换或从法律上取消送达该申请的通知，

（b）缩短根据第 2 款所规定的送达期限，或

（c）免除向任何人送达通知。

（4）法院在聆讯根据第 1 款提出的申请后，可继续、更改或终止原来的有关联系条款的法院令。

第 57 条　法院令的效力

（1）尽管有《家庭法》第 2 部分，但就所有目的而言，私人监护令可使申请人成为儿童监护人。

（2）尽管有《家庭法》第 2 部分，但当法院作出私人监护令时，若出现以下情况，法院可以作出进一步法院令终止其他任何监护人的监护权：

（a）法院确信该儿童的其他监护人同意终止；或

（b）出于充足的理由，法院认为此做法是有必要的、可取的。

（3）—（5）废除 2003 年第 16 章第 61 条。

第 57.01 条　对原住民儿童的私人监护权

若根据第 56 条订立私人监护令，指派原住民儿童监护人，则该监护人应当：

（a）根据第 52 条第 1.3 款采取合理措施，遵守申请中有关对该儿童的文化联系计划；及

（b）若该原住民儿童是印第安人：

（i）代表该儿童，采取合理步骤，行使儿童所必要的、作为印第安人所拥有的任何权利；

（ii）一旦该监护人认为该儿童能够理解其作为印第安人的身份，就应立即通知儿童其作为印第安人的身份。

第 57.1 条　终止法院令

（1）若根据本节作出私人监护令后，并未根据第 57 条被终止监护权的监护人，可以按照规定形式向法院申请终止私人监护令，当法院确信：

（a）该申请人能够完全恢复并愿意完全恢复监护儿童的责任，

（b）此符合儿童最佳利益，

除第 3 款另有规定外，法院可终止私人监护令。

（2）若法院终止私人监护令，则申请人和未根据第 57 条被终止监护权的其他人是该儿童监护人。

（3）未经年满 12 周岁的儿童同意，不得根据第 1 款作出与该儿童有关的法院令。

（4）第 53 条和第 55 条适用于根据本条提出的申请，申请人必须在申请中纳入第 52 条第 1.1 款所述的报告。

第 6 节　与青少年协议

第 57.2 条　家庭促进与抚养协议

（1）若负责人处于以下情况时，负责人可以与青少年按照规定形式订立协议，向青少年提供服务：

（a）确信该青少年能够独立于其监护人生活；

（b）认为：

（i）该青少年需要干预，

（ii）由于提供服务，当青少年继续独立于其监护人生活时，青少年的生存、安全或发展将得到充分保护。

（2）除第 33 条另有规定外，若负责人处于以下情况时，负责人可按照规定的形式与青少年订立抚养协议，该协议条款规定，以不超过 6 个月的时间为期限，监护权属于负责人：

（a）确信该青少年能够独立于其监护人生活；

（b）认为：

（i）该青少年需要干预；

（ii）通过协议，青少年的生存、安全或发展将得到充分保护。

（3）根据本条，协议条款必须包括：

（a）就抚养协议而言，提供该青少年的监护人或任何其他人对该青少年的访问或其他探视途径；

（b）满足青少年向独立和成年过渡的需求，符合规定形式的照护计划。

第 57.3 条　儿童年满 18 周岁后的照护和抚养

若青少年是根据第 57.2 条第 1 款订立的家庭促进协议，根据第 57.2 条第 2 款订立的抚养协议、临时监护令、永久监护协议或法院令的主体时，当其年满 18 岁时，负责人可以继续向其提供支持和经济资助：

（a）符合以上协议或法院令的有效期及目的，以及

（b）符合条例所规定的条件。

第 7 节　儿童支持协议及法院令

第 57.4 条　儿童支持协议

（1）若：

（a）儿童由负责人抚养，或为临时监护令、永久监护协议或法院令的主体，或

（b）负责人已根据第 57.2 条与儿童订立协议，

负责人可以按照规定形式与该儿童的父母签订协议，由借此父母同意提供抚养费给该儿童。

（2）根据第 1 款订立的儿童支持协议，并不妨碍该负责人根据第 57.5 条向法院申请法院令。

第 57.5 条　儿童支持令

（1）若儿童由负责人抚养，或为临时监护令、永久监护协议或法院令的主体，或与负责人根据第 57.2 条签订了协议时，负责人可以按照规定形式向法院申请法院令，要求该儿童父母中的任何一个或全部提供儿童的抚养费。

（2）法院在聆讯根据第 1 款提出的申请时，可作出法院令，要求父母提供儿童的抚养费。

（3）法院根据第 2 款作出的法院令可追溯到该儿童处于以下情况的开始日期：

（a）由负责人抚养；

（b）为临时监护令、永久监护协议或法院令的主体；

（c）根据第 57.2 条签订的协议的主体。

（4）法院在根据本条作出法院令，要求父母为儿童提供儿童抚养费时，可考虑：

（a）父母的收入、谋生能力和其他经济资源或利益；以及

（b）根据《家庭法》制定或通过的儿童抚养指导方针。

（5）依照本条提出的申请聆讯的日期、时间及地点的通知，必须至少在举行聆讯前 5 天由申请人送达给该儿童的父母。

（6）第 23 条第 5 款和第 6 款适用于根据本条提出的申请。

第57.6条 复审儿童支持令

（1）若根据第57.5条作出法院令，以下人员可向法院申请审查法院令：

（a）负责人；

（b）根据该法院令的要求，提供儿童抚养费的父母；

（c）私人监护人，其根据第57.7条有权收受作为法院令主体的儿童的抚养费。

（2）法院在复审根据第57.5条作出的法院令时，若法院确信父母提供儿童抚养费的能力有重大改变，法院可改变、暂停或终止法院令，或可减少或取消欠款。

（3）依照本条提出的申请聆讯的日期、时间及地点的通知，必须至少在举行聆讯前5天由申请人送达给以下人员：

（a）该父母，若申请人是负责人或第1款（c）项所述的私人监护人；

（b）负责人或第1款（c）项所述的私人监护人，若申请人是儿童的父母。

（4）第23条第5款及第6款适用于根据本条提出的申请。

第57.7条 儿童抚养权移送

（1）若法院对第57.4条的协议或第57.5条的法院令的儿童主体作出私人监护令，尽管其私人监护人不是协议或法院令申请的签约方，法院仍可指示该私人监护人根据协议或法院令提供儿童的抚养费。

（2）直至抚养执行署署长收到第1款所述的私人监护令的副本，私人监护令作出后，抚养执行署署长不负责偿还抚养执行署署长所拨付的任何款项。

第57.8条 财务信息

（1）为帮助负责人确定第57.4条的协议条款或帮助法院确定第57.5条的法院令条款，负责人可要求儿童的父母按照规定透露其财务信息。

（2）若儿童的父母拒绝披露负责人要求的财务资料，董事可以按照规定形式向法院申请经济披露。

（3）若儿童的父母拒绝披露根据本条要求或法院令的财务资料，在根据第57.5条作出法院令时，法院可以对该父母作出不利的推断、估算其收入，向该父母提出法院认为适当的数额。

第 2 部分 收 养

第 58 条 解 释

（1）在本部分中，

（a）尽管有第 1 条第 1 款（h）项的规定，法院指王座法院；

（b）就已死亡的被收养人而言，后代指被收养人的成年儿童或成年孙儿童；

（c）持牌收养机构是指持有根据第 88 条签发的许可证的收养机构；

（d）—（e）废除 2003 年第 16 章第 64 条。

（2）对根据本部分作出的法院令提出的上诉，可在法院令发出日期后不超过 30 天内向上诉法院提出。

第 58.1 条 审议事项

法院和所有根据本法行使权力或作出任何决定的人，必须出于被收养儿童最佳利益，并且必须考虑以下事项以及其他相关事项：

（a）与父母建立正面积极关系，以及作为家庭成员的安全感对儿童发展的重要性；

（b）稳定且连续的照护关系对儿童的好处；

（c）儿童的心理、情感和身体需求，以及儿童的心理、情感和身体发育阶段；

（d）尽可能维持儿童的家庭、文化、社会和宗教遗产对儿童的益处；

（e）儿童的意见和愿望，若能在合理情况下确定；

（f）延迟决定对儿童的影响；

（g）就原住民儿童而言，原住民文化、遗产、精神和传统的独特性，以及保护儿童文化认同感的重要性。

第 1 节 收养程序

第 59 条 同意收养

（1）收养令不得在未按规定形式和未经以下人员同意时作出：

（a）除根据第 62 条向法院作出申请的监护人外，儿童的所有监护人；

（b）该儿童，若其年满 12 岁。

（2）若根据第 62 条向法院申请收养令的人是该儿童的唯一监护人，

则有关该儿童的收养令，不应在未按规定形式和未经申请人成为监护人前的儿童监护人同意时作出。

（3）在阿尔伯塔省以外的管辖区，以在该管辖区内有效形式同意收养的，视为根据本法的同意作出的。

第 60 条　自动共同监护身份

（1）根据第 59 条所作出的同意书所指明的准收养父母，在作出同意的情形下，与作出同意的监护人一起是该儿童的共同监护人。

（2）根据第 1 款作为共同监护人的准收养父母身份终止：

（a）若根据第 61 条第 1 款废除根据第 59 条发出的同意书；

（b）当收养令被作出或收养令申请被驳回的情形下；

（b.1）由于收养安置破裂，儿童离开了对准收养父母的照护和监护；或

（c）如果法院作出法院令宣布终止其共同监护人的身份。

第 61 条　废除同意

（1）根据第 59 条第 1 款（a）项或第 2 款被同意收养儿童的人，可在同意日期后 10 天内，通过向负责人提交废除书面通知，以废除同意。

（2）收到第 1 款通知的负责人应当确保由该人抚养的儿童已被安置，以及根据第 59 条第 1 款（a）项或第 2 款被同意收养该儿童的人被立即通知废除同意。

（3）收到废除同意通知后，放弃儿童抚养权的监护人应立即归还该儿童：

（a）若儿童被放弃儿童抚养权的监护人直接安置在有抚养权的人身边，则将该儿童送还给监护人抚养；

（b）若该儿童被安置在持证收养机构处，则转交该机构。

（4）第 3 款（b）项中被归还儿童的持证收养机构，应当立即将该儿童交还给放弃儿童抚养权的监护人抚养。

第 62 条　申请收养令

（1）除本条另有规定外，成年人符合下列条件时，可以按照规定形式向法院申请收养令：

（a）保持在阿尔伯塔省常住；

（b）在该成年人接受本节的儿童监护权情形下，保持在阿尔伯塔省常住。

（2）废除 2003 年第 16 章第 68 条。

（3）除非该儿童是加拿大公民、已合法取得加拿大永久居住权或处于以下情况，否则不得对该儿童申请收养令：

（a）根据第61条第1款废除收养同意的期间已满；

（b）若该儿童是永久性监护令的主体，上诉期间已满，或该法院令的上诉已被处理；或

（c）若该儿童是永久性监护令的主体，终止协议期间已满，或终止协议的申请已被处理。

第63条　申请附件文件

（1）对于有关永久监护协议或法院令的儿童主体的收养令申请，或对其他国家的等效法院令或协议的主体且已合法取得加拿大永久居住权的儿童的收养令申请，应当由负责人向法院提出且必须附有以下文件：

（a）负责人的宣誓书，列明：

（i）据其所知的儿童姓名、出生日期和地点、性别和出身，

（ii）该负责人根据该协议或法院令成为儿童监护人的陈述，

（iii）关于探视儿童的任何协议或法院令的条款，

（iv）负责人认为该申请人是照护和监护该儿童的适当人选的陈述，和

（v）若该儿童是印第安人，已履行第67条的陈述；

（b）申请人的宣誓书，列明申请人的年龄、地址、婚姻状况及职业，以及若有的话，申请人与儿童的关系；

（c）根据第59条所作的同意书或宣誓书，表明申请人要求法院废除一项或多项同意书的原因；

（d）由有资格人士代表负责人，按照规则制定的有关以下条款的家庭研究报告：

（i）申请人是否适合担任养父母，和

（ii）申请人作为监护人承担对儿童的责任的能力和意愿，以及

（e）负责人可接受的任何人对有关申请人是否适合收养儿童的宣誓书，或负责人所要求的任何材料。

（1.1）若申请人有理由认为该儿童是原住民儿童，则申请必须包括根据规定制定的文化联系计划，该计划处理如何培养该儿童与原住民文化、遗产、精神信仰和传统的联系，保留儿童的文化认同感。

（2）由持证收养机构就申请人的儿童申请收养令，应当由领牌机构的人向法院递交，并必须随附以下文件：

（a）持证收养机构的宣誓书，列明：

（i） 据其所知的儿童姓名、出生日期和地点、性别和出身；

（ii） 机构工作人认为该申请人是照护和监护该儿童的适当人选的陈述；

（iii） 若该儿童是印第安人，已履行第67条的陈述；

（iv） 废除2003年第16章第69条。

（b） 申请人的宣誓书，列明：

（i） 申请人的年龄、住址、婚姻状况和职业，以及申请人与儿童的关系（共有）；

（ii） 任何协议和与任何协议有关的任何文件或书面文件中的条款，包括申请人就照护、抚养、医疗、其他必需品或为儿童父母的利益所作的支付或代价；和

（iii） 关于相处或接触儿童的任何协议或法院令的条款。

（c） 根据第59条作出的同意书或宣誓书，说明申请人要求法院免除一项或多项同意的原因。

（d） 由有资格人士代表机构工作人员，按照规则制定的有关以下条款的家庭研究报告：

（i） 申请人是否适合担任养父母；

（ii） 申请人作为监护人承担对儿童的责任的能力和意愿。

（e） 持证收养机构的工作人员可接受的任何人对有关申请人是否适合收养儿童的宣誓书，或工作人员所要求的任何材料。

（f） 若申请人有理由认为该儿童是原住民儿童，则申请必须包括根据规定制定的文化联系计划，该计划处理如何培养该儿童与原住民文化、遗产、精神信仰和传统的联系，保留儿童的文化认同感。

（3） 对于申请人是该儿童的继父母或儿童的父母已直接将儿童交由申请人抚养的收养令申请，应当由申请人向法院递交，并必须随附以下文件：

（a） 持证申请人的宣誓书，列明：

（i） 据其所知的儿童姓名、出生日期和地点、性别和出身；

（ii） 申请人的年龄、住址、婚姻状况和职业，以及申请人与儿童的关系；

（iii） 若申请人是儿童的继父母，则包括拥有儿童合法抚养权的父母的姓名；以及

（iii） 关于相处或接触儿童的任何协议或法院令的条款。

（b） 根据第59条作出的同意书或宣誓书，说明申请人要求法院免

除一项或多项同意的原因。

（c）规定所需的儿童生父母的家庭医药史。

（d）申请人的刑事记录检查结果。

（e）当申请人不是儿童的继父母，若申请人有理由认为该儿童是原住民儿童，则申请必须包括根据规定制定的文化联系计划，该计划处理如何培养该儿童与原住民文化、遗产、精神信仰和传统的联系，保留儿童的文化认同感。

第 64 条　聆讯送达通知

（1）第 62 条的申请人应亲自：

（a）至少在听证 30 日前，送达关于聆讯的性质、日期、时间和地点的通知；

（b）送达第 63 条所要求的文件和异议通知书表格；

（c）送达给除本人之外的所有儿童监护人；

（d）送达给根据第 59 条第 2 款已同意收养该儿童的人，若申请人是儿童的唯一监护人；

（e）送达该儿童，若儿童年满 12 岁；

（f）送达部长，若申请人不是负责人；

（g）若被收养儿童不是永久监护协议或法庭令的主体，送达给儿童的生父。

（2）已表明不希望收到聆讯通知的监护人，无须根据第 1 款送达通知。

（3）无须根据第 1 款向第 1 款（e）项所述儿童送达家庭研究报告，或根据第 63 条第 3 款送达刑事记录检查结果。

（4）根据第 1 款收到反对通知书的人，可在收到后 10 日内向法院书记官提交反对通知书。

（5）若在根据第 1 款将通知送达所有要求送达的人后，在 10 日内无人提交反对通知书的，则法院可在无申请人及第 1 款所述的所有人情形下，考虑该申请。

（6）若有人提交反对通知书，或法院认为有需要进行聆讯，申请人必须至少在举行申请聆讯日期前 10 日内送达聆讯的性质、日期、时间及地点的通知。

（7）在除阿尔伯塔省及美利坚合众国外的加拿大的省份或地区，无单方面法律服务法院令，不得向第 1 款所指的任何人送达通知副本，但通知必须至少在以下时间内送达：

（a）就在阿尔伯塔省以外的省份或地区的人，在举行申请聆讯的日期前 30 日内；或

（b）就美利坚合众国境内的人，在举行申请聆讯的日期前 45 日内。

（8）若法院认为适当，法院可：

（a）缩短根据第 1 款所规定的送达期限；以及

（b）指明向第 1 款所述的所有人或任何人，送达通知的方式或批准已完成的送达的方式。

第 65 条 （废除）

第 66 条 部长审查

（1）部长在收到第 64 条的通知后，可对提出的收养进行调查，并可向法院书记官提交调查报告。

（2）部长应立即向申请人送达部长提交的第 1 款中的任何报告的副本。

第 67 条 与营居群中的印第安儿童磋商

（1）若负责人或持证收养机构的工作人员，视情况有理由认为将为被安置的供收养的儿童是印第安人及营居群中的成员，且放弃儿童抚养权的监护人是保留地的居民，负责人和工作人员在作出有关该儿童收养的决定时，需纳入一名由营居群议事会指定的人。

（2）若负责人或持证收养机构的工作人员，视情况有理由认为将被安置的供收养的儿童是印第安人及营居群中的成员，而且放弃儿童抚养权的监护人不是保留地的居民，负责人和工作人员应当：

（a）要求放弃儿童抚养权的监护人同意由营居群议事会指定的人参与作出有关该儿童收养的决定；

（b）若监护人同意（a）项中的参与，纳入由营居群议事会指定的人作出有关该儿童的收养的决定。

第 68 条 法庭程序

（1）若法院认为根据第 64 条进行聆讯是必要的，则有关收养儿童的聆讯程序应当以非公开形式进行，除非法院另有指示。

（2）申请人和年满 12 岁的儿童有权亲自或由律师代表，出庭进行聆讯。

（3）法院可推迟根据本节提出的申请的聆讯不超过 30 日：

（a）经申请方同意；或

（b）若法院确信，为取得证据，促进其决定是否作出收养令，有必

要延期。

（4）尽管有第 59 条及第 63 条，在考虑根据本节提出的申请时，法院出于充足的理由认为此做法是有必要的、可取的，可在以下人员未同意时，作出法院令：

（a）除负责人以外的儿童监护人；

（b）根据第 59 条第 2 款规定要求作出同意的人；

（c）该儿童。

第 69 条　直接安置收养

若法院认为适当，可要求已向法院申请就第 63 条第 3 款所述的儿童作出收养令的人，向法院提交由有资格人制定的按照规定形式作出的家庭研究报告，包括：

（i）申请人是否适合担任养父母，和

（ii）申请人作为监护人承担对儿童的责任的能力和意愿。

第 70 条　收养令

（1）若确信：

（a）申请人有能力并愿意承担作为父母对儿童的责任，

（b）由申请人收养该儿童符合儿童最佳利益，

法院可作出法院令要求申请人收养该儿童。

（2）收养令应采用规定形式，并应在收养前表明儿童姓名。

（2.1）法院在对有理由确信是原住民儿童作出收养令时，应当通知养父母承担第 71.1 条的养父母责任。

（3）若养父母作为寡妇或鳏夫，其已故配偶是收养令申请方，或者在《成人相互依赖关系法》生效后，该养父母是该法所定义的相互依赖的成人伴侣一方，法院可根据养父母的要求，若儿童年满 12 周岁，经过儿童的同意，可同时将申请人和其已故配偶作为儿童的养父母。

（4）在养父母的要求下，若儿童年满 12 周岁，经过儿童的同意，法院可在收养令中更改儿童姓名。

（5）作出收养令时，除非法院另有指示，否则养父母的姓氏即为该儿童的姓氏。

第 71 条　后续申请

（1）若法院驳回收养令的申请，则根据本节对收养令的进一步申请，不得由该申请人或代表该申请人向法院提出，直至申请聆讯日期后至少届满 2 年。

（2）尽管有第1款，但若法院认为驳回先前申请的理由不复存在，则在第1款所列的2年期内，申请人可向法院作出申请。

第71.1条　收养原住民儿童

若对原住民儿童作出收养令，则养父母应当：

（a）根据第63条采取合理措施，遵守就该儿童提交的文化联系计划；

（b）若该原住民儿童是印第安人：

（i）代表该儿童，采取合理步骤，行使儿童所必要的、作为印第安人所拥有的任何权利；

（ii）一旦该监护人认为该儿童能够理解其作为印第安人的身份，就应立即通知该儿童其作为印第安人的身份。

第72条　收养令效力

（1）就任何目的而言，收养令在作出时，被收养儿童是养父母的儿童，养父母是被收养儿童的父母及监护人，和该儿童是该父母所生的一样。

（2）除第3款另有规定外，就任何目的而言，收养令在作出时，被收养儿童不再是原父母的儿童，该儿童的生母、生父或根据原收养令成为儿童养父母的人，以及儿童的原父母不再是儿童的父母和监护人。

（3）若儿童被继父母收养，则儿童不再是拥有合法监护权的父母的儿童，拥有合法监护权的父母也不再是儿童的父母和监护人。

（4）在任何遗嘱或其他文件中，不论是在本条生效之前或之后作出的，除非有相反表述，否则提到一个人、一群或一类人，在描述他们和另一个人的血缘或婚姻关系方面时，视为提及或包括，视情况将此人的收养行为或另一个人的收养行为作为结果进行描述。

（5）就任何目的而言，收养令在作出时，当养父母是被收养儿童的生母或生父时，被收养儿童和任何其他人的关系将与之前相同。

（6）第2款、第4款和第5款不适用于：

（a）有关乱伦的法律；

（b）关于近婚亲等，将一个人从血缘关系中移除，但是就本条而言，他们之间仍存在关系。

（7）若由于收养令，二人之间的关系是法律禁止举行合法婚姻仪式的，则两人之间的婚姻关系是禁止的。

（8）本条：

（a）适用并被视为始终适用于任何以前生效的成文法通过的收养

行为，

（b）为了解释本法案和有关被收养儿童的继承权，对官方具有约束力，

但本条并不影响在作出收养令之前已属于某个人的财产利益。

（9）关于儿童的收养令终止，根据本法就儿童作出的任何协议或法院令，除根据第 30 条作出的限制令。

第 72.1 条　对非加拿大居民的收养

意愿收养一名违法居住在加拿大的儿童的阿尔伯塔省居民，必须按照规定向负责人申请批准继续安置该儿童。

第 73 条　涉外法院令效力

根据阿尔伯塔省以外的任何管辖区的法律生效的收养行为，若其他管辖区的收养令效力是建立永久性的亲子关系，则在阿尔伯塔省根据本法作出的收养令仍有效力。

第 73.1 条　废除收养令

（1）在收养令期满一年后，不得废除收养令，除收养令是以欺诈手段取得的，在这种情况下，只有在符合收养儿童最佳利益时，收养令可被废除。

（2）按照第 52 条提出的申请聆讯的性质、日期、时间和地点，需由申请人送达给：

（a）部长；

（b）养父母，若养父母不是申请人；

（c）被收养儿童，若该年满 12 周岁且不是申请人；

（d）在收养令作出前担任儿童监护人的人，若该人不是申请人；

（e）公共受托人，若在收养令作出前，由负责人担任该儿童监护人；

（f）法院认为应该送达的其他任何人。

（3）若收养令被废除，则申请废除法院令的申请人应当将废除法院令的副本送达给第 2 款规定要求送达的所有人。

（4）法院书记官应将废除法院令的核正副本发送给：

（a）人口动态统计的登记官；和

（b）《印第安法案》（加拿大）中的登记官，若被收养儿童是印第安人。

（5）当收养令被废除时：

（a）该儿童不再是养父母的；

（b）养父母不再是该儿童的父母和监护人；

（c）收养令作出前儿童与所有人之间的关系重新建立；

（d）除非法院另有指示，否则在收养令前作为儿童监护人的人是儿童监护人；

（e）除非法院另有指示：

（i）儿童姓名是其在收养令作出之前的姓名，如果有的话，

（ii）儿童姓氏是其在收养令作出之前的姓氏。

第 74 条　收养令的分发

（1）在收养令作出后 35 天内，法院书记官应将收养令的核正副本发送给：

（a）养父母；

（b）部长；

（c）公共受托人：

（i）若在收养令作出前，由负责人担任该儿童监护人，和

（ii）公共受托人需要该法院令的副本；

（d）《印第安法案》（加拿大）中的登记官，若被收养儿童是印第安人；和

（e）人口动态统计的登记官。

（2）法院书记官应向人口动态统计的登记官提供：

（a）人口动态统计的登记官所需的与收养令有关的任何资料，以便该登记官实现人口动态统计法的需要；及

（b）若被收养儿童是在阿尔伯塔省以外地区出生的，则需要一份附加的收养令核正副本。

（3）除负责人外的监护人已同意对儿童的收养行为，且持证收养机构的工作人员已提交申请，持证收养机构的工作人员必须在作出申请令后的 35 天内，通知作出同意的监护人收养令已作出，除非作出同意的监护人已表明不希望收到通知。

（4）已根据第 59 条第 2 款同意对儿童的收养行为的人，必须按照第 3 款的规定，通知其收养令已作出，除非其已表明不希望收到通知。

（5）—（10）废除 2003 年第 16 章第 79 条。

第 2 节　收养资料

第 74.1 条　盖章资料

（1）法院书记官必须在法院所拥有的与收养有关的所有文件上加盖

印章，除非法院令或部长书面同意，否则这些文件不供任何人查阅。

（2）尽管有《资料自由与隐私保护法》，就收养令而言，本法第 63 条中为申请收养令提交的所有文件、被收养儿童的出生原始登记文件和部长拥有的需要盖章的其他资料，部长需加盖印章，除法院令或依照本节规定外，否则这些文件不供任何人查阅。

第 74.2 条　披露权，2005 年前的收养

（1）在本条中，

（a）被收养人是指根据 2005 年 1 月 1 日之前的收养令被收养的人；

（b）父母是指生父母和以前的收养令中的养父母。

（2）除第 3 款另有规定外，部长在收到年满 18 岁的被收养人、已故被收养人的后代或被收养人的父母的书面请求后，除有关既不是被收养人也不是被收养人父母的人的个人资料外，可将第 74.1 条第 2 款中已加盖印章的法院令、登记注册资料和文件资料提供给申请人。

（3）部长不得接受被收养人的父母根据第 2 款提出的请求，除非被收养人年满 18 岁 6 个月。

（4）尽管有第 2 款，若年满 18 岁的被收养人，或在第 2 款中的请求日期前，被收养人的父母以部长满意形式，已向部长登记否决权，拒绝透露第 74.1 条第 2 款中已加盖印章的法院令、登记注册资料和文件资料中的个人资料，则部长不得透露其个人资料，除非该否决权被废除。

（5）根据第 4 款登记否决权的人可以向部长提供废除的书面通知，废除其否决权。

（6）根据第 4 款登记的否决权在登记否决权的人死亡后被废除。

（7）废除 2008 年第 31 章第 33 条。

（8）尽管有第 2 款，若部长收到令其确信的、被收养人的所有父母已死亡的证明，部长可将第 74.1 条第 2 款中已加盖印章的法院令、登记注册资料和文件中的所有个人资料提供给被收养人或被收养人的后代，其中包括有关既不是被收养人也不是被收养人父母的人的个人资料。

（9）尽管有第 2 款，若部长确信，根据养父母向部长提供的资料，

（a）年满 18 岁的被收养人不知道其被收养，和

（b）个人资料的透露将对被收养人造成极大伤害，

部长可推定否决权已根据第 4 款由被收养人作出登记，在这种情况下，部长不得透露第 74.1 条第 2 款中已加盖印章的法院令、登记注册资料和文件资料中的个人资料。

（10）根据第 9 款推定的否决权，可根据年满 18 周岁的被收养人的

请求而废除。

第74.3条　2005年1月1日或之后的收养

（1）在本条中，

（a）被收养人是指根据2005年1月1日或之后的收养令被收养的人；

（b）父母是指生父母和以前的收养令中的养父母。

（2）除第3款另有规定外，部长在收到年满18岁的被收养人、已故被收养人的后代或被收养人的父母的书面请求后，可将第74.1条第2款中已加盖印章的法院令、登记注册资料和文件资料提供给申请人。

（3）部长不得接受被收养人的父母根据第2款提出的请求，除非被收养人年满18岁6个月。

（4）被收养人、父母或任何人，可能在第74.1条第2款中已加盖印章的法院令、登记注册资料和文件资料中有其个人资料的，可在部长处登记最佳联络方式，表明其与根据第2款提出请求的人的联络意向。

（5）部长应当建议根据第2款提出请求的人就其要求的资料登记任何最佳联络方式。

第74.4条　一般披露

（1）若儿童是根据本法或本法的前身被收养的原住民，在任何时候处理该儿童的请求，无论其是否成年，或该儿童监护人的请求时，部长可提供：被收养儿童的出生原始登记文件；儿童生父母的鉴定资料；根据《印第安法案》（加拿大），部长认为与申请人有关的已根据第74.1条加盖印章的任何资料；梅蒂斯居住区的居住区委员会，或联邦或省工作人员，有义务向有因纽特人血统的人提供益处，就促进儿童原住民身份和执行儿童作为原住民的权利的申请而言。

（2）尽管有第74.1条，部长可应请求提供一份收养令副本，而法院书记官可提供收养令的核正副本，给以下人员：

（a）被收养人，若其年满18岁；

（b）已故被收养人的后代；

（c）第59条第1款中获同意的监护人，以及第59条第2款中获同意收养了作为收养令的儿童主体的人；及

（d）第74条第1款指定的任何人。

（3）若部长认为有令人信服的情形支持披露，则部长可披露在已加盖印章的法院令、登记资料或文件中提到的人的身份。

（4）部长可披露第 74.1 条中已加盖印章的个人资料：

（a）为施行《抚养强制执行法》，向抚养执行署署长披露；

（b）用于阿尔伯塔省政府所属法院的诉讼程序。

（5）部长可应请求，向被收养人或收养人的以下相关人员提供：

（a）生母，

（b）生父，

（c）兄弟姊妹，

（d）养父母，或

（e）后代，若被收养人死亡，

这些人中的一人或多人的任何有关资料，若这些资料没有披露这些人的身份。

（6）只有成年的兄弟姊妹可根据第 5 款（c）项提出请求。

（7）若被收养儿童或其兄弟姊妹需要干预，部长可以将第 74.1 条第 1 款中已加盖印章的法院令、登记资料或文件中的个人资料提供给负责人，以便向被收养儿童或其兄弟姊妹提供干预服务。

第 75 条　自愿披露身份的相应申请

（1）在本条中，

（a）被收养人是指根据本法或本法的前身作出的收养令的主体。

（b）收养申请人指：

（i）年满 18 岁的被收养人；

（ii）年满 16 岁的被收养儿童，部长确信其能够独立于监护人生活；

（iii）被收养儿童，由儿童监护人代表儿童作出申请；和

（iv）已故被收养人的后代。

（c）就被收养人而言，家庭申请人是指以下任何一项或多项：

（i）被收养人的生父母；

（i.1）在被收养人死亡情形下，被收养人的养父母；

（ii）被收养人的成年兄弟姊妹；

（iii）与被收养人有血缘关系的成年人，若被收养人的生父母作出书面同意该申请；或部长确信，被收养人的生父母：

（A）已死亡，

（B）不能找到，或

（C）因精神上无行为能力而无法同意该申请；

（iv）被收养人所在的任何印第安营居群或梅蒂斯居住区的成年成员，若被收养人的生父母作出书面同意该申请；或部长确信，被收养人

的生父母：

（A）已死亡，

（B）不能找到，或

（C）因精神上无行为能力而无法同意该申请；

（v）依照以前的收养令，被收养人的父母。

（2）收养申请人或家庭申请人，希望了解其他人身份的，可按照规定形式，向部长提出申请，并在申请中注明与申请人有关的被收养人的姓名。

（3）部长：

（a）应当保存根据第 2 款提出的申请的登记簿；

（b）在收到根据第 2 款提出的申请后，应当检查登记簿，以确定其是否包含另一项涉及同一被收养人的申请；

（c）在收到撤回通知后，应从登记簿中立即删除收养申请人或家庭申请人撤回的申请；

（d）应在登记簿中纳入：

（i）根据第 74.2 条向部长登记的所有否决权，和

（ii）已故被收养人的姓名，若部长已被告知其死亡。

（4）若部长通过检查登记簿确定，第 1 款（c）项（i）目或（ii）目所指的收养申请人和家庭申请人的申请涉及同一被收养人，则部长应尽合理的努力，寻找申请人和：

（a）若能找到两位申请人，应相互披露申请人的身份；或

（b）若只能找到一位申请人，则应向其披露其他申请人的身份。

（5）若部长通过检查登记簿确定，从第 1 款（c）项（iii）目至（v）目所指的收养申请人和家庭申请人的申请涉及同一被收养人，部长：

（a）应尽合理的努力寻找申请人；

（b）应通知收养申请人，家庭申请人的申请已在登记簿中登记；

（c）应询问收养申请人，是否希望向家庭申请人披露身份；

（d）其应披露：

（i）两方申请人的身份，若能找到两位申请人，且收养申请人同意披露，或

（ii）家庭收养人的身份给收养申请人，若只能找到收养申请人。

（6）废除 2003 年第 16 章第 81 条。

（7）部长应通知申请人，若：

（a）废除 2003 年第 16 章第 81 条；

（b）登记簿表明被收养人已故；或

（c）不能找到其他申请人。

第76—80条　废除2003年第16章第82条

第3节　经济资助

第81条　经济资助

（1）若出现以下情况，负责人可以按照规定向收养儿童的人提供经济资助：

（a）在收养令作出时，儿童是永久监护协议或法院令的主体；

（b）在收养令作出时，该人是根据第56条所作的法院令成为了儿童的私人监护人，而在该人根据第56条被指派成为儿童的私人监护人时，儿童是永久监护协议或法院令的主体。

（2）负责人可不时复审经济资助，并可按照规定更改或终止经济资助。

第82条　废除2003年第16章第84条

第4节　违法行为

第83条　禁止付款

（1）任何人不得直接或间接地给予、接受或同意给予或接受任何付款或报酬：

（a）促成或协助诱使，或

（b）安置或促使安置，

在阿尔伯塔省内外被收养的儿童。

（2）第1款不适用于向以下人员支付合理的酬金、费用或付款：

（a）根据本部分准备家庭研究报告的有资格的人；

（b）在收养方面提供法律服务的律师；

（c）在医疗服务方面，向被收养儿童提供服务的医师；

（d）持证收养机构，若该酬金、费用或付款符合规定。

第84条　禁止安置或促使安置儿童

除以下人员外，任何人不得出于收养目的而安置或促使安置儿童：

（a）该儿童的父母；

（b）负责人；

（c）持证收养机构；

（d）部长；

（e）废除 2003 年第 16 章第 86 条。

第 85 条　禁止公告

（1）任何人不得以任何形式或任何方式刊登有关被收养儿童的启事。

（2）第 1 款不适用于，

（a）根据法院令发布通知；

（b）根据第 126.2 条第 2 款（a）项，为在负责人抚养或监护下的儿童寻找住所，公布由部长或负责人授权的任何启事；

（c）申请人就其申请，发布公告；或

（d）持证收养机构发布启事，只发布其服务，而不提及任何特定的儿童。

（3）任何人违反本条，即属犯罪，可处罚款不超过 2500 加元，若欠缴罚金则处 1 个月以下监禁。

第 86 条　犯罪与处罚

（1）任何人、公司的高级职员或雇员，违反第 83 条或第 84 条的，均属犯罪，可处罚款不超过 1 万加元，若欠缴罚金则处 6 个月以下监禁。

（2）除部长作出书面授权外，不得根据本节提出起诉。

第 5 节　收养机构的许可证制度

第 87 条　申请许可证

（1）为申请运作或续期收养机构的许可证，可由以下机构按照本节及规定向负责人提交：

（a）根据《社团法》成立的注册机构；

（b）根据《商业公司法》第 21 部分注册的省外公司，若负责人认为该公司不以营利为目的开展业务；

（c）《公司法》第 9 部分提及的机构；或

（d）根据《加拿大公司法》第 II 部分或第 III 部分成立的机构。

（2）根据第 1 款提出的申请必须：

（a）按规定的形式；

（b）附有规例所需的其他资料，使负责人能够根据本法确定申请人提供服务和履行持证收养机构职责的能力；和

（c）附有指定费用。

第88条　许可证

（1）在收到根据第87条提出的申请后，负责人可以：

（a）签发或续发许可证；

（b）若申请人不符合第87条第2款的规定，则签发附条件许可证，其适用其他条款和负责人认为适当的条件，在负责人认为适当的期限内，提供申请人满足条件的时间；

（c）若负责人确信申请人无提供服务和履行持证收养机构职责的能力，则可拒绝签发或续发许可证。

（2）根据本条签发的许可证应：

（a）确定签发的法人团体的名称；以及

（b）就附条件许可证而言，述明该许可证所对应的条款及条件。

（3）根据本条签发的许可证，附条件许可证除外，自发放日期起计两年内有效。

（4）根据本条签发的许可证不可转让。

第89条　停止、废除和拒绝许可证

（1）若出现以下情况，负责人可停止或废除根据第88条签发的许可证：

（a）负责人确信持证方无能力继续提供服务及履行其责任；或

（b）持证的高级职员或雇员违反了本法、条例或其他法，或默许违反本法、条例或其他法。

（2）若负责人根据第88条第1款（b）项施加条款及条件，拒绝按照第88条第1款（c）项签发或续发许可证，或按照本条第1款停止或废除许可证，则负责人应当视情况按规定向申请人或持证方发出书面通知：

（a）列明此决定和作出此决定的理由；

（b）视情况通知申请人或持证方，其在第120条中的上诉权利。

（3）根据本条第1款或第88条第1款（b）项或（c）项作出的决定，在根据第2款送达通知的日期起计30天后生效，且在上诉结果作出前保持有效。

（4）若负责人认为持证收养机构的运作方式对儿童的健康或安全构成紧迫的危险，负责人可以在48小时内以书面形式通知：

（a）停止持证收养机构的许可证；

（b）向持证收养机构作出指示，说明需要采取何种改进措施来纠正这种情况。

（5）收到第4款中的通知的持证收养机构，应当立即遵从该通知列明的指示。

（6）负责人可在48小时内，对没有立即遵从通知列明的指示的持证收养机构，以书面通知废除其许可证。

（7）负责人应当立即将根据本条作出的决定，通知持证收养机构的委托人。

第90条　交回许可证等

持证方：

（a）其许可证被废除，或

（b）不再继续经营持证收养机构，

负责人应当交出许可证和其所持有的与委托人或者被安置的供收养的儿童有关的簿册和记录。

第91条　进入上述处所的权力

（1）负责人在合理时间内，向持证的高级职员进行合理的通知，传达视察的目的和授权后，负责人可以：

（a）进入除私人住宅外，持证收养机构的任何土地或处所，并视察该土地或处所，以确定该机构是否符合本部分及规定；

（b）为进行检查，要求对方出示与视察目的相关或可能有关的任何簿册、记录、账目或其他文件；以及

（c）在给予对方收据的情形下，移送（b）项所述的任何东西，以便将其复制。

（2）移送第1款（b）项所述的任何东西的人，可以复印被移送的东西，并在移送后的合适时间内，将被移送的东西归还至该处所。

（3）若一个人拒绝或不遵守：

（a）许可根据第1款（a）项进入任何土地或处所，或在许可进入后，阻碍负责人行使本条所规定的负责人权力，

（b）遵从根据第1款（b）项提出的要求，或

（c）许可根据第1款（c）项移送东西，

负责人可根据第4款向法院法官申请法院令。

（4）在处理根据第3款提出的申请时，法官有合理的、可成立的根据认为，为查明持证方是否遵守本部分和规定，有必要进入该土地或处所，或出示或移送簿册、记录、账目或其他文件时，法官可作出法官认为有必要强制执行本条的法院令。

第 6 节　有关指定国家的跨国收养

第 92 条　解释

（1）本节中：

（a）阿尔伯塔省主管机关是指本节规定的主管机关；

（b）指定国家是指根据第 105 条被确认为指定国家的国家；

（c）持证收养机构是指根据第 88 条持有许可证的收养机构；

（d）国家是指国家或一个国家的政治分支机构。

（2）阿尔伯塔省的中央机关是第 96 条规定的中央机关。

第 93 条　第 6 节适用范围

（1）本节适用于，出于收养目的：

（a）惯常居住在指定国家的儿童，其已经、正在或将要被移送到阿尔伯塔省：

（i）儿童在指定国家被收养后；或

（ii）为在阿尔伯塔省或在指定国家进行此收养的目的。

（b）惯常居住在指定国家的儿童，其已经、正在或将要迁往指定国家：

（i）儿童在阿尔伯塔省被收养后；或

（ii）为在指定国家进行此收养的目的。

（2）本节仅适用于产生永久的亲子关系的收养。

（3）若在儿童年满 18 周岁之前，第 100 条第 1 款（c）项和第 2 款（c）项所述的协议没有被作出，则该节不再适用于该儿童。

第 94 条　优先适用

第 1 节适用于本节适用的收养，但若第 1 节和本节之间出现冲突，则以本节为准。

第 95 条　跨国收养

（1）若儿童惯常居住在指定国家，只有在阿尔伯塔省的主管机关确认符合下列条件情形下，才能进行本节中的收养：

（a）已确定预期养父母有资格并适合收养儿童；

（b）确保预期养父母已接受预备收养培训，使阿尔伯塔省的主管机关感到满意；

（c）确认该儿童已经或将要被批准进入加拿大并长期居住。

（2）若儿童惯常居住在阿尔伯塔省，只有在阿尔伯塔省的主管机关确认符合下列条件情形下，才能进行本节中的收养：

（a）确认该儿童适合被收养；

（b）充分考虑在加拿大内安置该儿童的可能性后，确认跨国收养符合该儿童最佳利益；

（c）确保要求作出同意收养的人已经被告知同意的效力，且已以书面方式作出同意，此同意不是因为获得任何形式的报酬或补偿而作出，且没有被撤回；

（d）确保儿童监护人的同意是在儿童出生后给予的；

（e）若该儿童年满 12 岁，则确保：

（i）与该儿童进行商议并告知其收养的影响，

（ii）考虑儿童的愿望和意见，

（iii）儿童按照要求的书面形式，自主作出同意，且此同意不是因为报酬或补偿而作出。

第 96 条　阿尔伯塔省中央机关

（1）负责机构是阿尔伯塔省中央机关。

（2）废除 2003 年第 16 章第 93.2 条。

第 97 条　中央机关职责

（1）阿尔伯塔省的中央机关：

（a）与其他指定国家的中央机关合作，并促进与阿尔伯塔省主管机关合作保护儿童；和

（b）按照本节，行使权力和履行职责。

（2）阿尔伯塔省中央当局必须确保采取一切适当措施，特别是收集、保存和交换关于该儿童情况和预期养父母的资料，以便完成收养。

第 98 条　收养申请

惯常居住在阿尔伯塔省的人可以按照要求形式，向阿尔伯塔省的中央机关申请收养一个惯常居住在阿尔伯塔省的儿童。

第 99 条　申请人报告

（1）若阿尔伯塔省的中央机关确定申请人有资格并适合收养，则必须确保按照规定提交报告。

（2）阿尔伯塔省的中央当局必须将第 1 款所述的报告发送给儿童惯常居住地的指定国家的中央机关。

第 100 条　收养决定

（1）若在指定国家作出的决定，有关将惯常居住在该国家的儿童交

由惯常居住在阿尔伯塔省的预期养父母负责安置的，当满足以下条件时，阿尔伯塔省的中心机关可以批准该安置：

（a）符合第95条第1款的要求；

（b）预期养父母同意该收养；并且

（c）指定国家的中央机关和阿尔伯塔省的中央机关已同意进行收养。

（2）阿尔伯塔省的中央机关可作出决定，同意将惯常居住在阿尔伯塔省的儿童安置给惯常居住在指定国家的预期养父母，当

（a）指定国家的中央机关已批准该安置；

（b）预期养父母同意该收养；并且

（c）指定国家的中央机关和阿尔伯塔省的中央机关已同意进行收养。

第101条 原先存在的关系终止

若在指定国家同意的收养不具有终止已有的亲子关系的效力，只有当此种收养的目的已经取得所需的同意时，法院才可以在处理申请时将其转变为具有该效力的收养。

第102条 承认收养

（1）阿尔伯塔省的中央机关可以证明，在阿尔伯塔省同意的收养是根据本节的规定作出的。

（2）第1款所指的证明书必须具体说明阿尔伯塔省的中央机关和指定国家的中央机关何时以及由何人同意继续进行该收养。

（3）跨国收养，由指定国家的主管机关认证的，在该国家作出的收养可以认定为拥有与阿尔伯塔省根据本法作出的收养相同的效力，只有考虑到儿童最佳利益时，该收养明显违背公共政策，可拒绝承认其效力。

第103条 禁止接触

习惯常居住在指定国家的预期养父母，与惯常居住在阿尔伯塔省的将根据本法被收养儿童或照护儿童的其他人之间不得有任何接触，直至：

（a）满足第95条第2款（a）项至（d）项的要求，并且

（b）阿尔伯塔省的主管机关确信预期养父母有资格并适合收养儿童，

除非收养在一个家庭内进行，或者该接触符合阿尔伯塔省主管机关设立的条件。

第 104 条 条例

（1）省督导会同行政局可制定必要的规定，以执行本节的意图及目标，除上述规定之外，可以制定实施条例：

（a）适用于本节收养的阿尔伯塔省成文法不再适用，或限制、变更其适用；

（b）—（c）废除 2003 年第 16 章第 93.3 条。

（2）在立法机关下一届会议的最后一天后，根据第 1 款（a）项订立的规定不再有效。

（3）部长可以制定实施条例：

（a）尊重对本节的报告的内容，和对报告作出的批准；

（b）关于本节中的条文，指定一个或多人作为阿尔伯塔省的主管机关。

第 105 条 指定国家

为实现本节的目的，部长可以根据法院令承认指定国家。

第 3 部分 居住设施的许可证

第 105.1 条 定义

在本部分中，居住设施是指，向儿童，由负责人或加拿大的其他省或地区的负责儿童保护立法的管理机关抚养或监护的，提供居住照护的设施，其包括安全服务设施、寄养家庭和团体家庭，但不包括主要提供医疗服务、教育服务或矫正服务的设施。

第 105.2 条 必备许可证

（1）任何人不得经营居住设施，除非该人持有由负责人根据本法签发的居住设施许可证。

（2）—（3）废除 2008 年第 31 章第 43 条。

第 105.3 条 申请许可证

（1）申请居住设施许可证或申请续发居住设施许可证必须：

（a）以负责人满意的形式向负责人提出；

（b）陈述拟在居住设施内收容或照护的最多人数。

（2）在考虑申请或续期居住设施许可证的申请时，负责人可签发居住设施许可证，并在许可证中施加条款及条件。

（3）除许可证中另有规定外，居住设施许可证的有效期为自签发之日起 1 年内。

（4）根据本条签发的居住设施许可证必须：

（a）确定可能根据许可证经营的居住设施；并且

（b）陈述，

（i）何人可以经营居住设施，

（ii）除寄养父母的儿童外，可在居住设施内居住的儿童的最多人数，

（iii）许可期限在自签发之日起 1 年内，并且

（iv）许可证所适用的任何条件。

第105.31条　更改许可证

负责人可以其可接受的形式提出申请，更改许可证所适用的条款或条件。

第105.4条　标准

居住设施许可证持有人必须确保居住设施符合规定的要求，其不得收取超过规定的居住设施服务费率。

第105.5条　视察

（1）除第 2 款另有规定外，出于确保遵守本法、规定和居住设施许可证所适用的任何条件，可由负责人或获负责人授权的人：

（a）在任何合理的时间，进入并视察除私人住宅外的居住设施；

（b）经私人住宅的所有人或经营人同意，进入并视察作为居住设施的私人住宅；

（c）要求对方出示任何簿册、记录、账目或其他文件，并且对这些文件进行检查、复印或出于复印目的临时移送文件；

（d）对居住设施中使用的任何材料、食物、药物或设备进行视察和采样；

（e）对居住设施进行测试、拍照或录像。

（2）当某人根据第 1 款（c）项移送任何簿册、记录或其他文件时，该人必须：

（a）向这些物品的拥有人提供相应的收据；并且

（b）立即复印、拍照或以其他方式记录这些物品，并立即将这些物品归还给拥有物品收据的人。

（3）当某人根据第 1 款（d）项对任何材料、食物、药物或设备进行采样时，该人必须：

（a）向这些物品的拥有人提供相应的收据；并且，

（b）根据拥有人的请求，当对这些物品已完成目的时，将这些物品归还给拥有人。

（4）当第 1 款中的进入被拒绝或不能合理地取得进入许可，或某人干扰负责人或获负责人授权、根据本条行使权力及履行职责的人时，可向王座法院申请法院令，使负责人或获负责人授权的人可以：

（a）在任何合理的时间，进入并视察除私人住宅外的居住设施，

（b）要求对方出示任何簿册、记录、账目或其他文件，并且对这些文件进行检查、复印或出于复印目的，将文件临时移送，

（c）对居住设施中使用的任何材料、食物、药物或设备进行视察和采样，

（d）对居住设施进行测试、拍照或录相，

而出于本条的目的，当法院确信该法院令是必要的，可作出其认为适当的任何法院令。

（5）若法院认为适当，可单方面作出第 4 款的申请。

第 105.6 条　视察后的法院令

若根据第 105.5 条对居住设施进行了视察，并且负责人认为：

（a）本法、条例或居住设施许可证中的条件未被遵守，或

（b）居住设施没有提供适当的照护，

负责人可以，以书面形式令该居住设施的经营人在规定的时间内，按照该法院令的指示采取措施。

第 105.7 条　停止或废除许可证

（1）当负责人认为：

（a）居住设施许可证的持有人未对居住在其设备中的儿童提供适当的照护，

（b）居住设施许可证所述的处所已不适宜或不适合作为居住设施，

（c）居住设施许可证的持有人没有遵守：

（i）本法、规定或居住设施许可证中的条件，

（ii）根据第 105.6 条作出的法院令，或

（iii）对居住设施适用的其他成文法规，

负责人可向该居住设施许可证的持有人发出书面通知，更改、停止或撤回该居住设施许可证，并终止该持证方与官方的提供居住设施服务的合约。

（2）官方与居住设施的拥有人或经营人之间的每份合同均被视为包含一项条文，即若拥有人或经营人没有遵从根据第105.6条签发的法院令或居住设施许可证被停止、撤回或过期时，官方可终止合同，可不作出另行通知并且无须向拥有人或经营人的支付赔偿金。

第3.1部分　质量保障

第105.71条　定义

在本部分中，

（a）诉讼是指《阿尔伯塔省证据法》所定义的诉讼；

（b）委员会是指根据第105.72条第1款设立的委员会；

（c）部门是指部长管理的部门；

（d）专家审查组是指根据第105.75条指派的专家审查组；

（e）就儿童而言的重伤是指：

（i）对儿童造成威胁生命的伤害，或

（ii）可能导致儿童健康严重受损的伤害。

第105.72条　设立委员会

（1）为确保质量，部长可以设立委员会。

（2）就委员会而言，部长可：

（a）指派或规定其成员的任命方式；

（b）规定任何成员的任期；

（c）指定一名领导者；

（d）批准或规定其成员的报酬和开支。

（3）部长在指派委员会成员时，必须确保在委员会中纳入向儿童提供服务的具备专业知识的人。

（4）凭借其职位，儿童及青少年问题顾问是该委员会的成员。

（5）除本部分另有规定外，委员会可决定其程序。

第105.73条　委员会之作用

委员会的作用是：

（a）按部长的指示并与该部门合作，确定有效的做法并就改善干预服务提出建议；

（b）指派一个专家审查组，其对负责人根据第105.74条上报的儿童重伤或死亡事件进行审查。

第 105.74 条　负责人之职责

当负责人察觉到导致由负责人抚养或监管的儿童重伤或死亡的事件时，负责人必须尽快向委员会报告此事件。

第 105.75 条　专家审查组

（1）部长可以：

（a）在委员会的建议下，设立一个专家名单，以便根据本条指派专家审查组；

（b）批准或规定加入专家审查组的专家的报酬和开支。

（2）委员会可按照规定，指派专家审查组，以对负责人根据第105.74 条上报的儿童重伤或死亡事件进行审查。

（3）委员会主席必须指定专家审查组中的一名成员担任小组组长，在行事时，该成员必须履行所有责任，并可就该组而言，行使委员会主席的任何权力。

（4）除本部分另有规定外，专家审查组可决定其程序。

第 105.76 条　专家审查组的报告

（1）专家审查组组长必须以书面形式报告小组的调查结果和建议，并将该报告提交给委员会。

（2）专家审查组的调查结果不应当包含法律责任结果或法律结论。

（3）在收到专家审查组根据第 1 款提交的报告后：

（a）委员会：

（i）必须向以下人员提供报告副本：

（A）部长，

（B）儿童及青少年问题顾问，和

（C）作为审查主体的报告该事件的负责人。

（ii）可以向以下人员提供报告副本：

（A）在重伤情况下，年满 16 岁的儿童，

（B）儿童父母，和

（C）儿童监护人，若在事件发生时，儿童父母不是儿童的监护人。

（b）委员会必须：

（i）准备一份可公开发布的报告，其中删除儿童、其父母和监护人的姓名和其他身份资料。

（ii）向部长提供可公开发布的报告副本。

（4）除非部长另有指示，否则在依照第 3 款（b）项（ii）目向部长

提供可公开发布的报告后的 6 个月内，委员会必须向公众公布该报告。

第 105.77 条　知情权

（1）专家审查组有权获得以下任何资料，其中包括个人资料和健康资料：

（a）由公共机构或管理员照护或控制的；

（b）对专家审查组行使小组权力或根据本部分执行小组职能或职责是有必要的。

（2）作为公共机构或公共机构的管理员，应当根据请求，向专家审查组披露该小组根据第 1 款有权获得的资料。

（3）非公共机构的管理员，可根据请求，向专家审查组披露该小组根据第 1 款有权获得的资料。

（4）本节并不强迫披露任何类型的特权资料或记录，其中包括律师职业特权和议员特权。

第 105.78 条　成员不能作为证人

除对伪证的诉讼外，委员会或专家审查组的成员不得在诉讼中提供或被迫提供证据，该证据为其在执行本部分的小组职能或职责时所知晓的事件。

第 105.79 条　通信保密

以下资料、记录和报告具有特权，除非在对伪证进行起诉，否则在诉讼中不能接纳为证据：

（a）第 105.75 条第 2 款的复审中提供的任何资料或产生的任何记录；

（b）第 105.76 条所指的任何报告。

第 105.791 条　对委员会及他人的保护

（1）除第 2 款规定之外，任何人不得对下列人员根据本部分行使或准备行使职权、履行或准备履行职能时的任何作为或不作为行为提起或进行诉讼：

（a）委员会；

（b）委员会成员；或者

（c）专家审查组成员。

（2）第 1 款不适用于有恶意的作为或不作为行为的人。

第 105.792 条　年度报告

（1）委员会必须向部长提交关于委员会行使职责和职能的年度

报告。

（2）在收到根据第 1 款提交的报告后，部长必须在立法会召开前提交报告副本；若不能做到，则应在下一次会议开始后 15 天内提交。

第 4 部分　通　　则

第 105.8 条　代表儿童接受经济资助

若儿童监护人不能或不愿照护儿童，并且负责人认为，该儿童是由其他成年人照护的，则该成年人可以代表该儿童接受经济资助。

第 106 条　废除 2003 年第 F-5.3 章第 12 条

第 107 条　印第安儿童

（1）若负责人有理由相信儿童是印第安人及营居群成员，当儿童处于以下情况时，负责人应当将营居群议事会指定的人纳入对该儿童提供的服务计划中：

（a）需要干预服务，以及：

（i）是保留地的居民，或

（ii）儿童不是保留地的居民的，该儿童监护人已经同意营居群议事会指定的人加入的。

（b）是临时监护令、永久监护协议、法院令或永久监护令申请的主体的，无论该儿童是否为保留地的居民。

（2）若第 1 款（a）项所述的儿童不是保留地的居民，则负责人应当要求该儿童监护人同意营居群议事会指定的人加入。

（2.1）第 1 款（a）项（i）目或（b）项所诉的营居群议事会指定的人加入不一定需要儿童监护人的同意。

（3）若法院对作为印第安人及营居群成员的儿童，作出监督令、临时监护令或永久监护令，则在作出法院令后 20 天内，负责人应当向营居群议事会指定的人提供该法院令的副本。

（4）除第 3 款另有规定外，若第 2 款中的儿童监护人不同意营居群议事会指定的人加入，负责人不应当向该指定的人提供第 3 款所述的监督令副本。

（5）—（6）废除 2008 年第 31 章第 49 条。

（7）若儿童正根据第 122 条第 2 款所订的协议接受服务，则第 1—4 款不适用。

第 108 条　证人

（1）依照本法，在法院的审理中，法院或地方治安官在处理一方的申请时，或法院出于自身意向，可以：

（a）强迫任何人出席，并要求该人经宣誓后作证；

（b）要求任何人出示任何文件或东西；

（c）行使权利，其由《刑法》第 22 部分出于这些目的赋予地方治安官的权力。

（2）在任何聆讯中给出的证据记录，在聆讯中收取为证据的任何文件和证物及法院令，以上均可根据本法在聆讯中被接纳为证据。

（3）在根据本法进行的法院审理，每名证人的证据均应经宣誓作出，并构成记录的一部分。

（4）尽管有第 3 款，若法院认为适当，并且确信没有更好的可用证据形式，可以：

（a）接受宣誓证言书；或

（b）接受传闻证据。

第 109 条　保密性证据

（1）尽管《刑法》第 22 部分有规定，但法院可以签发传票要求：

（a）废除 2008 年第 H-4.2 章第 11 条，

（b）《医院法》中的理事会或理事会的委任人，

（c）《精神卫生法》中的理事会或理事会的被指派者，或

（d）《公共卫生法》中的首席医疗官员或首席医疗官员的被指派者，

出示其拥有或在其控制下的可能与法院审理中的儿童有关的任何文件、记录或其他资料。

（2）传票中指定的人或该人的被指派者，应当在传票所规定的时间和地点，携带可能与法院审理有关的任何文件、记录或其他资料出席，并且应当在整个审理过程中继续出席，除非法院免除该人的出席。

（3）根据第 1 款发出的传票，若某人被要求出示任何文件、记录或其他资料，但这些资料根据《精神卫生法》或《公共卫生法》规定是保密的，这些资料视情况应当按本条予以处理。

（4）传票中指定的人或该人的被指派者，在传票所规定的时间内，应当允许部长、负责人、儿童监护人、年满 12 岁的儿童或代表他们的律师审查这些文件、记录或其他资料。

（5）在传票所述的时间内或审理期间的任何时间，部长、负责人或儿童监护人可以向法院申请，将全部或部分文件、记录或其他资料接收

为证据。

（6）尽管本法另有规定，根据第 5 款提出的申请和有关这些文件、记录或其他资料的审理的任何部分，均应当以不公开形式进行聆讯。

（7）在法院审理结束时，作为证据的文件、记录、其他资料或其中的一部分，应当由法院书记官予以加盖印章，而有关这些文件、记录或其他资料的审理记录部分不得向公众公开。

（8）法院在审理期间的任何时间作出法院令，而该法院令是向王庭法院上诉的，则不应公开王庭法院聆讯中有关这些文件、记录或其他资料的部分。

第 110 条　儿童年龄

本法中的任何审理中：

（a）儿童的父母对儿童的年龄的证词；

（b）出生或洗礼证明或其副本，表明是经人口动态统计的登记官认证的；或

（c）无（a）项和（b）项所述的证词、证明或副本时，则法院认为可靠的、与儿童年龄有关的其他资料，其中包括法院可能从儿童的外表或在直接或反复询问儿童所作陈述中得出的推论，足以证明儿童的年龄。

第 111 条　出庭权

（1）在第 1 部分第 3 节或第 4 节的任何法院审理中：

（a）寄养父母或持续照护和抚养该儿童不少于 6 个月的任何人，以及

（b）法院同意的任何人，

可以出庭并向法院交涉。

（2）尽管有第 1 款、第 1 部分第 3 节或第 4 节中的任何审理或对该审理的上诉，其唯一当事方是该儿童、儿童监护人、负责人和部长。

（3）部长无须送达有关第 1 部分第 3 节或第 4 节中的任何审理的通知。

（4）尽管有第 2 款，但儿童只有在法院同意后，才可审查法院记录。

第 112 条　法定代理人

（1）当申请是为监督令、私人监护令或临时或永久监护令作出的，或者儿童是监督令、临时或永久监护令或永久监护协议的主体，并且在第 1 部分第 3 节或第 4 节的审理中，该儿童不是由律师代表的，当满足以下条件时，法院可以指示由律师代表该儿童：

（a）该儿童、该儿童监护人或负责人要求法院这样做，并且

（b）法院确信，儿童的利益或意见会被充分代表。

（2）若法院根据第 1 款指示由律师代表该儿童：

（a）应当将该儿童转送给儿童及青少年问题顾问，

（b）废除 2008 年第 31 章第 50 条。

（3）当根据第 2 款作出转送时，儿童及青少年问题顾问应当指派或促使指派一名律师代表该儿童。

（4）当根据第 2 款作出转送时，在考虑儿童和监护人的经济承受能力后，法院可以作出法院令，指示该儿童、该儿童监护人、负责人、他们中的任何一个人或所有人分摊，支付该律师的费用。

第 113 条　强制执行抚养

根据本法作出的法院令，指定某人支付儿童抚养费的，或者根据本法订立的协议，其中某人同意支付儿童抚养费的，可以根据《抚养强制执行法》强制执行。

第 114 条　对王庭法院令的上诉

（1）以下人员可以向王庭法院对法院根据本法作出的法院令提起上诉：

（a）除负责人以外的儿童监护人；

（b）在作出法院令前，曾担任儿童监护人的人；

（c）儿童，若其年满 12 岁；

（d）儿童，若其是安全服务令的主体；

（e）负责人；或

（f）部长。

（2）若法院拒绝根据本法作出法院令，申请人可以就该拒绝，向王庭法院提出上诉。

第 115 条　中止法院令

任何人，第 114 条中有权提出上诉的，可在该法院作出法院令时，向法院申请中止执行该法院令的法院令，其中止为期 5 天，并且若在此中止期间，上诉通知书提交立案的，可将该中止延期到该上诉的聆讯。

第 116 条　上诉程序

（1）根据本法，向王庭法院对法院作出的法院令提起的上诉，应当根据规定展开和进行。

（2）若根据本条上诉通知书提交立案的，上诉人可向王庭法院申请

法院令，中止执行被上诉的法院令，以待上诉聆讯。

第 117 条　法院的决定

（1）废除 2008 年第 31 章第 54 条。

（2）在聆讯根据第 116 条提出的上诉时，王庭法院可以：

（a）确认法院令或拒绝；

（b）废除或更改所作的法院令；或

（c）作出法院本可在该聆讯中作出的任何法院令。

第 117.1 条　行政复审

（1）以下人员直接受到负责人根据本法作出的决定影响的，在作出决定后的 30 天内，可以以规定的形式请求负责人复审该决定：

（a）儿童；

（b）监护人；

（c）寄养父母；

（d）在负责人作出决定前的 12 个月中，持续照护儿童不少于 6 个月的个人；

（e）根据第 57.3 条接受或可能有资格获得支援及经济资助的人；

（f）根据第 105.8 条被拒绝获得经济资助的人；

（g）申请居住设施许可证或续期居住设施许可证的申请人。

（2）根据第 1 款提出的请求必须列明：

（a）负责人能够确认的足够详细的该决定；

（b）复审的根据。

（3）在复审决定时，负责人可以接收请求复审的人的口头或书面意见。

（4）在完成复审时，负责人：

（a）可以确认、更改或废除已经复审过的决定；并且

（b）在收到第 1 款中的请求后 15 日内，必须向请求复审的人提供（a）项中的决定副本，其中包括原因。

（5）在作出第 1 款中的请求后 15 日内，请求复审的人未收到第 4 款（b）项所述的该决定副本，该人被视为已收到该决定副本，告知其该负责人已确认复查了该决定。

第 118 条　上诉特别小组

（1）部长可以设立一个或多个上诉特别小组，每个小组中的成员由部长指派，且不少于 3 人。

（2）某人，可以由部长指派成为上诉特别小组的成员，其任期由部长规定，也可连任，但不得被连续指派超过 7 年。

（3）部长应当：

（a）指定上诉特别小组的组长和副组长；

（b）规定组成上诉特别小组的法定人数；

（c）批准或规定上诉特别小组成员的报酬和开支。

第 119 条　上诉特别小组的权力

（1）任何上诉特别小组可以聆讯根据第 120 条提出的上诉。

（1.1）上诉特别小组可以：

（a）确定陈述以口头还是书面形式提交；

（b）考虑聆讯中提出或呈交的任何新证据。

（2）若上诉是对第 120 条第 2 款（a）项至（a.4）项或（f.3）项提及的负责人的决定提出的，除本法和条例另有规定外，该上诉特别小组可以确认该决定或将该事项交还给负责人，使其进一步考虑。

（2.1）若上诉是对第 120 条第 2 款（b）项至（f.2）项、（g）项或第 5 款提及的负责人的决定提出的，除本法和条例另有规定外，该上诉特别小组可以确认、取消或更改该决定。

（3）除第 1.1 款另有规定外，《行政程序法》适用于上诉特别小组的审理。

（4）作为上诉主体的上诉人或儿童，在上诉的聆讯中，可以由律师或任何其他人代表。

（5）在上诉聆讯中，若没有人代表作为上诉主体的儿童的利益，则上诉特别小组可以指示该儿童出席该聆讯。

（6）—（7）废除 2008 年第 31 章第 57 条。

第 120 条　向上诉特别小组上诉

（1）以下人员受到负责人作出的决定影响的，可以对该决定提出上诉：

（a）儿童；

（b）儿童监护人；

（c）在第 2 款中决定作出前的 12 个月中，持续照护儿童不少于 6 个月的人；

（d）根据第 57.3 条接受或可能有资格获得支援及经济资助的人；

（1.1）在本条中，居住设施是指，除安全服务设施外，第 3 部分所定义的居住设施。

（2）已根据第 117.1 条复审的负责人的决定，若涉及以下条款，可以对该决定提出上诉：

（a）离开或被安置在居住设施中的儿童，其是临时监护令或永久性监护协议或法院令的主体。

（a.1）条款和条件加在根据第 105.3 条续发的居住设施许可证上，而不加在原始签发的许可证上；

（a.2）根据第 105.3 条拒绝续发住宅设施许可证；

（a.3）根据第 105.6 条作出的法院令；

（a.4）根据第 105.7 条变更、停止或废除的居住设施许可证。

（b）准许或拒绝准许任何与儿童有重大关系的人探望属于永久监护协议的儿童。

（c）—（d）废除 2003 年第 16 章第 105 条。

（e）负责人拒绝或不遵守根据第 1 部分第 2 节或第 6 节订立的协议，或根据第 1 部分第 3 节就其认为需要干预的儿童向法院提出的申请。

（f）废除 2003 年第 F-5.3 章第 12 条。

（f.1）拒绝根据第 56.1 条或第 81 条提供经济资助；

（f.2）拒绝根据第 57.3 条拒绝提供支持或经济资助；

（f.3）规定所订明的事宜是：

（i）处于对上诉特别小组提出的上诉中，并且

（ii）有关第 119 条第 2 款所述的只有上诉特别小组可作出决定的事宜。

（g）规定所订明的任何事宜，处于对上诉特别小组提出的上诉中的。

（2.1）尽管有第 2 款（a）项的规定，正在住宅设备中接受治疗的儿童，对负责人将儿童安置于该住所内的决定不可以提出上诉。

（3）以规定的形式发出的上诉通知：

（a）必须包括，如果可行的话，根据第 117.1 条第 4 款（b）项提供的决定副本，或者该复审被视为已经根据第 117.1 条第 5 款确认了该决定的陈述书。

（b）必须送达负责人：

（i）在根据第 117.1 条第 4 款（b）项提供决定副本后，或第 117.1 条第 5 款作出推定确认书后的 30 天内；

（ii）在第 5 款所述的对决定或法院令提出上诉的情形下，在上诉人收到负责人的决定或法院令通知后的 30 天内。

（4）废除 2008 年第 31 章第 58 条。

（5）某人：

（a）不满意负责人施加的条款和条件，有关根据第 88 条第 1 款（b）项签发的经营收养机构的附条件许可证的；

（b）申请或续期经营收养机构的许可证的申请书，被根据第 88 条第 1 款（c）项拒绝的；或

（c）其拥有的经营收养机构的许可证已被负责人根据第 89 条停止或撤回的；

可以按照本条向上诉特别小组提出上诉。

（5.1）尽管有第 2 款的规定，负责人的决定，在根据第 119 条第 2 款将该事项交还给负责人，使其进一步考虑过的，不得向上诉特别小组对该决定提出上诉。

（6）废除 2003 年第 16 章第 108 条。

第 120.1 条　上诉程序

（1）上诉特别小组根据第 119 条第 2.1 款作出的决定，可以由对上诉特别小组提出上诉的一方或部长向王庭法院提出上诉。

（2）根据本条提出的上诉应当根据规定开展。

（3）若根据本条上诉通知书提交立案的，上诉人可向王庭法院申请法院令，中止执行被上诉的法院令，以待上诉聆讯。

第 120.2 条　法院的决定

在聆讯根据第 116 条提出的上诉时，王庭法院可以确认、废除或更改上诉特别小组的法院令。

第 121 条　授权

（1）除根据第 2 款授予的权力和根据第 131 条制定实施条例的权力以外，出于与本法的管理有关的任何目的，部长可以将其根据本法授予或施加的任何职责或权力，授予儿童与家庭服务局、任何人或政府。

（2）由法院或根据其他法授予或施加给负责人的任何职责或权力，包括根据本法形成意见、接收第 4 条或第 5 条中的报告、授权或转授权的权利，出于与本法的管理有关的任何目的，部长可以将其授予儿童与家庭服务局、任何人或政府。

（3）负责人可以将法院或根据任何法院令赋予或施加于董事的任何职责，包括根据本法案的权力、意见，根据第 4 条或第 5 条接受报告，或委托或转交由法院或根据其他法授予或施加给负责人的任何职责或权力，包括根据本法、《处于毒品危害中的儿童法》或《被性剥削儿童保护法》形成的意见、接收第 4 条或第 5 条中的报告，或授权或转授权给以下人员的权利：

（a）受雇或从事本法管理的人；

（b）特定儿童的寄养父母；

（c）向该儿童提供照护的任何人；或

（d）任何人或任何政府。

（4）部长或负责人，有权接受由政府或儿童福利机构授予部长或负责人的任何权力，该权力与由该政府或机构监管或监护的儿童有关。

第 122 条　协议

（1）部长或负责人，可以与任何人订立协议，该人根据本法向儿童提供干预服务。

（2）出于在保留地提供本法中的服务的目的，部长可以根据规定订立协议。

第 123 条　聘请顾问

（1）部长可委任专家、具有特殊技术或相关知识的人，根据本部分向上诉特别小组提供建议。

（2）根据第 1 款获委任的人可获得部长所规定的报酬及开支。

第 124 条　未成年监护人

本法适用于父母或监护人，即使该父母或监护人未满 18 岁并且没有诉讼代表人，法院可指定公共受托人或任何人，以在法院诉讼中保护该父母或监护人的利益。

第 124.1 条　互惠协定

（1）部长可以与加拿大境内外的任何司法管辖区的有关机关订立协议，该协议与以下条款有关：

（a）负责人将永久性监护协议或法院令的儿童主体的监护权移交给该机关；和

（b）该机关将其拥有监护权的任何儿童的监护权移交给负责人。

（2）若负责人依据第 1 款承担监护儿童的责任，根据本法，该儿童被视为处于负责人监护之下，该监护人遵从了永久监护令。

（3）有关根据本条向负责人移交儿童监护权的程序必须按照本法进行。

第 125 条　涉外法院令与协议

法院作出的法院令或根据儿童福利法订立的照护协议，在另一个管辖区内作出的，经法院或该管辖范围内的有关当局证明合法且有效的，与根据本法作出的具有同等效力。

第 126 条　保密

（1）部长和任何受雇或从事本法管理的人，包括代表负责人提供服务的人，仅在符合《资料自由与隐私保护法》、依照本法程序、按照第 2 部分第 2 节、本部分或符合以下情况时，可以根据本法获得披露或交流部长、个人或机构所关注的个人资料：

（a）向任何人或组织，包括代表负责人向儿童提供服务的人作出披露，当其为向儿童、儿童的家庭计划服务或提供服务，或者向儿童计划或提供日常照护或教育，该披露是必要的；

（b）向儿童监护人披露或交流有关人员或监护人的律师的资料；

（c）向该儿童披露或交流有关人员或该儿童的律师的资料；

（d）向加拿大其他省或地区的儿童保护管理机构的受雇人进行披露或交流；

（e）向经部长书面同意的任何人进行披露或交流。

（2）尽管有第 1 款的规定，但由总检察长和总检察长提供的资料，若没有获得总检察长、总检察长或部长的代理人的书面同意，则根据本条不得披露或交流这些资料。

（3）负责人或代表负责人的人，包括代表负责人提供服务的机构，可以收集和使用包括健康资料在内的个人资料，以根据本法进行评估、调查或提供服务。

（4）管理员可出于第 3 款所列的目的，向负责人或代表负责人行事的人，包括代表负责人提供服务的机构，披露健康资料。

（5）公共机构可出于第 3 款所列的目的，向负责人或代表负责人行事的人，包括代表负责人提供服务的机构，披露个人资料。

（6）当披露或交流是在本法的管理中或出于保护儿童的目的下作出的，那么依照本条披露或交流资料的部长或任何人不承担任何责任。

第 126.1 条　特权资料

（1）除第 126 条第 1 款另有规定外，根据第 4 条或第 5 条向负责人作出报告的人，其姓名及可确认该人的资料，是作出报告的人的特权资料，且在任何法院或上诉特别小组的任何行动或诉讼中，或未经该人同意的任何调查中，不得接纳为证据。

（2）尽管有第 1 款的规定，但部长可作出指示，根据第 1 款发布可确认该人的资料。

（3）若第 1 款与《资料自由及隐私保护法》之间存在冲突或不一致，则以第 1 款为准。

第 126.11 条　资料申请

（1）在本条中，法院是指省级法院、王庭法院和上诉法院。

（2）尽管有第 126 条的规定，除第 126.01 条及第 126.1 条有规定外，本法或任何法中的民事事项的一方当事人，包括负责人作为一方当事人的事项，可向聆讯该案件的法院申请披露记录或部分根据本法所持资料的记录。

（3）第 24 条适用于根据本条提出的申请聆讯。

（4）根据第 2 款提出的申请，必须以书面作出，包括一份宣誓书，并确认该记录或部分包含该资料的记录，拥有该记录的人及披露的理由。

（5）申请的送达，必须至少有 5 天或更长的通知时间，其由法院、负责人、控制或掌握该记录或部分记录的人以及法院指示的任何人进行规定。

（6）法院可将该申请延期。

（7）以下任何一项或多项宣称，不足以证实该记录或部分记录，就改善寻求披露的一方当事人的处境，是相关的、重要且可能是必要的：

（a）存在该记录；

（b）该记录涉及家庭曾接受或正在接受的干预服务；

（c）该记录可能涉及任何证人的可信度。

（8）考虑到以下项时，法院可以下令将该记录或部分记录向法院出示，若法院认为这对于改善寻求披露的一方当事人的处境，是相关的、重要且可能是必要的：

（a）该记录或部分记录中的资料，是否具有或可能具有证明力，且没有在另一记录中或以其他形式被披露过；

（b）记录或部分记录的披露，可能损害他人的尊严和隐私权；

（c）当事人受到公平聆讯的权利；

（d）促进和支持照护儿童的公共利益，该儿童是由负责人监护或监管的；

（e）不得过度延误影响儿童的事项；

（f）儿童或其他人的身体、心理或情感健康的存在潜在危险；

（g）所需记录或所需的部分记录的数量；以及

（h）法院认为有关的任何因素。

（9）根据第 8 款的规定，记录或部分记录被出示时，法院必须私下审查该记录并且：

（a）重新考虑第 8 款所列的因素；

（b）重新考虑记录中包含的资料对于改善寻求披露的一方当事人的处境，是否为相关的、重要且可能是必要的；

（c）确定是否向申请人披露该记录。

（10）若法院根据第 9 款法院令披露记录或部分记录：

（a）法院可指示，披露该记录或部分记录应符合以下条件：

（i）除申请人外，还应向其他方作出披露，

（ii）按照法院的指示，对该记录或部分记录进行编辑，

（iii）除法院批准外，不得向他人作出披露，

（iv）只能在法院指定的地点查看，并且不得复印，

（v）副本数量有限，

（vi）其中的个人资料被移除，

（vii）法院认为适当的任何条件；

（b）除非法院另有指示，否则该记录的使用仅限于该诉讼。

（11）若法院根据第 9 款没有下令披露该记录或部分记录，则除非法庭另有法院令，否则法院必须密封保存该记录或部分记录，直至上诉期限届满或已完成对此事项的任何上诉后，将其退还给向法院出示该记录的人。

第 126.2 条　禁止发布

（1）任何人不得公布儿童、儿童的父母或监护人的姓名及照片，以此方式披露该儿童正在接受或接受过干预服务。

（2）尽管有第 1 款的规定，

（a）若负责人认为该发布符合儿童最佳利益或对于适当司法管理是必要的，则该负责人可公布或同意公布儿童、儿童的父母或监护人的姓名或照片，以及与该儿童有关的任何资料。

（b）年满 16 岁的儿童可以公开或同意发布其儿童姓名或照片，以此方式披露其接受过干预服务。

（c）在处理以下人员的申请时，法院若认为符合儿童最佳利益或公

共利益，则可授予该儿童、父母、监护人或有关方权限可视情况公布或同意公布儿童、儿童的父母或监护人的姓名或照片，以此方式披露该儿童正在接受或接受过干预服务：

（i）儿童，

（ii）儿童的父母或监护人，或

（iii）法院许可的任何有关方。

（3）根据第2款（c）项提出申请的人必须向负责人提供该申请的通知书。

（4）任何人违反第1款即属犯罪，可处不超过1万加元的罚款，若欠缴罚金则处6个月以下监禁。

（5）若负责人是或曾经是该儿童监护人，则本条所述的监护人包括在负责人成为该儿童监护人之前，曾担任该儿童监护人的人。

第127条　记录

（1）在本条中，记录包括：

（a）文件、记录、报告、归还文件、备忘录或其他资料，无论是书面或电子形式的或者以任何方式呈现或复制的；

（b）记录结果，包括电子数据处理系统和程序的细节，以说明系统和程序的作用及运作方式。

（2）执行本规定要求的人，应根据本法或本法的前身，保存有关调查、协议或法院令主体的儿童的记录。

（3）记录应当被保存：

（a）在该人在阿尔伯塔省的工作场所；或

（b）除部长另外施加任何条款和条件外，则在阿尔伯塔省的某处或部长批准的任何地点。

（4）记录应当被保存到记录所涉资料相关年份之后的100年。

（5）尽管有第4款的规定，但部长可以作出法院令，销毁或同意销毁根据本条要求保存的记录。

（6）要求由某人保存的记录，应当由该人提供部长或部长授权的人查阅，不论该人是否掌握这些记录。

（7）任何人违反本条即属犯罪，可处不超过2000加元的罚款，若欠缴罚金则处6个月以下监禁。

第128条　由部长抚养

（1）部长应支付：

（a）为照护和抚养由负责人抚养或监护的儿童所产生的费用；以及

（b）根据第 31 条法院令作出的任何评估的费用。

（2）第 1 款不影响儿童或儿童的父母为支付该儿童的照护和抚养费用的法律责任。

（3）部长可以根据本法收回为照护和抚养儿童产生的费用。

第 128.1 条　阿尔伯塔省资金退款

（1）在本条中，负责人是指部长出于本条的目的而指定的负责人。

（2）若儿童是临时监护令、永久性监护令或协议的主体，或者青少年是抚养协议或家庭促进协议的主体，其有权获得退款，其根据《阿尔伯塔省个人所得税法》第 35.2 条规定被视为逾额付款，退款由负责人保管。

（3）尽管有第 34 条第 4 款的规定，就《未成年人财产法》第 7 条而言，该负责人是受托人，其应当按照根据第 4 款订立的规定，管理第 2 款所述退款。

（4）省督导会同行政局可订立规定：

（a）尽管有《受托人法》的规定，但有关将《阿尔伯塔省个人所得税法》第 35.2 条的退款交由负责人管理的方式，其中包括可能支付利息情形和方式；

（b）有关在儿童年满 18 岁后，若无法找到该儿童，对退款的处理。

第 129 条　任命

（1）出于本法和《被性剥削儿童保护法》的目的，部长应指定一名或多名个人成为负责人。

（1.1）根据第 1 款被指定的个人必须具备规定所需的资格。

（2）根据第 19 条、第 45 条、第 46 条或第 48 条行事的负责人或负责人代表，其享有治安官的权力。

（3）废除 2003 年第 16 章第 110 条。

第 130 条　犯罪

任何人：

（a）蓄意造成儿童需要干预，或者

（b）妨碍、干扰、试图妨碍或试图干扰，根据本法行使权力或履行职责的负责人、负责人代表或经正式授权的任何人，

即属犯罪，可处不超过 2.5 万加元的罚款，或不超过 24 个月的监禁，亦可同时处罚款及监禁。

第131条 条例

（1）省督导会同行政局可制定实施条例：

（a）有关根据本法评估和安置儿童的程序。

（b）限定在提供干预服务时应达到的标准，包括提供这些服务的受雇人的资格。

（c）有关根据本法提出和聆讯上诉的规则，和根据本法处理上诉特别小组、法院和王庭法院的所有一般诉讼的规则。

（d）限定形式，包括根据本法向上诉特别小组、法院和王庭法院提出的任何申请中使用的通知形式。

（e）限定第4条第5款适用的专业或职业。

（e.1）有关任何必要或可取的事项，以有效实行第19.1条中的意图和目的；

（e.2）出于第57.8条中的目的，有关财务资料的披露；

（e.3）有关委员会在何种情况下可以任命专家审查组；

（f）废除2003年第16章第131条。

（2）部长可制定实施条例：

（a）限定本法中使用的形式，但不包括第1款指定的形式。

（a.1）有关或采用本法中家庭研究报告的形式。

（b）限定本法中提供服务和经济资助的金额、性质和条件。

（c）有关支援服务。

（d）限定本法中提供干预服务的应付费率。

（e）限定第57.3条中可以向某人提供援助和经济资助的目的、条件和期限。

（f）将设备指定为安全服务设施。

（g）—（h）废除2003年第16章第112条。

（i）废除2003年第F-5.3章第12条。

（j）有关第81条中提供的任何经济资助的金额、性质、条件及审查。

（k）限定第112条中任命的律师的费用表。

（l）限定可向上诉特别小组提出上诉的事宜，有关上诉特别小组只可作出第119条第2款所述决定的。

（m）限定根据本法需要保存记录的人。

（n）限定本法中需要被限定的其他事项。

（o）—（p）废除2011年第C-11.5章第26条。

（q）有关成立及经营持证收养机构，其对供收养的儿童进行安置。

（r）废除 2003 年第 16 章第 112 条。

（s）有关持证收养机构所需许可证的申请及手续费，以及有关许可证的签发、续期及有效期届满。

（t）限定持证收养机构须保存的簿册、记录、账目或其他文件，以及该账簿、记录、账目及其他文件的视察、保存及保护。

（u）限定经营持证收养机构或被该机构聘用的人应当符合的资格，并规定该人的职责。

（v）限定可提供的服务和该服务可收取的费用及开支，以及限定收养机构必须维持的服务标准。

（w）限定要求持证收养机构向部长提交的资料、文件和报告。

（x）有关持证收养机构将供收养的儿童安置在阿尔伯塔省境内或境外。

（y）限定持证收养机构使用的形式，并将该形式供持证收养机构使用。

（z）有关持证收养机构可使用的启事和其他宣传材料的内容。

（aa）有关第 72.1 条中的申请；

（bb）有关第 34.1 条中的报告；

（cc）有关第 74.1 条第 2 款中要求加盖印章的文件；

（dd）有关运营居住设施的许可证和标准；

（ee）有关居住设施可收取的费率；

（ff）废除 2004 年第 16 章第 30 条；

（gg）有关第 122 条中的协议；

（hh）有关第 56.1 条和第 105.8 条中的经济资助，以及第 57.3 条中的支援和经济资助；

（ii）有关第 117.1 条中的审查程序；

（jj）废除 2008 年第 31 章第 63 条；

（kk）废除 2004 年第 16 章第 30 条；

（ll）有关第 57.2 条中的照护计划；

（mm）有关负责人的资格；

（nn）明确纠纷替代解决方式；

（oo）有关纠纷替代解决方式；

（pp）有关执行纠纷替代解决方式的人的资格；

（qq）限定对于第 1 部分、第 5 部分和第 2 部分而言适格的人；

（rr）有关对于第 52 条和第 63 条而言的文化联系计划的内容。

第 5 部分　过渡、废除与生效

第 132 条　过渡

若根据《儿童福利法》1980 年第 C-8 章的规定，儿童是官方的永久被监护人，该儿童被视为是本法中的永久监护令的主体。

第 133 条　废除第 58 条第 1 款 (a) 项和第 2 款

(1) 第 58 条第 1 款 (a) 项和第 2 款被宣布废除。

(2) 在本条生效之前提出收养令申请的，犹如本条未生效一样。

(3) 根据本条第 1 款废除第 58 条第 1 款 (a) 项时，第 2 部分第 1 节中所述内容：

(a) — (b) 废除 2009 年第 53 章第 35 条；

(c) 第 91 条第 3 款的法院是指王座法庭。

第 134 条　生效

第 133 条第 2 款在宣布时生效。

对我国的借鉴

综观《促进法》全文的条款规定，关于未成年人监护干预制度的内容占据了相当大的比例。作为隶属英美法系法域的加拿大阿尔伯塔省在亲权与监护制度相区分的立法体例基础之上构建了相对比较系统、完善的未成年人监护干预制度。而我国的未成年人监护制度则是广义概念下的监护制度，由于起步较晚、发展缓慢，存在亲权与监护权未加以区别的缺陷，尤其是国家干预监护制度相对缺失，以下从立法、司法、行政三个层面进行比较性剖析。

首先，就立法层面而言，如上文所述，未成年人监护干预立法应将出发点与立足点置于"国家亲权"理念之中，实质上就是将未成年人监护公法化，即把对儿童与青少年的监护由"家事"放大到"国事"。综观我国关于未成年人监护干预的法律依据，虽然 2012 新修改的《未成年人保护法》第 6 条规定了"保护未成年人，是国家机关、武装力量、政党、社会团体、企业事业组织、城乡基层群众性自治组织、未成年人的监护人和其他成年公民的共同责任"，但显然本条规定过于笼统，监护责任分配不明，缺乏现实可操作性。而随后 2015 年 1 月 1 日正式施行的《关于依法处理监护人侵害未成年人权益行为若干问题的意见》，成为申请废除监护人资格的判案依据。2017 年 3 月 15 日通过的《民法总则》规定了废除监护人资格的三种情形，并安排了必要的诸如按照最有利于被监护人的原则依法指定监护人之类的临时监护措施，但是其关于废除监护人资格后监护权的变更、移送、恢复等后续保障并不明确，即如何进行监护补位仍然存在立法缺陷。针对我国未成年人监护干预的立法缺陷，可借鉴《促进法》通过"家庭促进协议""抚养协议""永久监护协议""临时监护令""永久监护令"等多种监护补位路径加以弥补。如当儿童在监护人身边监护人无法充分保护其生存、安全或发展时，负责人可向法院申请临时监护令，并且要从立法上规定完整的后续保障措施，如针对前面提及的"临时监护令"还应明确其到期的后续审核规定，即"除负责人以外的监护人或将要拥有儿童抚养权的任何人，其应在临时监护令到期之前提交评估报告，以协助主任或法院在法院令到期或终止时，视情况决定监护人或其他人是否适宜享有儿童的抚养权"。

其次，就司法层面而言，我国目前关于未成年人监护干预制度司法介入力度不足，并缺乏相关的诉讼制度。关于这一缺陷，可以从《促进法》中法院在实体以及程序上所担当的角色及发挥的作用来加以借鉴与参考。如法院可依法通过发出"私人监护令"或"收养令"等形式指派申请人成为儿童监护人，也可判定"蓄意造成儿童需要干预或者妨碍、干扰、试图妨碍或试图干扰行使权力或履行职责的负责人、负责人代表或经正式授权的任何人"犯罪，并对其处以罚款及监禁。

最后，就行政层面而言，一方面，未成年人监护干预制度应当包括监护监督的内容，虽然《民法总则》第 36 条对于有权向法院申请废除监护人资格的个人和组织的内容有所涉及，但目前我国关于未成年人监护真正意义上的独立监督机制却一直处于缺位的状况。而《促进法》却明确而详尽地规定了关于未成年人监护之监督令的申请、作出以及违反等系统而完整的监督机制内容，如"负责人在法定情况下可按照规定形式向法院申请法院令，该法院令授予负责人对该儿童及与该儿童一同居住的人的监督权"，又如"法院若确信出现法定情况则可作出监督令，其期限不超过 6 个月"，再如"若法院确信监护人或其他与儿童同住的人没有遵守监督令的规定，可续发、更改或延长监督令或作出临时监护令或永久监护令"。另一方面，目前很现实的问题是我国并没有关于未成年监护的财政划拨等资金来源保障，尤其是对于普遍存在的留守儿童、流浪儿童等之类的"事实孤儿"，这些未成年人在生活、学习、社会保障以及医疗等方面都缺乏政府的有效救助。针对资金来源匮乏的状况，一定程度上可以借鉴《促进法》关于监护资金所采取的"强制执行赡养""经济资助""部长赡养""资金退款"等措施，如"部长应支付为照护和赡养由负责人抚养或监护的儿童所产生的费用，以及作出的任何评估的费用，但是不影响儿童或儿童的父母为支付该儿童的照护和赡养费用的法律责任，并且部长可以收回为照护和赡养儿童产生的费用"。

诸法案术语汇总

A

absence 缺席

abstain 弃权

access 探望

action 诉讼

adjourn 延期再审

adjournment 休庭

adopt 收养

affidavit 口供书；证人证言；宣誓书

aggrieved 受侵害的，被剥夺合法权利的

agreement 协议

alimony 赡养费，生活费

allow 受理

allegation 主张；辩护；申辩，申诉；抗辩；（有待证实的）指控

allege 指控

alter 变更

amend 修订

amendment 修正案

appoint 任命；委任

appropriations 拨款

apprehend 逮捕

apply 申请；适用

appeal 上诉

apprehend 逮捕

assist 协助

ascertain 查明

assignment 转让

assessment 评估

attachment 扣押，查封财产

authorize 授权

assisted reproduction 人工繁殖

acquired in good faith 善意取得

administration of justice 司法；司法行政；执法

annual report 年度报告

C

copy 副本

commissioner 警监

custody 监护权

commencement 生效

crown cautions 刑事警告

child pornography 儿童色情

corollary relief 必然补救

child support order 子女抚养令

custody orders 监护令

competent authority 主管机关

D

definitions 定义

deponent 宣誓人

duty 职责

divorce proceedings 离婚诉讼

dissolve marriage 解除婚姻

E

establishment 建立

exercise 行使

effective date 生效日期

I

interpretation 解释
immunity 豁免

J

judge 法官
Judicial review 司法审查
Jurisdiction 管辖

L

law enforcement agency 执法机构
legal effect 法律效力

M

mandatory reporting 强制报告

N

notification 通知
non-derogation 不可减损

O

obligations 义务
offence 犯罪

P

provisions 条款
proceeding 诉讼
priority 优先权
prior notification 事先通知
provisional orders 临时令
private prosecutor 自诉人

R

report 报告

regulations 条例

rescission 撤销

recognition 承认

S

spousal support order 配偶扶养令

suspension 中止

service provider 服务提供者

T

transmission 送达

transitional provisions 过渡条款

后　记

　　无论是置身于法律学术圈抑或实务界，欲徜徉其中摸清司法规律一探究竟，都不可避免地要踏上"博观而约取，厚积而薄发"的征途，毕竟探索之路莫过于一如清朝刘开所言"理无专在，而学无止境"。而基于国际化席卷全球之风已久矣，向少年家事法发展较早的西方国家取经已然成为趋势之一。虽然国情有别，但是鉴于西方国家构建了较为完善的少年家事法律体系，加之其法律已在社会现实中历经多次司法实务的实证检验，或可在比较视野下成为我国攻克少年家事法之"玉"的"他山之石"，从而为我们提供一定的借鉴与参考价值，这亦是暨南大学少年及家事法研究中心陆续推出国外法典译评的初衷。

　　2018年1月研究中心出版的《美国未成年人法译评》对美国六部法案进行了翻译汇编，此次将比较法的焦点聚集在美国邻邦加拿大之上。本书中的7部法案均为加拿大现行法律，来自联邦与比较具有代表性的省立法，具体包括：《青少年刑事司法法》（Youth Criminal Justice Act，王若雨、陈思源、姚学宁、张鸿巍译评），《离婚法》（Divorce Act，邓艺璇译评，陈晖、林思洁译），《联邦子女抚养准则》（Federal Child Support Guidelines，范益宾、姚学宁、张鸿巍译评），《高风险儿童性犯罪者数据库法》（High Risk Child Sex Offender Database Act，姚学宁、李加南、张鸿巍译评），《互联网儿童色情报告条例》（Internet Child Pornography Reporting Regulations，范益宾、姚学宁、张鸿巍译评），阿尔伯塔省《家事法》（Family Law Act，王若雨、陈琪、李胜、姚学宁、范益宾、张鸿巍译评），阿尔伯塔省《儿童、青少年与家庭促进法》（Youth and Family Enhancement Act，王若雨、王一为、陈子宁、姚学宁、张鸿巍译评）。基于上述翻译工作以外，张鸿巍、马芷柔、姚学宁对全书进行了整体性的文字校对工作，并汇编添加了相关附表。

　　译评者包括：

　　张鸿巍，暨南大学教授、博士生导师，美国 Sam Houston State University 刑事司法学博士；

陈晖，暨南大学副教授，中国政法大学法学博士；

邓艺璇，英国 Newcastle University 口笔译专业硕士研究生，英语专业八级，人事部二级笔译；

马芷柔，暨南大学社会学硕士研究生，暨南大学管理学学士；

姚学宁，澳门大学犯罪学博士研究生，广西大学法律硕士；

林思洁，广东暨众律师事务所律师，澳门大学法学硕士，暨南大学法学学士；

范益宾，广东卓凡律师事务所律师，暨南大学法律硕士；

李加南，深圳建装业集团股份公司法务助理，暨南大学法律硕士；

李　胜，暨南大学法律硕士；

王一为，暨南大学法律硕士；

王若雨，暨南大学翻译、法学双学位学生；

陈　琪，暨南大学翻译、法学双学位学生；

陈子宁，暨南大学法学双学位学生；

陈思源，暨南大学国际商务、法学双学位学生。

本书所选译的 7 部法案，系由暨南大学张鸿巍教授基于比较法视角对中加两国少年家事法制度进行研判，加之结合当下我国司法实务界的实证困境与迷思后最终确定。从法律的选择到分配翻译，再到通稿、多轮校稿、撰写评析，前后历经了 3 年多光景，在此期间备感"山路难行日易斜"。虽然翻译过程艰辛且耗时长久，但对于法典的翻译只是出发点而并非落脚点，我们衷心希望通过 7 部法案的语言跨越能引发读者对于我国相关法律制度的思考，从而为我国少年家事法带来一定的域外借鉴与参考。囿于时间及水平有限，译文尚存有诸多不足与瑕疵，敬请读者批评指正。

译校者

2019 年 11 月于暨珠日月湖畔